ELECTROMECHANICAL COUPLING DYNAMICS AND
ADAPTIVE CONTROL OF TRACKED VEHICLES

重型履带机械机电耦合动力学及自适应控制

■ 杨志新　王帅　编著

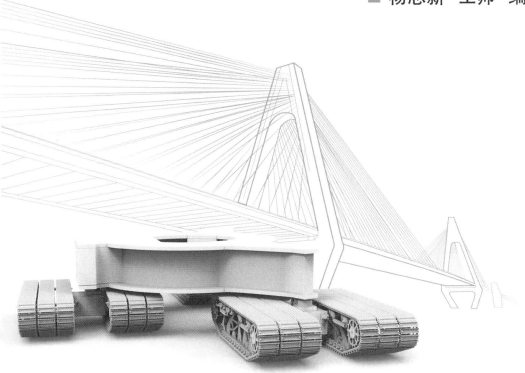

吉林大学出版社
·长春·

图书在版编目（CIP）数据

重型履带机械机电耦合动力学及自适应控制 / 杨志新，
王帅编著. -- 长春 : 吉林大学出版社，2021.10
ISBN 978-7-5692-9051-6

Ⅰ.①重… Ⅱ.①杨…②王… Ⅲ.①重型载重汽车
—履带车—机电系统—耦合系统—动力学②重型载重汽车
—履带车—机电系统—自适应控制 Ⅳ.①U469.6

中国版本图书馆CIP数据核字(2021)第209937号

书　　名：重型履带机械机电耦合动力学及自适应控制
ZHONGXING LÜDAI JIXIE JIDIAN OUHE DONGLIXUE JI ZISHIYING KONGZHI

作　　者：杨志新　王　帅　编著
策划编辑：刘　佳
责任编辑：刘守秀
责任校对：王　洋
装帧设计：刘　瑜
出版发行：吉林大学出版社
社　　址：长春市人民大街4059号
邮政编码：130021
发行电话：0431-89580028/29/21
网　　址：http://www.jlup.com.cn
电子邮箱：jdcbs@jlu.edu.cn
印　　刷：吉广控股有限公司
开　　本：787mm×1092mm　1/16
印　　张：15.5
字　　数：250千字
版　　次：2021年10月　第1版
印　　次：2021年10月　第1次
书　　号：ISBN 978-7-5692-9051-6
定　　价：88.00元

内容提要

重型履带机械是现代工业和城市建设与运维的核心支撑装备，具有结构复杂、多场耦合、功能多样的特点。本书系统深入地介绍了重型履带车辆机电耦合动力学及智能控制理论和方法，内容包括重型履带车辆底盘构造、稳态行驶力学、机电耦合动力学模型的构建及虚拟样机仿真、视觉跟踪及定位导航、基于模糊神经网络和基于模型预测的轨迹跟踪控制等。本书提出了多履带行走设备机电耦合动力学及自适应控制新理论，在开发适用于智慧城市基础设施的公共安全健康状态监测及智能运维的系统和装备中具有广泛应用。

本书可作为重型履带机械设计和研究人员的参考书，也可作为高等院校机械工程专业的教学用书。

前　言

　　重型履带机械是现代工业和城市建设与运维的核心支撑装备。重型机电设备具有高效率、高强度、高集成运行的优势而受到高度重视,其中具备行走功能的重型设备更为社会所需,如大型掘进机、挖掘机、排土机、移动式起重机等已成为国之重器而被广泛应用于道路桥梁、隧道工程、矿产开发等工业和城市建设中,体现了国家装备制造业的总体水平。履带底盘这一担负起重型装备行走和承重作用的复杂机械为提供高承重性及高稳定性,正由经典的双履带式向多履带复合式技术方向发展。重型多履带机械具有结构复杂、多场耦合、功能多样的特点,履带车辆机电耦合动力学及控制理论是亟待解决的核心技术。因此,研究重型履带车辆最新理论并开展实践应用对实现我国重大装备高端化、智能化和绿色化具有重要的现实意义。

　　本书依托澳门大学智慧城市物联网国家重点实验室在复杂机电设备公共安全监控领域的研究基础,结合智能传感和大数据分析技术,开展国家自然科学基金项目研究"多履带行走装置机电耦合动力学及自适应控制"(No. 51775225)。本书系统地介绍了重型履带机械地面行驶力学、机电耦合动力学及基于视觉和导航的路径跟踪控制技术,运用物联网技术实现履带机械自主行驶。所提出的重型履带机械的机电耦合动力学模型和基于卫星导航的履带机械的路径跟踪控制,均实现了虚拟样机仿真并通过物理样机试验验证,且在工程中得到了应用,为重型履带机械的开发及提高车辆的智能化水平提供理论和实践参考依据。本书提出的多履带行走设备机电耦合动力学及自适应控制新理论,在开发适用于智慧城市基础设施的公共安全健康状态监测及智能运维的系统和装备中具有广泛应用前景。

　　全书共分七章,在综述重型履带机械动力学及控制国内研究现状的基础上，介绍了重型履带机械行走装置的结构特点和转向方式，提出考虑地面条件、履带宽度及履带接地面瞬心偏移的履带受力计算公式，建立了重型履带机械稳态和非稳态行驶力学模型。对感应电机的动态特性和变频调速动态特性进行介绍，结合履带车辆的运动学、动力学模型和感应电机动态模型建立了重型履带车辆的机电耦合动力学模型，并给出了数值求解算法。介绍了模型预测控制算法的基本方法、参数整定和稳定性分析。基于履带车辆的线性化运动学模型设计了履带车辆的运动学和动力学轨迹跟踪控制器，实现基于视觉识别和卡尔曼滤波及基于卫星导航的履带车辆自主行驶。

本书由澳门大学杨志新教授和濠江学者王帅博士编著，本书的编写得到澳门大学智慧城市物联网国家重点实验室、科技学院机电工程系和吉林大学智能机器研究室同仁的热情帮助，在此一并表示感谢。

由于重型履带车辆机电耦合动力学及其智能控制是一门正在发展的学科，尚未形成完整的理论体系，理论方法和工程应用问题还有待进一步深入研究和发展，加上作者学识水平有限，书中难免存在错误及不当之处，敬请读者批评指正。

作　者

2021 年 2 月

目　录

第 1 章　绪　论

1.1　重型履带车辆的应用

随着全球经济的高速发展,能源与矿产资源的需求量迅猛增加。露天开采作为固体资源开采的主要模式,其采矿设备的生产能力也越来越高,相应地,设备外形尺寸和质量也在逐步增加,以斗轮挖掘机为例,其产能从早期日产万立方米以下的小型产品到日产 4 万～8 万 m^3 的中型产品,逐渐发展到日产11 万～24 万 m^3 的大型乃至巨型斗轮挖掘机。随着产能的提升,装备总质量也随之增大,从数千吨的中型斗轮挖掘机发展到万吨以上的巨型斗轮挖掘装备。要满足挖掘装备在挖掘作业、行走、爬坡以及转向等复杂工况下的接地比压始终不超过 150 kPa[1] 的条件,履带的条数以及各条履带的履带板宽度和长度必须相应地增加,挖掘机的履带从 2 条到 3 条、6 条增至 12 条;履带板的宽度超过 4.5 m,单条履带的接地长度超过了 15 m。表 1.1 给出了部分重型履带底盘的参数。

表 1.1　部分重型履带底盘参数

机器型号	SchRs600	A2RsB5000	SRs1602	SchRs4500	SchRs6300
整机质量/t	830	1 183	2 240	6 450	11 400
履带支承面积/m^2	73.4	77.4	160	521	667
履带数量	2	3	6	12	12
履带接地长度/m	13.1	8.6	8.9	15	15.4
履带宽度/m	2.8	3	3	2.8	3.7
行驶速度/(m·min^{-1})	6	6	6	6	6
最小转向半径/m	0	50	50	50	50

重型履带车辆因履带接地面积大,在曲线行驶时需克服巨大的转向阻力矩,例如太原重工集团"十二五"期间研制的工作质量 2 000 t 矿用挖掘机(WK75)采用双履带底盘,为克服巨大转向阻力矩,单条履带驱动功率达到 920 kW,底盘总功率达 1 840 kW。采用多履带底盘可减小驱动功率需求,但多履带车辆与双履带车辆在转向行驶时通过差速原理对两条履带的驱动力进行调整来克服转向阻力矩不同,多履带车辆的转向行驶和轮式车辆相似,依靠转向机构将转向履带组拉偏一个角度,通过地面作用于转向履带组的侧向反力来克服转向阻力矩进行转向。侧向力会使履带接地面的瞬心产生纵向偏移,导致多履带车辆实际转向中心偏离理论转向中心。无论是重型双履带车辆还是多履带车辆,转向时履带接地面的瞬心偏移都会导致其实际转向中心偏离理论转向中心。由于重型履带车辆形态较大,周边环境复杂,重型履带车辆驾驶人员对机械及环境全局信息掌控较困难,导致重型履带车辆的行驶轨迹和理想轨迹偏离较大而影响设备的工作效率和安全性。

重型履带车辆底盘作为重型工程装备中的核心基础部件,是高度集成的复杂机电系统,其主要结构有多组履带架、导向轮、驱动轮和履带板;除了机械结构,履带装置还包括驱动电机、转向机构以及对应的控制和驱动系统。和常规双履带车辆相比,重型履带车辆行驶理论和设计方法尚不完善,导致重型履带车辆设计时,电机选型和结构设计过于保守,履带底盘质量占整机质量约 1/3,此外重型履带车辆转向轨迹可控性差也影响了设备的工作效率。对重型履带车辆行驶理论、机电耦合动力学及导航控制技术研究成果进行总结推广,对提高重型履带车辆设计水平和自主创新能力,提高其轨迹可控性并实现其自适应行驶有重要意义。

1.2 重型履带车辆动力学及控制国内外研究现状

重型履带车辆机电耦合动力学及自适应行走控制的研究涉及多履带车辆行驶理论、机电耦合动力学及车辆导航及控制等方面,以下分别对这些领域的研究动态进行介绍。

1.2.1 重型履带车辆行驶力学

履带的发明可以追溯到 1770 年,但是直到 20 世纪 50 年代才由 Bekker 对包括履带行走装置运动的关键问题,如运行阻力及牵引力和滑动的关系等,给出了较为合理的解答。Bekker 根据软路面上进行的大量试验结果提出了压力-沉陷关系式[2]:

$$q = \left(\frac{k_c}{b} + k_\varphi\right) \times z^n \tag{1.1}$$

式中:n 为地面变形指数;b 为载荷面的短边(或矩形板的宽度);k_c 为地面内聚变形模量;k_φ 为地面摩擦变形模量。

Rubinstein 等[3]采用 DADS 软件在 Bekker 理论的基础上建立了具有详细履带元件的装甲车辆模型,并对行走工况进行了仿真试验,可以预测履带和土壤的接地压力。Wong 等[4]对履带行走装置进行的研究比较深入,不仅研究了坚硬地面上滑移转向特性,还研究了设计参数对履带行走装置性能的影响,将平均最大接地比压作为履带行走装置野外通过性的指标;他们还采用 NTVPM 仿真模型软件对含有柔体和刚体履带的车辆响应进行了预测,并和试验数据进行了对比。

Bodin[5]等研究了软性土壤,如沼泽和深雪地面,对履带式车辆牵引性能的影响。通过现场试验,证明了法向接地比压对车辆的牵引性能有显著影响。即在牵引状态下,随着法向接地比压的增大,车辆的牵引系数和驱动系数均同步降低,而履带的移动阻力系数和制动性能均增大。

在驱动力预测方面,Alexandr[6]提出了一种履带行走装置和土壤间驱动力计算的指标,即采用压缩-滑移方法(CS 法)评定土壤的驱动力。该方法基于原始双板仪(DB 仪)的现场测试,并指出随着驱动力的增加,土壤变形经历了两个阶段,即初始的水平压缩和随后的土壤块体的附加滑移。CS 法可以用于分析和驱动力-滑移有关的履带布置、设计和载荷。

Bruce[7]提出了一种柔性履带板滑移转向的数学模型,用以降低转向阻力,其履带板模型考虑了履带板的剪切刚度,以限制履带板和地面间的摩擦力,从而计算出复合滑移的大小和方向。此外,Yamakawa 等[8]构造了履带车辆的空间运动分析模型,该仿真模型为独立扭矩张紧式悬架,通过仿真计算和试验验证,可较好地评判车辆在不平土壤地面的舒适性、转向性和稳定性。

转向问题是履带行走装置结构设计和分析的基础。程军伟等[9]在基于滑转滑移条件下讨论了履带行走装置平稳转向的实际状况,导出了履带牵引力、制动力、转向阻力矩、转向半径和转向角速度的表达式,并采用了迭代法进行求解,和传统转向理论的相关结果做了定量比较,并进行了实车试验。结果表明,考虑履带接地段打滑后相对转向半径约为不考虑打滑时的转向半径的 1.5 倍,即约为履带行走装置接地长 L 与履带中心距 B 之比,转向角速度约为不考虑打滑时的 2/3,考虑履带接地段打滑时转向半径与转向角速度同实车试验测定的数据相比误差在 3% 左右。他们还研究了集中载荷分布和较均匀分布车辆转向的区别,即集中载荷车辆转向时转向更趋困难。因此对于高速车辆建立履带打滑时的转向模型更符合履带行走装置转向实际。

和双履带车辆的行驶力学相比,多履带车辆行驶理论研究较少。德国学者 Lindenau[1]基于三履带转向模型(如图 1.1 所示)提出了三个假设:①载荷在履带纵向中心线均匀分布;②驱动力沿履带纵向方向施加;③侧向力沿垂直于履带

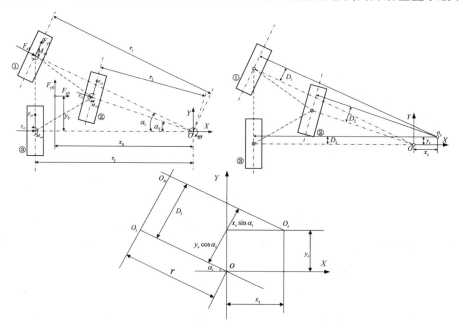

图 1.1　三履带车辆转向力学

接地面纵向方向施加。在此基础上得出了履带接地面的瞬心 O_i 相对于接地面几何中心会产生横向偏移 A_i 和纵向偏移 D_i, $i=1,2,3,\cdots$。

　　Lindenau 的研究没有考虑履带的宽度,即仍然沿用了履带纵轴线上单元摩擦力线性化的简化做法,通过对各履带共心转向条件、驱动力方程及静力学平衡方程的分析,建立了包含 15 个未知量的非线性方程组,方程组包含了各履带的纵向牵引力 F_{xi}、横向侧向力 F_{yi}、转向阻力矩 M_{oi} 以及各履带接地面瞬心的横向和纵向偏移等。该方程组由于受到当时计算方法上的限制而只能得到近似解,无法得出代数解。其计算方法主要在于忽略履带接地面瞬心的纵向偏移 D_i 对 F_{xi} 的影响以及履带接地面瞬心的横向偏移 A_i 对 F_{yi} 和 M_{oi} 的影响。采用的公式见(1.2)。此外,在经验基础上,他提出了三履带行走装置接地面瞬心的横向偏移量和纵向偏移量的范围分别为(0~0.05l)和(0~0.4l),其中 l 为履带接地长度。

$$\begin{cases} F_{xi} = \mu \times F_{zi} \times \ln \dfrac{l}{A_i} \\[2mm] F_{yi} = \mu \times F_{zi} \times \ln \dfrac{2 \times D_i}{l} \\[2mm] M_{oi} = \dfrac{\mu \times F_{zi} \times l}{4} \times \left[1 - \left(\dfrac{2 \times D_i}{l} \right)^2 \right] \end{cases} \tag{1.2}$$

　　在 Lindenau 的分析方法基础上,德国学者 Pajer 和 Hentshel 对三履带行走装置、多履带行走装置的转向性能进行了分析研究,但仍没有考虑履带接地面瞬心的偏移,却采用了迭代法求得近似解,比 Lindenau 的求解方法更进了一步。

　　德国学者 Durst[1] 忽略了沿履带行走方向的力 F_{xi},从而将多履带机械的转向问题简化为研究 Y 方向的力平衡问题和关于上机架回转中心的履带力矩平衡问题,通过对履带接地面瞬心纵向偏移、侧向力和转向阻力矩的求解,得出履带行走装置的实际转向半径 R_s 永远大于理论转向半径 R_t 的结论。但是由于Durst 没有考虑转向时各履带接地面瞬心的横向偏移 A_i 对履带驱动力有直接的影响,因此无法分析转向时多条履带在全部驱动和部分驱动上存在的差异,也就难以准确解决多履带行走装置的转向问题。

　　文献[11]分析了履带接地段速度瞬心的偏移与履带受力的关系,建立了多履带稳态、非稳态转向的数学模型。两种模型中都考虑了履带板的纵向和横向滑移及履带宽度；此外，在稳态模型中不仅分析了多履带的不同布置方案、转向方式和驱动履带条数对转向性能的影响，还定义了多履带机械转向性能的评价指标：转向不准确度及转向驱动力增加率。

多履带行走装置的理论研究和矿山制造业的需求密不可分。德国的制造企业生产了世界上最多、质量最大的多履带斗轮挖掘机，20世纪90年代以前对多履带行走装置行驶理论和设计方法的研究主要集中在德国的一些高校和研究机构。90年代以后，随着国内引进、消化、吸收国外先进制造技术，开展了多履带行走装置行驶理论的研究。

1.2.2　机电耦合动力学

重型履带车辆行走装置的驱动系统采用电力驱动，驱动系统一般包括交流或直流电机、驱动电机调速装置、驱动电机制动装置、传动轴和减速机等组件。多履带车辆通过电网络和机械网络之间的电磁耦合场实现机电耦合。机电耦合是指电网络的电压、电流和机械网络的力、力矩间建立相互作用关系，从而实现电磁能和机械能之间的转换。

钟掘院士[12]系统性地对机电耦合机理进行了深入研究，介绍了复杂机电系统的共同规律，指出由于非稳态工况以及奇异或突变等原因使耦合界面成为整个机电系统中最薄弱的环节。Szolc[13]针对驱动电机与齿轮传动系统之间的动态机电耦合特性进行了研究，通过对电机模型与机械传动系统模型进行数值分析与试验验证，对电机定子在电磁场作用下的机械系统动态特性以及转子在电磁场作用下的机械系统动态特性进行了修正。Park[14]全面地建立了考虑机电耦合效应的电动车动力系统理论模型，并在该模型基础之上对电参量与车辆动力学之间的多种复杂关系进行了研究。

Tomasz[15]针对由步进电机驱动的精密传动系统进行了全面的机电振动特性分析。还有众多国内外学者通过对电机模型与机械系统模型之间的交互作用进行数值仿真分析与试验验证，对三相异步电动机的动态机械输出特性进行了修正。

国内学者还在冶金、起重和工程机械领域对机电耦合技术进行研究。张业宽[16]站在机电耦合的角度,针对轧机主传动系统存在的低频失稳振荡给出了稳定域边界条件。牛聪民[17]提出了考虑工作机构、金属结构及其驱动系统之间耦合效应的三维电动起重机机电系统动力学思想。左金玉[18]基于混合动力轴系机电耦合振动方程以及多体动力学的理论基础建立了混合动力工程机械轴系的机电耦合振动多体动力学仿真模型并通过试验加以验证。王新文[19]阐述了弧面分度凸轮机构机电系统,用能量法建立了系统的机电耦合动力学特性模型并加以验证。林利红等[20]利用对永磁交流伺服精密驱动系统的局部耦合特性分析,得到了其全局耦合关系,同时建立了机电耦合模型。

1.2.3　履带车辆导航技术

车辆自适应行驶主要是使车辆根据已经规划好的行驶路径的地图坐标信息或根据传感器对周边环境的检测,获得环境信息的指引进行行走,并利用所设计的控制程序行驶至目标地点,完成自适应控制的任务。针对履带车辆的自适应行驶控制主要包括传感器信息融合和路径规划执行两个方面,具体涉及局部传感器信息和全局传感器信息融合处理、实时路径规划、障碍检测、交互界面设计等,是近年来国内外学者研究热点之一。

Backman[21]等人提出了一种基于非线性模型预测控制的农业机械导航系统。以拖拉机及拖车系统为例,控制拖车的横向位置并使其真实轨迹尽量与预定轨迹重合。通过一个惯性测量单元和一个独立的扩展卡尔曼滤波器对 GPS 的测量数据进行了修正。Xuan 等[22]基于卡尔曼滤波技术提出了一种新的双估计算法,用于对履带移动机器人在路径跟踪过程中的机器位置、速度及履带滑移参数的预估,并进行了试验验证。Gao 等[23]以小型双履带为例,基于跟踪误差方程建立了跟踪误差控制器,并对履带及控制系统进行了联合仿真,预测了履带的运行轨迹,并通过试验验证了其理论的准确性。Han 等[24]基于路标点路径跟踪算法及拖拉机动力学模型开发了一个计算机模拟平台,利用该平台研究了各导航参数对路径跟踪性能的影响,并对参数进行了优化以保证其沿预设路径准确进行自主路径跟踪。Bodur 等[25]基于农用车辆设计了一个基于双先行参考点的路径跟踪系统,并通过仿真试验将双先行参考点系统与单先行参考点系统进行对比,验证了基于双先行参考点的路径跟踪系统的准确性。Matveev 等[26]提出了两种方法用于考虑车轮滑移情况下的农用机械自主路径跟踪控制,第一种方法是通过纯滑模控制器实现控制,第二种是将平滑的非线性控制与滑模控制相结合,并通过仿真及试验验证了以上方法的适用性和性能。Bayar 等[27]提出了一种用于自主农用车辆的新型的基于模型控制方法,该方法考虑了车辆的运动模型及车轮侧滑等因素,改善了车辆的路径跟踪性能,且该方法用平面激光扫描仪和车轮及转向编码器代替了 GPS 信号用于状态预测及路径跟踪,并取得了很好的效果。同时,Bayar G[28]建立了一种针对农用车辆的长距离自主路径跟踪模型,该模型同时考虑了车辆的纵向及横向运动,并有效地控制了车辆移动过程中的纵向及横向误差。Gokhan 等[29]研究了车轮滑移预估及轨迹跟踪补偿对自主行驶农用车辆行驶效果的影响,并建立了滑移预估系统,将其与控制系统相结合应用于试验车辆,通过试验证实了该系统的控制性能。

美国 Oshkosh 防务公司开发名为 Terramax 的无人地面车辆产品,在重型卡车车身布置摄像头、LiDAR 传感器和 GPS 天线等仪器。车辆控制系统结合预设地图、GPS 信号、实时图像和激光扫描信号,能够实现障碍检测和实时路径规划等功能,进行非公路自动驾驶,同时还可以实现车队路径跟踪行驶。

贾雪梅[30]以 MT-FR 履带性机器人为例,设计了履带机器人规划路径过程及新的滚动窗口理论-蚁群算法基本结构,并建立了一个包含模糊 PID 滑模控制器和自适应调节器的路径跟踪控制器,同时验证了此控制器的精度。韩庆珏[31]建立了履带式集矿机路径偏差模型,同时提出了以三次样条曲线为跟踪路径的时间最优控制策略,并通过仿真及试验验证了控制算法的正确性。陆州[32]针对移动机器人的全局路径规划问题,设计了一种免疫算法,其中混合了克隆选择以及否定选择、接种疫苗等算法思想。针对移动机器人路径跟踪控制系统提出了一种免疫遗传算法,并通过仿真试验验证了以上算法的合理性。周巍[33]以履带式机器人为例设计了基于李雅普诺夫函数的轨迹跟踪控制器及模糊自适应控制器两种轨迹跟踪控制器,并通过试验验证了两种轨迹跟踪控制器具有良好的跟踪效果。高健[34]针对小型履带式机器人建立了滑移运动学模型,设计了模糊控制器,减小了履带由于滑移引起的非系统定位误差。翟丽等[35]在动力学分析基础之上,针对电子差速履带车辆提出了应用神经网络 PID 控制策略对履带车辆转向行驶时的驱动电机输出转矩进行控制的方案,并通过试验验证了控制策略的效果。

基于载波相位观测值的实时动态卫星导航定位技术又称"实时动态差分技术",它不仅能够达到厘米级的定位精度,同时又能实时快速地提供测站点的三维坐标。并且 RTK 卫星导航技术[36]是通过卫星信号来实现实时动态精准定位的一种技术,能在一定程度上降低测量工作难度,提高工作效率,但在测量过程中会有系统性测量误差的存在。高洁纯[37]分析了测量过程中的误差来源,提出了针对性的改进措施,进而提高测量精度和可靠性。张绍成[38]研究了基于 GPS/GLONASS 集成的 CROS 基线解算,利用 GPS/GLONASS 集成观测值建立区域大气延迟模型,实现基于 GPS/GLONASS 系统的网络 RTK 核心算法。

1.3　本书主要内容

本书介绍了重型履带车辆机电耦合动力学建模及仿真方法和导航控制技术,通过对重型履带车辆行驶力学分析,建立了重型履带车辆机电耦合动力学模型,进行了重型履带车辆行驶性能仿真,并通过试验对机电耦合模型及数值求解方法进行了验证。为实现重型履带车辆自主行驶,介绍了基于机器视觉和 RTK-GPS 导航原理,搭建了履带车辆路径跟踪控制系统试验平台,通过不同初始偏差的实际追踪数据,验证了路径跟踪控制系统的控制效果。各章内容如下:

第 2 章介绍了重型履带底盘构造,包括结构特点、转向方式及转向机构、驱动装置及控制方法等。

第 3 章介绍了重型履带车辆稳态行驶力学,对重型履带车辆转向时各条履带的受力进行了研究,考虑了履带的宽度、履带接地面瞬时转动中心的纵向与横向偏移等因素,并分析了各种因素对履带受力的影响。提出了适用于重型履带车辆稳态转向分析的数学模型及求解方法。针对双履带排土机和六履带斗轮挖掘机,进行了典型工况性能测试,同时将测试结果和理论计算及虚拟样机仿真结果进行了对比,验证了理论计算和虚拟样机仿真结果的正确。

第4章介绍了双履带车辆机电耦合动力学建模及仿真。基于履带车辆的运动学、动力学模型和感应电机动态模型建立了履带车辆的机电耦合动力学模型。对感应电机的动态模型和 SPWM 变频原理对感应电机的一般动态特性和变频调速动态特性进行了仿真分析,并与电机的稳态转速-转矩特性进行了对比,为履带车辆机电耦合分析奠定了基础。基于机电耦合动力学模型分析了履带车辆直行、转向暂态过程的动力学特性,并与稳态运动过程进行了对比,结果表明机电耦合动力学模型具有更高的精度。

第5章介绍了铰接四履带车辆机电耦合动力学建模及仿真。根据铰接式履带车辆的结构特点和运动特性,建立了非稳态转向过程的动力学方程,并结合感应电机的动态特性,建立直行与转向两种典型工况下铰接式履带车辆的机电耦合动态模型,通过数值分析得到了典型工况下电气参数和机械参数的变化规律。设计制造了铰接式履带车辆的物理样机模型,验证了数值计算及虚拟样机仿真结果的正确。

第6章介绍了基于机器视觉和模型预测的重型双履带车辆轨迹跟踪方法。基于线性系统的状态空间模型介绍了模型预测控制算法的基本方法、参数整定和稳定性分析。基于履带车辆的线性化运动学模型设计了履带车辆的运动学和动力学轨迹跟踪控制器,并分别对直线、圆弧以及螺线三种轨迹进行了轨迹跟踪仿真,结果表明基于线性运动学模型的预测控制器可以较好地实现轨迹跟踪任务。设计了履带实验装置以及基于视觉识别和卡尔曼滤波的履带车辆预测控制系统,编写了 Matlab 和 LabView 控制程序,对两条直线运动轨迹进行了跟踪试验,验证了轨迹跟踪控制算法的有效性。

第7章介绍了基于 RTK-GPS 的六履带车辆导航控制方法。基于 RTK-GPS 的卫星定位导航原理,设计了六履带车辆卫星导航路径控制系统,以六履带车辆实际路径与预设路径之间的距离偏差和航向角偏差作为模糊 PID 控制器的输入,并根据机械的控制需要制定模糊规则,控制六履带车辆转向履带组偏转角度和各条履带行驶速度,实现路径跟踪控制。建立了六履带车辆虚拟样机模型,通过联合仿真和物理样机试验验证了六履带车辆典型行驶工况下控制器对六履带车辆的路径跟踪控制效果。

第 2 章　重型履带底盘构造

　　重型履带底盘是大型工程机械的运行部分,也是整台机器的支承基座,支承整台机器的重力,承受工作装置在工作过程中产生的力。一般大型工程机械的运行距离较短,这正是它与专门的运输车辆以及铲土运输机械的不同之处。对重型履带底盘的要求是工作可靠,能保证整台机器具有良好的稳定性,接地比压小,能适应各种不同的路面条件,有良好的通过性及机动性。

　　重型履带底盘的行驶速度一般为 0.7~1.5 km/h,对于特大型工程机械,其运行速度约为 0.36 km/h 左右。根据工程机械自重和用途的不同,履带对地面的平均压力一般是 90~150 kPa,特大型的工程机械达 200 kPa,而用在松土或松软的沼泽地带工作的工程机械接地比压降到 60 kPa。履带底盘的牵引力应保证工程机械无论是直线行走还是转向行走均能通过 1∶20 的坡度。

　　履带底盘的优点是具有良好的通过性,因为履带底盘对土壤有足够的附着力,能适应不平的道路,履带的接地比压可通过改变履带接地长度和履带板宽度进行调整,具有较好的土壤适应能力和地面通过性;有足够好的机动性,不需要铺设或准备道路,机器能很好地进行调动,很方便地通过陡坡或进行转弯。履带底盘的缺点是运行和转弯时的功率消耗比轮胎底盘大,因为履带底盘的效率较低,构造比较复杂、制造费用大,有些零件容易磨损,因此必须常常更换。但是,重型履带底盘同其他型式的行走装置相比,优点是比较明显的,满足大型工程机械工作要求。

2.1 重型履带底盘的结构类型

按履带数量不同,重型履带底盘可分为双履带、三履带、四履带、六履带和十二履带五种类型,如图 2.1 所示,所有这些结构目前在土方工程和采矿工程中都在应用。

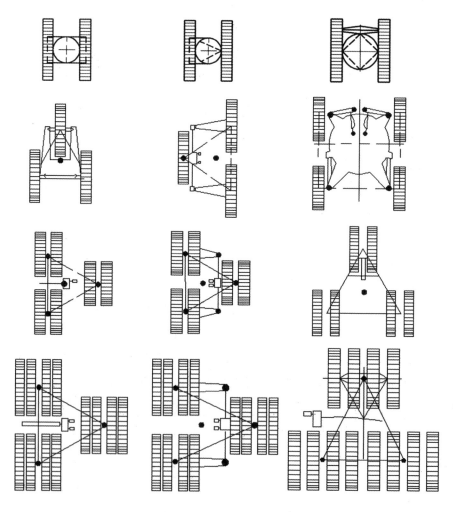

图 2.1 重型履带底盘结构类型

履带底盘关键组成元件如图 2.2 所示。整个机器支持在履带装置上,履带装置后端是驱动轮 1,前端是导向轮 3,中部是支重轮 2。履带台车就通过这些轮子把载荷传给履带下分支。履带 4 是一个无端链,其上部分履带板被支持在托带轮 5 上。当驱动轮回转时,和驱动轮相啮合的履带有移动的趋势,但是因为履带下分支和土壤间的附着力大于驱动轮、导向轮和支重轮的滚动阻力,所以履带不移动,而履带台车的驱动轮、导向轮和支重轮沿着履带滚动,整个工程机械就向前行走。

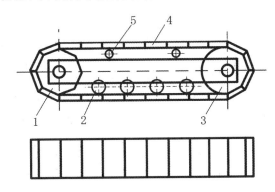

1—驱动轮;2—支重轮;5—导向轮;4—履带;5—托带轮

图 2.2　重型履带底盘关键组成元件

根据履带支重轮传递压力的情况,可以分为多支点和少支点两种情况,如图 2.3 所示。

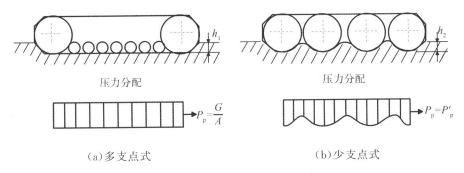

（a)多支点式　　　　　　　　　　（b)少支点式

图 2.3　履带在软地面压力分布

多支点的履带底盘是指和地面接触的履带节数和其上的支重轮数之比小于 2。这就是说,支重轮的直径较小,数目较多,相距较近。整条履带在支重轮间也差不多是不弯曲的,因此,支重轮下的压力和支重轮间的压力基本相等。多支点的履带底盘主要用于轻级和中级的土壤,或所受的外载荷较小的工程机械上。

少支点的履带底盘正好相反。履带在支重轮间有很大的弯曲,而支重轮下的压力比支重轮间的压力大得多。在轻级或中级土壤上,少支点的履带底盘对地面的最大接地比压要比多支点的大(60～80)%,但少支点的履带底盘易于适应高低不平的地面形状,多用于岩石性的土壤中。在工作时,一个支重轮所受的载荷可能达到甚至超过工程机械重量之半,所以支重轮的强度必须增加,这在少支点履带底盘中是比较容易实现的,而且比较经济。

根据支重轮安装的方法不同,履带底盘又分为刚性底盘和挠性底盘。

在刚性履带底盘中,支重轮和履带架或下支承架做刚性连接,不用弹簧或铰接,这是最普遍应用的型式,制造比较简单。在履带保持正常尺寸的条件下,这种行走装置能够很好地承受工程机械的重力和工作装置产生的力。但是,刚性的履带底盘,承受行走过程造成的动载荷较差。运行时,如果在路面上遇到障碍物,就会引起剧烈的冲击,影响机构和零件的强度。因此,这种行走装置的行走速度一般不大于 5 km/h。

多履带底盘一般采用静定式结构,其履带架可分为整体静定式和分段静定式两种。由于整机质量大,需要将整机载荷通过多级平衡梁和支重轮均匀地传至地面。各支重轮安装在平衡梁上,机器重量在各个支重轮之间均衡分配。图2.4 所示为某大型履带底盘的履带单元与上部结构通过回转支承连接。

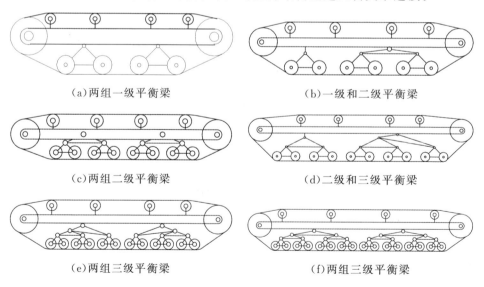

(a)两组一级平衡梁 　　　　　　　(b)一级和二级平衡梁

(c)两组二级平衡梁 　　　　　　　(d)二级和三级平衡梁

(e)两组三级平衡梁 　　　　　　　(f)两组三级平衡梁

图 2.4　典型整体式履带装置多级静定平衡梁结构

1. 整体静定式履带单元

整体静定式履带单元的电机输出经大速比、大扭矩行星传动装置减速增扭后为履带驱动轮提供动力,其整体式履带架分布有四轮一带,即驱动轮、导向轮、支重轮、拖链轮(板)和履带链板,以及底架、平衡梁等。装备上部的载荷通过前后两套不同级数的平衡梁静定地传递到各支重轮上。在设计上,上部垂直载荷应集中作用在各支重轮的中间点,从结构上保证各支重轮的受力均匀。由于履带架结构、履带条数及其单元组合方式不同,履带底盘的具体结构存在差异。

图 2.4(f)所示为十六支重轮整体式履带典型结构。

考虑结构的复杂性和稳定性,各履带底盘单元上常用的平衡梁一般最多设置为三级,相应的配置结构如图 2.4 所示。

履带架的构型在某种程度上取决于平衡梁的结构和支重轮的数量,包括其外观和内部结构。履带架要保证在最小体积状态下包容各级平衡梁和支重轮;在多履带底盘上下坡道或在不平地面行进时,平衡梁和支重轮的摆动空间要充足,即使在极限位置也不得和驱动轮、导向轮以及履带架相干涉,否则将影响正常运行。同时履带架还要满足必需的强度和刚度要求。大型履带架在设计时还要兼顾生产制造工艺,如履带架的结构和空间分割要保证焊接、装配等操作工人必要的活动空间及其操作顺序。

通过履带架的不同组合可形成不同的转向组元,从而构成了各式各样的多履带布置形式,从三条、四条、六条到十二条,甚至二十四条,从而可以满足履带底盘从数百吨到万吨以上的不同承载要求。

2. 分体静定式履带单元结构

分体静定式履带单元一般采用三段履带架,其履带的驱动轮、导向轮和个别拖链轮直接装在平衡梁上,机器通过不平地面时,由平衡梁引起的履带链伸长可由上部履带链得到部分补偿。

在结构上,分体静定式履带单元最上面的两个平衡梁除安装次级平衡梁及其支重轮外,还分别安装驱动轮和导向轮,并和履带架通过铰接副相连,履带链总成安装在履带架上,见图 2.5。

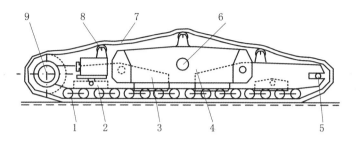

1—支重轮；2—四轮平衡梁；3—八轮平衡梁；4—履带架；5—导向轮；

6—履带装置安装支撑点；7—履带链；8—拖链轮；9—驱动轮

图 2.5　分体式履带结构

2.2　重型双履带底盘

双履带底盘通过调整两条履带的驱动力来克服转向阻力矩，其转向方式可分为三种：①两条履带以不同速度同时向前运行，按一定的转向半径向低速侧转向，称为差速转向；②一条履带正常驱动，另一条履带制动，向制动侧转向，称为抱死转向；③两条履带以方向相反的速度同时驱动，整机绕履带的形心回转，称为原地转向。差速转向时的转向半径较大，并需配置无级变频调速装置，成本较高。大多数情况下，双履带底盘采用抱死或原地转向方式。当地面条件较差时也可采用折线式转向，即多次急转向与直线运行相结合。由于每次转向角度小，对地面破坏较轻，可以减轻履带的下陷程度，避免转向附加阻力的急剧增加。

重型双履带底盘中履带架与底架的连接方式既可以是刚性连接，也可以是摆动铰接，还可以是刚性连接与摆动铰接的组合，下面将对这三种连接方式进行介绍。

（1）两端刚性连接。

如图 2.6(a)所示，两端刚性连接的履带装置其各个零件的载荷分布不是静定的。优点是具有很高的防倾翻安全系数，允许上部结构的重心位置有较大的偏移，主要用于小型车辆，服务质量一般不超过 500 t。

（2）一条履带架与底架刚性连接,另一条摆动铰接。

如图 2.6(b)所示,这种连接方式的优点在于载荷可以静定地分配到各履带的零件上,缺点是防倾翻安全性较差。因此,这种履带行走机构使用较少。

（3）两端铰接。

如图 2.6(c)所示,这种布置形式允许履带架相对底架摆动,底架在履带架上的安装条件是不稳定的,需要第三个支承点,该点由安装在两履带间的横向平衡梁支承。底架与履带架铰接点的位置必须位于履带的中点上。这种履带型式是重型双履带底盘的主流应用型式,服务质量不大于 1 000 t。

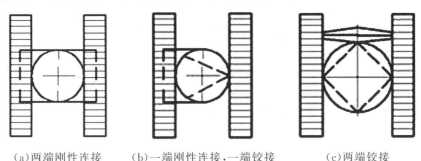

（a）两端刚性连接　　　（b）一端刚性连接,一端铰接　　　（c）两端铰接

图 2.6　履带架与底架的连接形式

大型矿用挖掘机底盘,其由底架、履带架、履带及行走传动机构组成。

（1）底架。底架是工程机械上部机构的基础,承受机体的重量和挖掘工作时的外力,并传给履带底盘。一般采矿用工程机械底架都是用钢板焊成封闭的箱型结构,内部用钢板焊成井字架,上下加盖板构成,如图 2.7 所示。在架体中心有中央枢轴座,前后有装电动机和减速器的机座 7 和出轴孔 9,左右两侧有钩牙 3 用来固定履带架的螺钉孔 2,用螺钉将履带架固定在底架上。底架平面上焊有支承回转装置的下滚道,并固定有回转用的大齿轮。底架与履带架用钩牙,连接方便,连接螺钉不受剪力和挤压。结构件轻,底架高度低,其连接为刚性连接,可用于较大型的工程机械上。

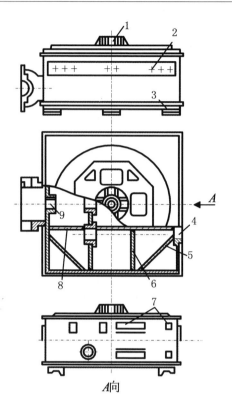

1—轴座;2—螺钉孔;3—钩牙;4—轴孔;5—斜板;

6—井字板;7—机座;8—井字板;9—出轴孔

图 2.7 挖掘机底架结构图

(2)履带架。履带架用来承托底架,并把底架的重量及作用力传给支重轮,再经履带传给地面。履带架是行走装置的重要组成部分。封闭式的履带通过主动轮、支重轮、托带轮和导向轮环绕在履带架上。履带架与底架连接成一体构成行走机构的结构主体。

履带架多采用铸钢件,整体铸造,或者用钢板焊成。在大型工程机械上,采用闭式焊接履带架,如图 2.8 所示。其结构呈箱形断面,形状简单,外形尺寸小,重量轻。同样,驱动轮、导向轮、支重轮等都以悬臂的形式装在履带架上,所以履带架受附加扭矩,底架与履带架连接处受力也大,致使结构更加牢固,保证足够的刚度和强度。

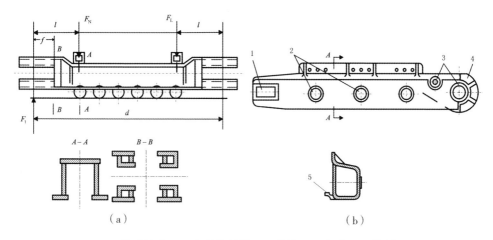

（a）　　　　　　　　　　　　　　　　　（b）

1—从动轴孔；2—支重轮轴孔；3—轴孔；4—机壳；5—钩牙

图 2.8　履带架结构简图

（3）四轮一带。人们习惯地称驱动轮、导向轮、支重轮、托带轮及履带板为四轮一带。

①驱动轮：国产工程机械大体上应用以下几种形式的驱动轮：整体式、齿圈式和齿块式。驱动轮的结构与采用何种履带板有关。驱动轮由轮毂、轮辐和轮缘构成，而驱动轮的啮合齿在轮缘上。对驱动轮的要求：回转轻快，传动效率高，耐磨损。

单凸块履带板上支重轮的滚动面在其凸块的两侧，因而易于将凸块上的污泥挤出，但驱动轮的形状复杂。双凸块履带板承载能力大，驱动轮结构较简单、适用于大型工程机械。

②支重轮：用来支承机重（不包括履带下分支），并沿履带板滚动。要求轮面硬度高，耐磨损，运转轻快，阻力小。

支重轮结构形式较多，一般工程机械的支重轮已标准化，除外直径及销轴外，全部要求通用，但对于大型工程机械的支重轮没有统一标准。支重轮一般都采用直轴式，它的结构简单、零件少、易更换，多用于多支点的刚性支承上。

③导向轮：其结构与驱动轮相似，只是轮缘面无齿，呈光滑面。它只起导向作用，不传递扭矩，因此重量较轻。采矿型工程机械导向轮多为铸钢件。

导向轮结构与大直径支重轮相同，轴径也一样，只是外径不同。由于履带底盘承重大，行走速度低，多采用铜套轴瓦，用油脂润滑。

④托带轮:用以承托履带,一般用 2~3 个。托带轮用铸钢件铸成,大型工程机械亦用铜套轴瓦做轴承。

⑤履带板:履带是由履带板用连接销连接起来构成的一个封闭环。它用来支持整机,并传递压力及牵引力使整机运行。

对履带板的要求是各节履带板之间要有可靠的挠性连接;履带板和驱动轮啮合要可靠,履带与地面有足够的附着力,履带板要硬度高、耐磨损、耐腐蚀、耐冲击;履带板保证支重轮不能横向移动,能很好适应支承面的形状,各履带板间不会卡石块,能自动排出。

对于矿用大型工程机械,多用铸造整体履带板,一般不加工。由于销子孔长,滚动阻力大,间隙大,易混入沙土,磨损较快。

工程机械常用的驱动轮有单凸块和双凸块两种,如图 2.9 所示。

图 2.9　单凸块及双凸块驱动轮

履带板的凸块与驱动轮啮合,起了传递扭矩、移动整机的作用,而凸块与支重轮相接触,防止履带横向移动,保证与驱动轮的正确啮合。

由于工程机械转弯时履带承受较大的横向力,为使履带板与驱动轮、支重轮正确啮合,防止磨损,凸块侧面做成稍微突起的。当履带松了,支重轮滚到凸块上面时,也会沿侧面滑下去。另外,为使履带板在横向能偏转,把凸块做成梯形,斜度为(1∶10)~(1∶12.5)。凸块与驱动轮啮合表面做成平面,当然也可仿照齿轮做成曲线形式,以减小磨损。

一般履带板支重轮面多做成平的,当履带板被接触的硬物垫起时,会使履带与支重轮局部接触,会损坏或加快履带板磨损。为了改善这种情况,目前有的支重轮面为凸出圆曲面,履带板做成凹进圆曲面,两者呈曲面接触,这样受力面积并不减少,承载能力好,其构造见图 2.10。

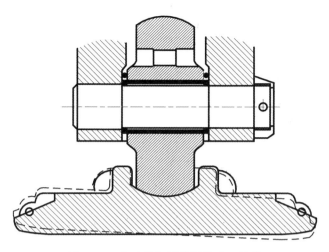

图 2.10　支重轮与履带板的曲面结构

为扩大工程机械使用范围,改变接地比压,以便进入沼泽地工作,可换上宽履带。

履带板的负荷较大,工作条件恶劣,在沙石、泥土及矿石上工作极易磨损,一般用耐磨的合金钢做成,经过淬火处理,硬度为 179～223HBS。

履带板除要求耐磨外,还要耐冲击,所以其中心部分要韧。高锰钢由于承载后发生表面硬化作用,使之耐磨性增高,但内部并未硬化,所以履带板一般采用高锰钢制作。

销杆用铬锰钢或铬钒钢制造,硬度比履带稍低,以免磨损履带板。驱动轮选用的钢材为 ZG30CrMo,凸块表面淬火,硬度达 40～45HRC。

2.3　重型多履带底盘

多履带机械的转向是将一组或两组转向履带相对车架偏转一定角度,依靠地面对转向履带的侧向力克服转向阻力矩来实现的,图 2.11 和图 2.12 所示为转向履带组元和转向臂。转向时机器行驶路径为曲线,这一点和滑移转向不同。同时,为保证履带底盘动力配置合理,工作可靠,多履带底盘在坡道行驶时通常不转向,因此在计算履带驱动功率时一般仅分别考虑坡道行驶和平路转向两种工况。

图 2.11 双履带转向组元和转向臂

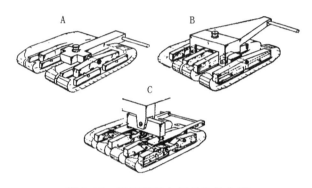

图 2.12 四履带转向组元和转向臂

在多履带底盘的转向方式上,根据转向履带的组数不同可分为两种:

(1)正三支点履带布置("品"字形),转向履带沿车辆纵轴线对称布置,靠一组履带进行转向。

(2)侧三支点履带布置("品"字形翻转 90°),转向履带一前一后对称布置,两组履带参与转向。多履带底盘的转向可控制性较好,其轨迹仅取决于转向组元的偏转角度,转向过程平稳,在进行长时间转向时基本没有制动功率损失。

在静止状态下,履带转向阻力矩很大,一般很难偏转,只能靠行走过程中逐步改变履带的偏角来实现。多履带底盘一般设置成履带单元或转向组元来实现转向,由专用的转向机构进行牵拉来克服地面的摩擦阻力。

履带转向机构可以采用机械方式,如螺旋丝杆、钢丝拉绳等,由电机驱动的减速机或卷扬机驱动;也可以采用液压驱动,由液压泵站对转向液压油缸提供动力进行驱动。

液压油缸转向驱动系统的优点是结构重量轻、零部件布置紧凑,空间占用少,不需要克服传动系的摩擦阻力,机件磨损小、便于维修,牵引力可通过调压液压系统很方便地进行调整,在气候适宜地区是优选方案;缺点是需要高品质的液压油且不适合在寒冷地区使用,但在冬季气温允许的地方已经得到越来越多的应用。螺旋丝杆的优点是可以精确控制偏转角度,工作可靠;缺点是成本高,需要独立的电机驱动和变减速机构。钢丝拉绳的优点是成本较低,具有广泛的地域适应性,特别是在冬季寒冷的地区适应性强;缺点是偏转角度的精确控制较难实现,同时需要高可靠性的锁死机构。

多履带底盘的转向组元通常在其接地面中心的正上方设计成球铰,通过球形铰接副的球面连接转向组元,连同非转动支撑点组成三点稳定式结构支承上部装备质量。

1. 侧三支点三履带及其转向机构

三履带在多履带底盘中属于最简单的结构形式,其承载质量一般不超过1 500 t。底架支点布置成等腰三角形,底架各支承能将垂直载荷静定地传到地面,三个支承点的选择应保证机器在各种载荷下不致倾翻。如图 2.13 所示,在侧三支点三履带底盘中,转向牵引电机驱动减速机,减速机的输出轴驱动螺旋式牵引丝杠,通过牵引臂牵拉点的前后运动来偏转履带。牵引臂前端支承滚轮安装在固定履带架轨道内,其前后滚动带动转向履带偏转实现转向。

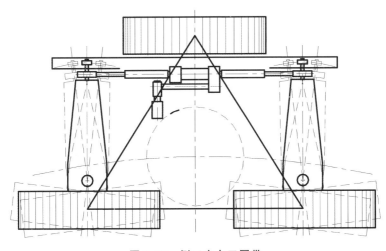

图 2.13　侧三支点三履带

三支点三履带底盘除上述机构外,也有采用一个转向机构偏转前端一个履带的正三角支承形式,后部两个固定履带沿机器纵轴线对称排列。

2.侧三支点六履带及其转向机构

六履带底盘的支承质量一般在5 000 t以内。底架仍采用对垂直载荷静定的三支点结构。图2.14所示的转向机构中采用电机驱动减速机,由牵拉丝杠牵引侧向布置的前后履带转向臂进行转向。这种机构形式简单,在气候适宜地区同样也可采用液压油缸进行牵引转向。

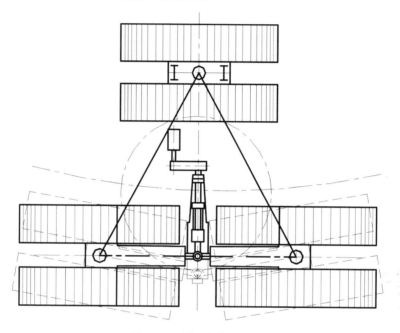

图 2.14 侧三支点六履带

3.正三支点十二履带及其转向机构

图2.15所示为采用电机驱动转向的三角形静定支承正三支点十二履带底盘。该行走装置具有六个箱形梁,每个箱形梁连接两个履带,三个支承铰点下的三个肘形梁分别连接三个四履带组。转向组元由四个履带组成,作为整体一起转向;转弯时要操纵处于机器纵轴线上的转向履带组元偏转来实现机器转弯,转向驱动由电机或液压油缸来实现。

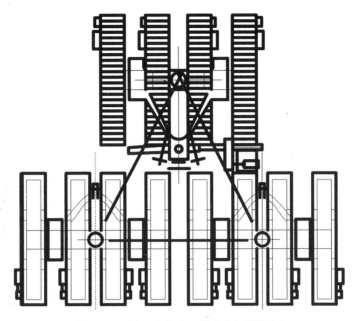

图 2.15　正三支点十二履带(电机驱动)

图 2.16 所示为采用液压油缸驱动转向的十二履带底盘,一般应用在巨型斗轮工程机械上,其转向履带由两组转向履带组元构成,每个转向组元包括两个履带。

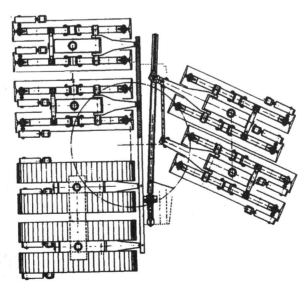

图 2.16　正三支点十二履带(液压油缸驱动)

2.4　重型履带底盘驱动及其控制方式

重型履带底盘通常采用电力驱动,其系统包括交流或直流电机、调速装置、制动装置、传动轴和减速机等。驱动电机通过减速机降速,带动履带驱动轮转动和履带板运转。动力源常采用 6 000 V 标准电网,经机载变电站变压为 400 V 或经整流后供电机使用。图 2.17 所示的大型履带底盘驱动系统示意图中,左右两侧履带分别由单独电机驱动,电机前后并列安装在履带中央平台上。

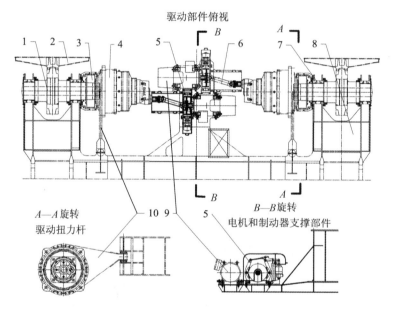

1—履带驱动轮和驱动轴;2—履带板;3—锁紧连接盘;4—行星减速机;

5—电磁拉杆式制动器;6—万向传动轴;7—履带驱动轮支撑座;

8—履带架;9—驱动电机;10—扭力杆

图 2.17　重型履带底盘驱动系统示意图

驱动电机的功率和型号选择应根据履带直行、爬坡、平路转弯等典型工况的运行阻力及工作要求来确定。绕线式异步电动机由于抗过载能力高、承受机械冲击及振动能力强而应用较多。其减速机必须具有很大的减速比以便将电机的高转速(960～1 500 r/min)转化为驱动轮的低转速(1～2 r/min),因此常采用行星式。电气控制系统主要实现电机的启动、制动、调速,以及过载、短路、零压和欠压保护。对于绕线式异步电动机,常用的调速方式有两种:①恒转矩调速法。通过在转子电路上外接附加电阻实现有级调速。优点是调速设备简单,易于实现;缺点是调速的平滑性较差,电阻消耗大量的转差功率,效率低,经济性差。②基频以下为恒转矩调速,基频以上近似为恒功率调速。通过改变异步电动机定子绕组供电电源的频率进行变频调速。优点是特性较硬,转速稳定性好,调速范围广,可实现无级调速,平滑性高,转差率较小,效率高;缺点是调速设备复杂,价格昂贵,不易维护。目前,变频调速较为常用。而传统的继电器-接触器控制系统由于接线复杂、维修困难,触点易烧坏,可靠性及抗干扰性较差,在大型履带底盘中已经很少采用。

大型履带底盘多采用可编程逻辑控制器(PLC)控制,PLC 控制具有体积小、安装方便、编程简单、易修改和可靠性高等优点,西门子公司 S7-300 系列和三菱公司 FX2N 系列等较常用。借助工控计算机、计算机视觉、现场总线及远程通信技术,某些先进的斗轮工程机械、堆取料机等重型机械已经实现了整机运行状态自动控制。

图 2.18 所示为十二履带底盘的驱动电机调速控制框图,每一驱动单元由一个单向变流器为电枢供电,由一台可逆式变流器给励磁绕组供电,每一单元的电枢电流都具有独立控制,因为所有电枢电流控制器(IRA)的基准值均相等,所以十二台电机的电枢电流也相等。每个单元两台电机的励磁绕组也是串联连接,它们是由反向并联的可控硅整流器供电。这一系统需要两个励磁电流的基准信号,由于行走扭矩与转弯时的行走速度和转向器位置二者无关,因此所有电机的励磁电流也因基准信号相同而相等,这就意味着每台电机能在允许的扭矩范围内自由调速。每台电机还具有独立的测速电机用于自身速度的测量,从所测十二个速度值中求出平均速度 DMB,这一速度即为斗轮工程机械的实际速度。在所有驱动单元所共同的速度控制器中,将速度基准值与已求出的速度平均值做比较,然后导出电枢与励磁绕组的电流设定值。

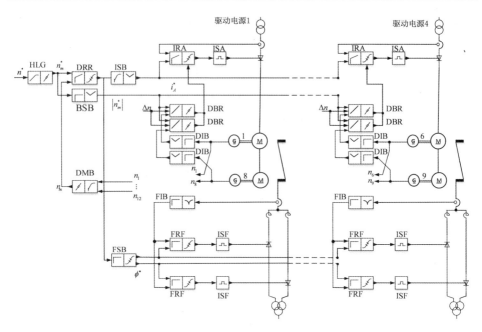

HLG—斜率发生器；DIB—实际速度信号发生器；DRR—速度控制器；ISB—电枢电流发生器；

BSB—速度基准值的极限速度控制器；DBR—极限速度控制器；IRA—电枢电流控制器；

FSB—励磁电流基准值发生器；ISA—脉冲发生器；FRF—励磁电流变换器；

DMB—平均速度信号发生器；ISF—励磁变流器的脉冲发生器

图 2.18 十二履带底盘的驱动电机调速控制框图

将给定的行走速度基准值输入速度控制器，通过与之相连的一台斜率发生器（HLG）来保证所需要的最大加速度与最大减速度。速度基准值由司机在操作台上用无触点的磁阻电位计选择，同时为了将两个电位分开，使用变流器将选择好的基准值送入行走驱动装置的速度控制器。这一控制原理的特点是扭矩可逆，电机磁场为无级变化，而且还可以在电枢回路中安装较为经济的二象限变流器。运用这一无级磁场可逆控制原理，在整个扭矩操作范围内无须接通开关，只需改变电枢电流或磁通量，便可以实现操作。速度控制器给出一个实际需要的力矩基准值，这一基准值由两个函数发生器接收，以便产生电枢电流基准值与励磁电流基准值，更确切地说是产生磁通量的基准值。该斗轮工程机械在各种行驶工况下，所有电机电枢电流都是相等的，即克服行走阻力所需的全部扭矩为所有电机均分，而每条履带的速度和行走状态相适应。

2.5　履带张紧力的确定

　　履带张紧力是履带底盘设计中必须考虑的问题,履带张紧力过大时易增大链节摩擦力,加大功率消耗和履带工作支段张力;同时增大驱动链轮运转时的多边形效应,严重时车辆无法行走;张紧力过小易发生履带脱链事故,造成重大人身财产损失。张紧力还是履带装置零部件强度设计的前提,因此研究张紧力的计算方法有着重要的实际意义。

2.5.1　履带环运动原理

2.5.1.1　履带环各部分组成

　　多履带底盘由于其工作环境相对比较平坦而较少考虑越障性能,从而形成了独具特色的履带环直观构型,如图 2.19 所示。但要计算履带的张紧力,首先应从一般意义上的履带受力情况开始进行分析,从简化的理想履带环运行规律着手研究。由于大型履带驱动轮、导向轮和相邻的第一个支重轮之间履带倾角很小,为便于分析下文的履带环形状进行了必要的调整。

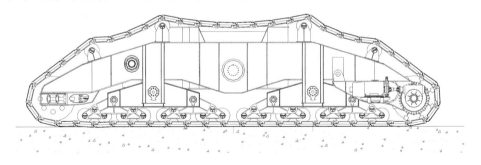

图 2.19　履带底盘

　　履带环是具有一定形状的闭合履带,环的形状决定于驱动轮、导向轮、支重轮及托链轮的相互位置。图 2.20 所示为一般意义上的履带环,由自由支段、弧形支段、支持支段等组成。如果履带环全部处于自由状态,即履带不支持在地面上(可假设车辆在地面上悬空),则支持支段也会变成自由支段并悬垂,此时履带环将全部由自由支段及弧形支段组成。这说明履带环的各个支段可以转换。

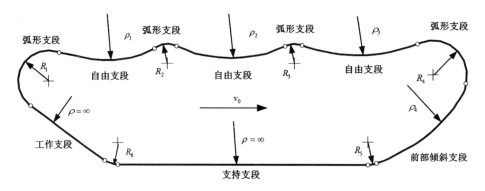

图 2.20　一般意义上的履带环

被驱动力拉紧的自由支段称为工作支段。当驱动轮安装在后部时,后部倾斜支段将变为工作支段;驱动轮安装在前部时,除了后部倾斜支段外,驱动力会将上部自由支段拉紧,使之变为工作支段。自由支段可能悬垂成若干段曲线,曲线的曲率以曲率半径 ρ 表示。弧形支段具有不变的曲率半径 $\rho=R$。如果假设支段被拉成直线,即 $\rho=\infty$,则支段的曲率等于零。

为研究方便,先假设将履带环分为三种类型:挠性履带环,一般履带环及弹性履带环。在挠性履带环中,没有内摩擦力及弹性力。在一般履带环中,有摩擦力的作用,且摩擦力与拉紧履带环的力有关。在弹性履带环中,除了有内摩擦力外,还受与履带环曲率有关的弹性力的作用。

履带环体指的是某一有限的平面,在该平面上履带各弧形支段的中心保持固定。履带环可与履带环体做相对运动(履带环的相对活动),也可与履带环体共同运动(履带环的牵连运动)。

为分析方便,先对履带环做如下假设:

①履带环厚度为零;②履带环形状不变,并由各点不变的曲率半径决定;③履带环不可拉伸,具有不变的周长;④履带环的各点均位于与其履带环体平面相重合的同一平面内;⑤环体仅能做直线运动及平行于道路平面的运动,而无在自身平面内的旋转运动。

2.5.1.2　履带底盘行驶时的受力分析

由两履带环组成的履带行驶装置的运动是履带底盘最基本的运动,两履带环的履带环体互相平行并成刚性连接。运动时,每一履带环均可能受位于履带环平面内及垂直于该平面的外力的作用。如果各力均位于履带环平面内,且各力的垂直分力互相平衡,则履带环体的运动将是直线,并且与道路平面平行。此时,不妨假设履带环体的初始速度平行于道路平面,而道路平面是水平的。此外,如果有垂直于履带环平面的力的作用,则履带环体将做复杂的旋转运动。本章仅研究履带环体的直线运动。

假设行驶装置的驱动轮在车辆后面,并自车体方面对驱动轮作用一扭转力矩,即后驱动方式(图 2.21)。由于扭矩的存在,驱动力和后部支重轮之间的工作支段受到拉力 $F_t = M_q/r_b$ 的作用,并迫使支持支段从后部支重轮下拉出。这样,由于车辆的重量 W 将支持支段紧压在道路上,从而导致支持支段和道路之间产生了摩擦力和啮合力。倘若履带环中不存在摩擦损失,则力 F_t 等于摩擦力及啮合力的合力。因此,履带环的驱动力等于作用于支持支段且方向与履带环前进方向一致的路面切向反作用力。对履带环而言,驱动力属于外力,其值等于履带环的滚动阻力 F_r,而方向相反。滚动阻力 F_r 是由履带前方阻力 F_{r0} 产生的。

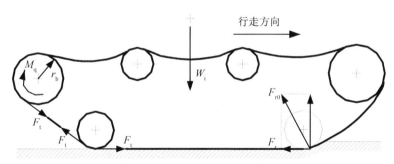

图 2.21　直线运动时,作用于履带行驶装置上的力

如果有两个力 F_t 的大小相等、方向相反,同时作用在驱动轮轴上(见图 2.22),其中一个力 F_t 和工作支段拉力形成力偶,而力偶矩等于驱动轮扭矩 M_q。另一个力 F_t 推动车体前进,并可以分解成两个力 F_t' 及 F_t'',其中 F_t' 方向和道路平面平行而 F_t'' 垂直于道路平面。另外在后支重轮处,作用有支段拉力 F_t 及驱动力 F_t',其合力产生一推动车体向前的力 F_{t1}'。现在研究 F_t' 和 F_{t1}'。

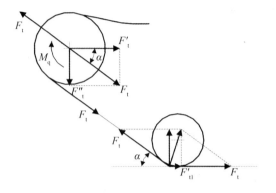

图 2.22 驱动轮后置时作用在履带环上的拉力

$$F'_t = F_t \cos\alpha$$

$$F'_{t1} = F_t - F_t \cos\alpha$$

此二力的合力为

$$F'_t + F'_{t1} = F_t \cos\alpha + F_t - F_t \cos\alpha = F_t$$

由此可得推力的合力等于履带环的驱动力。

现假设驱动轮在前部,与上述情况相同,在驱动轮轴上作用着两个大小相同、方向相反的力 $F_t = M_q/r_b$。此时其中一个力与上部支段的拉力产生与扭矩 M_q 相等的力偶,另一力将作用在车体上。F_t 的水平分力等于 F''_t,方向与车辆的运动相反。当驱动轮上没有摩擦时,上部支段及后部倾斜支段的拉力相等。此时由图 2.23 可求出作用于车体上的水平分力:

$$F''_t = - F_t \cos\beta$$

$$F'_t = F_t \cos\beta + F_t \cos\alpha$$

$$F'_{t1} = F_t - F_t \cos\alpha$$

将各力相加,即得

$$F''_t + F'_t + F'_{t1} = - F_t \cos\beta + F_t \cos\beta + F_t \cos\alpha + F_t - F_t \cos\alpha = F_t$$

因此驱动轮在前部时,推力的合力也等于履带环的驱动力。总之,车体上推力的合力大小与驱动轮的位置无关,且在履带环和车体间没有摩擦时,其大小等于履带环的驱动力。此特点可使履带环运动问题简化,可以仅研究作用于履带环上的外力即驱动力 F_t 而不必研究履带环上各拉力。

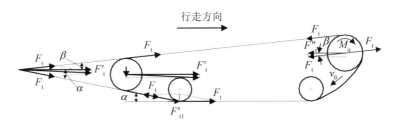

图 2.23　驱动轮前置时作用在履带环中的拉力

2.5.2　挠性带式履带环张紧力计算

2.5.2.1　自由支段悬垂曲线

现在求以不变速度 $v = v_0$ 运动的履带环自由支段的悬垂曲线。由于等速直线运动不影响支段的悬垂特性,因此假定履带环仅有相对运动,速度为 v_0,而无牵连运动。在自由支段上取一无穷小弧 ds(见图 2.24),研究在外力作用下无穷小弧的平衡。在无穷小弧上作用有下列各力:①支段上部的拉力 $F_t + dF_t$;②支段下部的拉力 F_t;③重力。

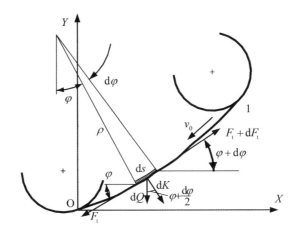

图 2.24　作用于有质量的运动支段上的力

离心力

$$dK = \frac{mv_0^2}{\rho} = \frac{q}{g}\left(\frac{ds}{\rho}\right)v_0^2 = \frac{q}{g}v_0^2 d\varphi$$

式中: q 为单位支段的重量; $d\varphi$ 为通过弧 ds 两端点所引起的切线角度变化。

将作用于 $\mathrm{d}s$ 弧上的各力投影于 X 和 Y 轴：

在 X 轴上的投影：

$$(F_t + \mathrm{d}F_t)\cos(\varphi + \mathrm{d}\varphi) - F_t\cos\varphi + \mathrm{d}K\sin\left(\varphi + \frac{\mathrm{d}\varphi}{2}\right) = 0 \tag{2.1}$$

在 Y 轴上的投影：

$$(F_t + \mathrm{d}F_t)\sin(\varphi + \mathrm{d}\varphi) - F_t\sin\varphi - \mathrm{d}K\cos\left(\varphi + \frac{\mathrm{d}\varphi}{2}\right) = \mathrm{d}Q \tag{2.2}$$

略去二阶无穷小，即得

$$-F_t\sin\varphi\mathrm{d}\varphi + F_t\cos\varphi + \mathrm{d}K\sin\varphi = 0 \tag{2.3}$$

$$F_t\cos\mathrm{d}\varphi\mathrm{d}\varphi + \mathrm{d}F_t\sin\varphi - \mathrm{d}K\cos\varphi = \mathrm{d}Q \tag{2.4}$$

将 $\mathrm{d}Q = q\mathrm{d}s$ 及 $\mathrm{d}K = \dfrac{q}{g}v_0^2\mathrm{d}\varphi$ 代入，得

$$-F_t\sin\varphi\mathrm{d}\varphi + \mathrm{d}F_t\cos\varphi + \frac{q}{g}v_0^2\mathrm{d}\varphi\sin\varphi = 0 \tag{2.5}$$

$$F_t\cos\varphi\mathrm{d}\varphi + \mathrm{d}F_t\sin\varphi - \frac{q}{g}v_0^2\mathrm{d}\varphi\cos\varphi = q\mathrm{d}s \tag{2.6}$$

式（2.5）和（2.6）的左部是函数 $\left(F_t - \dfrac{q}{g}v_0^2\right)\cos\varphi$ 及 $\left(F_t - \dfrac{q}{g}v_0^2\right)\sin\varphi$ 对于 $\mathrm{d}\varphi$ 的导数，由直接微分法得

$$\mathrm{d}\left[\left(F_t - \frac{q}{g}v_0^2\right)\cos\varphi\right] = 0 \tag{2.7}$$

$$\mathrm{d}\left[\left(F_t - \frac{q}{g}v_0^2\right)\sin\varphi\right] = q\mathrm{d}s \tag{2.8}$$

由式（2.7）可得

$$\left(F_t - \frac{q}{g}v_0^2\right)\cos\varphi = C \tag{2.9}$$

将左右两边各乘以 $\tan\varphi = \dfrac{\mathrm{d}y}{\mathrm{d}x}$，即有

$$\left(F_t - \frac{q}{g}v_0^2\right)\sin\varphi = C\frac{\mathrm{d}y}{\mathrm{d}x} \tag{2.10}$$

以 $C\dfrac{\mathrm{d}y}{\mathrm{d}x}$ 代替式（2.8）中方括号内的式子即得

$$\mathrm{d}\left(C\frac{\mathrm{d}y}{\mathrm{d}x}\right) = q\mathrm{d}s$$

弧的微量 ds 可用 dx 和 dy 来表示：

$$ds = \sqrt{dx^2 + dy^2} = \sqrt{1 + \left(\frac{dy}{dx}\right)}dx$$

或

$$\frac{C}{q}d\left(\frac{\dfrac{dy}{dx}}{\sqrt{1 + \left(\dfrac{dy}{dx}\right)^2}}\right) = dx$$

积分此式，此时

$$\frac{C}{q}\int \frac{d\left(\dfrac{dy}{dx}\right)}{\sqrt{1 + \left(\dfrac{dy}{dx}\right)^2}} = \int dx + C_1$$

或

$$\frac{C}{q}\ln\left[\frac{dy}{dx} + \sqrt{1 + \left(\frac{dy}{dx}\right)^2}\right] = x + C_1$$

此式可变成指数函数形式，即

$$e^{\frac{q}{C}(x+C_1)} = \frac{dy}{dx} + \sqrt{1 + \left(\frac{dy}{dx}\right)^2} \tag{2.11}$$

取倒数

$$e^{-\frac{q}{C}(x+C_1)} = \frac{1}{\dfrac{dy}{dx} + \sqrt{1 + \left(\dfrac{dy}{dx}\right)^2}}$$

右边的分子分母各乘以 $-\dfrac{dy}{dx} + \sqrt{1 + \left(\dfrac{dy}{dx}\right)^2}$，此时即得

$$e^{-\frac{q}{C}(x+C_1)} = -\frac{dy}{dx} + \sqrt{1 + \left(\frac{dy}{dx}\right)^2} \tag{2.12}$$

用式(2.11)减去式(2.12)，然后积分，得

$$y = \frac{a_0}{2}\left(e^{\frac{x+C_1}{a_0}} + e^{-\frac{x+C_1}{a_0}}\right) + C_2 \tag{2.13}$$

式中：$a_0 = \dfrac{C}{q}$，为悬链线方程式。因此以不变直进速度运动的、有重量的履带环自由支段是以悬垂线悬垂的。

将函数 $e^{\frac{x+C_1}{a_0}}$ 及 $e^{-\frac{x+C_1}{a_0}}$ 展成级数:

$$e^{\frac{x+C_1}{a_0}} = 1 + \frac{x+C_1}{a_0} + \frac{(x+C_1)^2}{2!a_0^2} + \frac{(x+C_1)^3}{3!a_0^3} + \frac{(x+C_1)^4}{4!a_0^4} + \cdots$$

$$e^{-\frac{x+C_1}{a_0}} = 1 - \frac{x+C_1}{a_0} + \frac{(x+C_1)^2}{2!a_0^2} - \frac{(x+C_1)^3}{3!a_0^3} + \frac{(x+C_1)^4}{4!a_0^4} - \cdots$$

略去四次及更高次各项,可得

$$y = a_0 \left[1 + \frac{(x+C_1)^2}{2a_0^2} \right] + C_2$$

选择坐标系(图 2.24),并使 $x=0$, $y=0$ 时得 $C_2 = -\frac{2a_0^2 + C_1^2}{2a_0}$,从而有

$$y = \frac{2C_1 x + x^2}{2a_0} \tag{2.14}$$

此式为抛物线方程。因而可近似地认为履带环的自由支段以抛物线悬垂。

现在求积分常数 C_1 及 a_0。为此,需要事先给定表示悬垂曲线的任意两个参数。此参数可以是曲线 0～1 上两点的位置,或一点的位置及通过该点或通过既定坐标 x 的另一点的切线的倾斜角,或两点的切线倾斜角,或某点的拉力等。如已知由坐标原点引向曲线的切线的倾斜角 φ_0 及在该点的拉力 F_{t0}。微分方程(2.14)变为

$$\frac{dy}{dx} = \frac{C_1 + x}{a_0} \tag{2.15}$$

但由于对于既定坐标系的任一点 (x, y) 而言,$\frac{dy}{dx} = \tan\varphi$,且 $x=0$ 时,$\varphi = \varphi_0$。并可求出

$$\tan\varphi_0 = \frac{C_1}{a_0} \tag{2.16}$$

应用式(2.9):

$$\left(F_t - \frac{q}{g} v_0^2 \right) \cos\varphi = C = a_0 q \tag{2.17}$$

$\varphi = \varphi_0$ 时,$F_t = F_{t0}$ 或

$$\left(F_{t0} - \frac{q}{g} v_0^2 \right) \cos\varphi_0 = a_0 q \tag{2.18}$$

联解式(2.16)和(2.18)可求得积分常数 a_0 及 C_1。如几何参数给出,例如

给出两点的坐标 (x_1, y_1) 和 (x_2, y_2)，或一点的坐标 (x_1, y_1) 及一切线倾斜角 φ_1，则可以应用公式 (2.14) 和 (2.15) 求得两个方程，解此方程即可求出积分常数 a_0 及 C_1。

2.5.2.2　履带环中拉力

自由支段的拉力主要包括预加张紧力、离心力和支段受到的重力等；而在工作支段上，除了上述各力外，还受到支段的工作拉力、道路及支重轮在支段上切线作用力和法线作用力的影响。因此，履带环的拉力在各个支段上分布并不相同。

现在先略去托链轮上摩擦力，求自由支段的拉力。在自由支段及弧形支段 1—2，3—4 连接点处拉紧力相等（见图 2.25），否则弧形支段将不平衡。

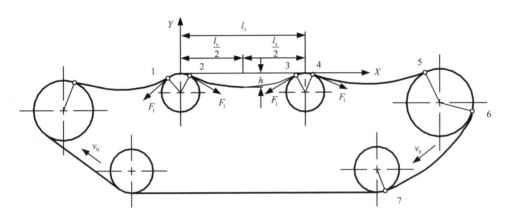

图 2.25　履带环自由支段的拉力

如果自由支段端点位于水平直线上，则在端点 2 及 3 处的拉力相等。同样，点 4 处的力等于点 5 处的力，而后一力当弧 5—6 的重量不计时等于点 6 处的拉紧力。点 7 处的力将稍小于点 6 处的力，因为点 6 上有支段 6—7 的重量作用。

预求水平支段 2—3 的力。支段悬垂值由相对垂度 $h_0 = \dfrac{h}{l_s}$ 决定。假设坐标如图 2.25 所示。

以 $x = \dfrac{l_s}{2}$ 及 $y = -h$ 代入式 (2.14)，得

$$-8ha_0 = 4l_sC_1 + l_s^2 \tag{2.19}$$

由公式 (2.15)，可有

$$a_0 \frac{\mathrm{d}y}{\mathrm{d}x} = C_1 + x \qquad (2.20)$$

但是此处 $\frac{\mathrm{d}y}{\mathrm{d}x} = \tan\varphi$,式中 φ 为由 x 坐标决定的某一点的切线角。当 $x = \frac{l_s}{2}$ 时,

切线平行于 X 轴,根据公式(2.20),可有

$$0 = 2C_1 + l_s \qquad (2.21)$$

由公式(2.19)和(2.21)可求出对于水平支段的积分常数:

$$a_0 = \frac{l_s^2}{8h} = \frac{l_s}{8h_0} \qquad (2.22)$$

$$C_1 = -\frac{l_s}{2} \qquad (2.23)$$

由公式(2.9),可有

$$\left(F_t - \frac{q}{g}v_0^2\right)\cos\varphi = C$$

但 $C = a_0 q$,q 为履带环单位长度重量。由此得

$$F_t = \frac{a_0 q}{\cos\varphi} + \frac{q}{g}v_0^2 \qquad (2.24)$$

拉力在支段全长上是变化的,当 $x = \frac{l_s}{2}$ 时,$\varphi = 0$,此时拉力 F_t 最小。当 $x = 0$ 时,

拉力最大,因为此时 $\cos\varphi_0$ 最小。

现在求拉力 F_{tmax} 和 F_{tmin} 之差。由公式(2.15)有

$$\frac{\mathrm{d}y}{\mathrm{d}x} = \tan\varphi = \frac{C_1 + x}{a_0}$$

当 $x = 0$ 时,$\varphi = \varphi_0$ 或

$$\tan\varphi_0 = \frac{C_1}{a_0}$$

根据几何关系,可知

$$\cos\varphi = \frac{1}{\sqrt{1 + \tan^2\varphi}}$$

由此

$$\cos\varphi_0 = \frac{1}{\sqrt{1 + \left(\frac{C_1}{a_0}\right)^2}} = \frac{1}{\sqrt{1 + (4h_0)^2}}$$

将 $\cos\varphi_0$ 值代入公式(2.24),即得

$$F_{tmax} = a_0 q \sqrt{1+(4h_0)^2} + \frac{q}{g}v_0^2$$

由公式(2.24)得

$$F_{tmin} = a_0 q + \frac{q}{g}v_0^2$$

或得

$$\frac{F_{tmax}}{F_{tmin}} = \frac{a_0 q \sqrt{1+(4h_0)^2} + \dfrac{q}{g}v_0^2}{a_0 q + \dfrac{q}{g}v_0^2} \qquad (2.25)$$

当 $v_0 = 0$ 及履带环不动时,此比值具有最大值。此时

$$\frac{F_{tmax}}{F_{tmin}} = \sqrt{1+(4h_0)^2}$$

对于一般的产品结构, $h_0 = \dfrac{h}{l_s} \leqslant 0.05$,此时最大值 $\dfrac{F_{tmax}}{F_{tmin}} \leqslant 1.02$,或 F_{tmax} 和 F_{tmin} 之差小于 2% 。因此,可近似地认为自由支段上的拉力沿全长是相同的。将公式(2.22)中 a 值代入公式(2.24),取 $\cos\varphi = 1$ (因为 φ 很小),即得自由水平支段的拉力

$$F_t = \frac{l_s}{8h_0}q + \frac{q}{g}v_0^2 \qquad (2.26)$$

对于高速车辆,式中第二项 qv_0^2/g 对履带张力有较大影响,但由于低速大型履带底盘履带一般单位长度质量较大,该项常可忽略而以第一项 $l_s q/(8h_0)$ 为主。

由于离心力是沿履带环中各点的法线作用的,所以它并不改变履带环的形状,因而不影响自由支段的悬垂特性。因此,稳态情况下支段的静力及动力悬垂将相同。这样只要测量履带环不动时的垂度就可以了。此时,履带环工作支段的悬垂应该是预先"选定的"。为此,由原地启动车辆,当后部倾斜支段被拉紧的时候,将车辆制动,然后测量垂度 h 。因为自由支段重力的影响比离心力及预加张紧力的影响小,故可以认为履带环上点 7 的拉力(图 2.26)等于点 6 的拉力。对挠性履带,可近似认为在任何自由支段(水平的或倾斜的)中的拉力均相同,并可按任一水平支段的公式(2.26)求出。此时,如果 h 不能求出(例如在新设计车辆的计算时),则给出 h_0 。在现有履带环结构中,一般 $h_0 = 0.03 \sim 0.05$

（当后部支段被拉紧时）。

2.5.2.3 履带环工作支段中拉力

在工作支段中，除由公式(2.26)决定的拉力外，还要加上工作拉力。工作拉力等于履带环运动阻力 F_{r0}，或等于履带环的驱动力，两履带的驱动力等于车辆驱动力的一半。此时

$$F_{tp} = F_t + F_{r0}$$

式中，F_{tp} 为工作支段中拉力；F_t 由公式(2.26)决定；F_{r0} 由车辆运动条件决定。

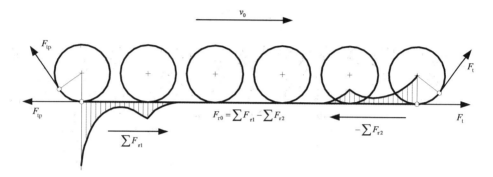

图 2.26　支持支段无滑转时作用在支持支段路面的切线反作用力

2.5.2.4 履带环支持支段拉力

前部压力和后倾斜支段的拉力决定了支持支段的拉力。在图 2.27 中拉力 $F_{tp} = F_t + F_{r0}$ 作用于后部工作支段，而拉力 F_t 作用在前部倾斜支段上。为保证支持支段平衡，应存在一个地面切线反作用力 $\sum F_r$ 作用在支段上。地面切线反作用力可正（$\sum F_{r1}$），也可负（$\sum F_{r2}$）。这些反作用力的合力应等于 F_{r0}。

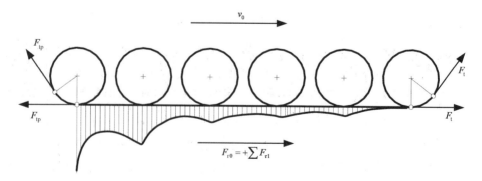

图 2.27　支持支段滑转时，作用在支持支段上道路的切线反作用力

2.5.3　挠性履带链张紧力计算

2.5.3.1　挠性链悬垂

为研究自由悬垂链某链节 k 的平衡,先假定链节与水平轴 X 成 α_k 角悬垂(见图 2.28)。

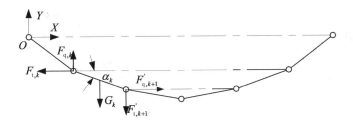

图 2.28　作用在自由支段链节上的力

在链节上作用有下列力:G_k——链节的重量;$F_{t,k}$,$F'_{t,k}$——铰链的水平反作用力;$F_{q,k}$,$F'_{q,k}$——铰链的垂直反作用力。链节的平衡式为:

水平轴上的投影

$$F_{t,k} - F'_{t,k} = 0 \tag{2.27}$$

垂直轴上的投影

$$F_{q,k} - G_k - F'_{q,k} = 0 \tag{2.28}$$

对于右铰链的力矩式:

$$F_{q,k}L_p\cos\alpha_k - F_{t,k}L_p\sin\alpha_k - G_k\frac{L_p}{2}\cos\alpha_k = 0 \tag{2.29}$$

此处,L_p 为链节节距。由式(2.27)可得结论:所有铰链的拉力的水平分力都是相同的。对于串联的 n 个链节,将式(2.28)展开,并以 $F_{q,0}$ 表示左端铰链的力,此时

$$F'_{q,1} = F_{q,0} - G_k$$

$$F'_{q,2} = F'_{q,1} - G_k$$

$$F'_{q,3} = F'_{q,2} - G_k$$

以上述第 1 等式代替第 2 等式中的 $F'_{q,1}$,以整理后的第 2 等式代替第 3 等式中的 $F'_{q,2}$,依此类推,即得

$$F'_{q,1} = F_{q,0} - G_k$$

$$F'_{q,2} = F_{q,0} - 2G_k$$

$$F'_{q,3} = F_{q,0} - 3G_k$$

对于右铰链的第 k 个链节可得到

$$F'_{q,k} = F_{q,0} - kG_k \qquad (2.30)$$

由式(2.29),对于第 k 个链节可求出

$$F_{q,k}L_p\cos\alpha_k - F_{t,k}L_p\sin\alpha_k - G_k\frac{L_p}{2}\cos\alpha_k = 0$$

以 $F_{t,k}=F_{t,0}$ 及 $F_{q,k}=F'_{q,k-1}=F_{q,0}-(k-1)G_k$ 代入式中,并消去 L_p,可得

$$[F_{q,0}-(k-1)G_k]\cos\alpha_k - F_{t,0}\sin\alpha_k - \frac{G_k}{2}\cos\alpha_k = 0$$

由此

$$\tan\alpha_k = \frac{F_{q,0} - G_k\left(k-\frac{1}{2}\right)}{F_{t,0}} \qquad (2.31)$$

假设支段具有 n 个自由悬垂的链节,则 $F_{q,0}=\dfrac{G_k n}{2}$,最后得

$$\tan\alpha_k\left(\frac{n+1}{2}-k\right)\frac{G_k}{F_{t,0}} \qquad (2.32)$$

以 $F_{q,0}=\dfrac{G_k n}{2}$ 代入式(2.30),即得

$$F'_{q,k} = \left(\frac{n}{2}-k\right)G_k \qquad (2.33)$$

在公式(2.33)中,可以得到第 k 个链节的右铰链的 $F'_{q,k}$ 值。如果链节数目是偶数,如 $n=4$[见图 2.29(a)],则根据公式(2.33),对于 $k=2$ 时可得

$$F'_{q,2} = \left(\frac{4}{2}-2\right)G_k = 0$$

如果链节数目是奇数,如 $n=5$[见图 2.29(b)],则根据公式(2.33),对于 $k=2$ 时可得

$$F'_{q,3} = \left(\frac{5}{2}-3\right)G_k = -\frac{G_k}{2}$$

负号代表力的方向向上。

由公式(2.32),对于 $n=5,k=3$ 时,可得

$$\tan\alpha_3 = \left(\frac{5+3}{2} - 3\right)\frac{G_k}{F_{t,0}} = 0$$

因而链节是水平的。现研究固定水平链的悬垂,选坐标轴如图 2.29(a)所示,铰链轴的坐标可根据下式求出:

$$\begin{cases} x_k = L_p(\cos\alpha_1 + \cos\alpha_2 + \cdots + \cos\alpha_k) \\ y_k = L_p(\sin\alpha_1 + \sin\alpha_2 + \cdots + \sin\alpha_k) \end{cases} \tag{2.34}$$

通过铰链轴的平滑曲线称为链条的悬垂曲线。根据公式(2.32)计算 α_1,α_2 等角,并将它们代入公式(2.34),即可求出链条的悬垂曲线的坐标,可得自由挠性链的铰链的位置在接近于链线的曲线上。

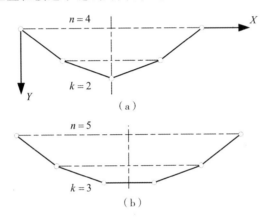

图 2.29　链节数为偶数及奇数的链的悬垂

2.5.3.2　挠性链拉力

上节的公式可以用来求挠性链水平支段拉力。由于链节倾斜角很小,故可以假设

$$\tan\alpha_k = \sin\alpha_k = \left(\frac{n+1}{2} - k\right)\frac{G_k}{F_{t,0}}$$

现在求链的最大垂度 h。由公式(2.34),可有

$$y_{max} = h = L_p(\sin\alpha_1 + \sin\alpha_2 + \cdots + \sin\alpha_{k_{max}})$$

式中:k_{max} 为中间链节编号。链节为偶数时,$k_{max} = \frac{n}{2}$;链节为奇数时,$k_{max} = \frac{n+1}{2}$。不难证明,不论链节为偶数还是奇数,均可用下式来表示

$$k_{max} = \frac{2n+1+(-1)^{n+1}}{4} \tag{2.35}$$

此时,可将正弦的和写作以下形式:

$$\sum_{i=1}^{i=k_{max}} \sin\alpha_i = \frac{G_k}{F_{t,0}} \left[\left(\frac{n+1}{2} - 1 \right) + \left(\frac{n+1}{2} - 2 \right) + \cdots + \left(\frac{n+1}{2} - k_{max} \right) \right]$$

或者

$$\sum_{i=1}^{i=k_{max}} \sin\alpha_i = \frac{G_k}{F_{t,0}} \left[\frac{n+1}{2} k_{max} - (1 + 2 + \cdots + k_{max}) \right]$$

上式圆括号内为 1 至 k_{max} 的奇数和,有

$$1 + 2 + \cdots + k_{max} = \frac{1}{2}(1 + k_{max})k_{max}$$

或

$$\sum_{i=1}^{i=k_{max}} \sin\alpha_i = \frac{(n - k_{max})k_{max}}{2} \frac{G_k}{F_{t,0}}$$

将公式(2.35)的 k_{max} 值代入此式,整理后即得

$$h = \frac{4n^2 - [1 - (-1)^n]^2}{32} \frac{G_k L_p}{F_{t,0}}$$

由于

$$[1 - (-1)^n]^2 = 1 - 2(-1)^n + (-1)^{2n} = 2[1 - (-1)^n]$$

此时

$$h = \frac{2n^2 - 1 + (-1)^n}{16} \frac{G_k L_p}{F_{t,0}}$$

由此,拉力的水平分力为

$$F_{t,0} = \frac{2n^2 - 1 + (-1)^n}{16} \frac{G_k L_p}{h} \tag{2.36}$$

当 n 为偶数时,$-1 + (-1)^n = 0$,公式(2.36)的形式为

$$F_{t,0} = \frac{n^2 G_k L_p}{8h} \tag{2.37}$$

当链节很小时,如果跨距很大,在计算时可只取偶数。则上式为求取支段水平拉力的普遍公式。

在端点处铰链的全部拉力

$$F_{sum} = \sqrt{F_{t,0}^2 + \left(\frac{G_k n}{2} \right)^2}$$

还可以将公式(2.37)的 $F_{t,0}$ 值代入，即得支段的总拉力

$$F_{sum} = \frac{nG_k}{2}\sqrt{\frac{nL_p^2}{4h}+1} \tag{2.38}$$

由于 F_{sum} 和 $F_{t,0}$ 相差很小，可以应用较简单的公式(2.37)。如果在挠性履带的拉力公式(2.26)中取 $v_0 = 0$，则

$$F_t = F_{t,0} = \frac{l_s q}{8h_0} = \frac{l_s^2 q}{8h}$$

实际上由上式也可以得到公式(2.37)。即如以 l_s 代替 nL_p，以 $\frac{G_k}{L_p}$ 代替 q，则

$$F_{t,0} = \frac{n^2 L_p^2 G_k}{L_p 8h} = \frac{n^2 G_k L_p}{8h} \tag{2.39}$$

由此可知，挠性链和挠性带的公式是等值的。需要说明的是，由于铰链中存在摩擦，对链的悬垂有一定影响。当 $h_0 > 0.01$ mm 时，摩擦的影响不大，而当 $h_0 < 0.01$ mm 时铰链中的摩擦影响较大。由于矿山机械的 h_0 一般取值为 $0.03\sim0.05$ mm，根据垂度以上述公式计算拉力完全可以满足要求。

由于多履带底盘运行速度较慢，一般为 $6\sim12$ m/min。因此我们一般不再考虑履带板惯性离心力对张紧力的影响(即 $\frac{q}{g}v_0^2$)；同时，多履带底盘的单块履带板质量一般在 700 kg 以上，节距一般在 400 mm 以上，且普遍采用集中润滑系统对履带回转部件，包括履带销轴等进行有效润滑，因此本书在计算和其后的研究中对履带销轴的弹性和摩擦影响予以忽略。

2.5.4　张紧力分析实例

多履带底盘的履带的张紧力通常通过张紧液压缸进行推动，由液压系统的压力来调整张紧力大小。为使履带伸长达到允许的极限后通过拆除一节链板还能正常运转，张紧装置的行程 s_{ts} 至少应为节距的一半，一般应达到

$$s_{ts} \geq 0.6L_p$$

以某多履带底盘的履带板为例，其单位长度的重量为 15 kN/m。图 2.30 给出了履带上部自由支段中心区域的链垂度(此处以 h_m 表示)以及对应的各个链节张紧力值 F_t 和各链支点位置的关系，履带链张紧力达到 200 kN 时比较适

宜。图中曲线 A 显示随着张紧力的增加,链条的垂度 h_m 在逐渐减小。曲线 B 显示随着垂度的增大,链的伸长量 ΔL 随之增加。

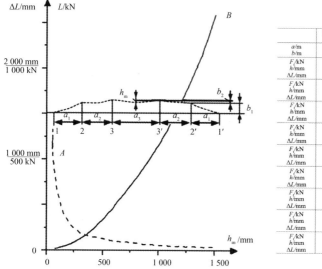

链伸长和链下垂量的关系

	范围3—3'	范围2—3和2'—3'	范围1—2和1'—2'	总量链伸长/mm
a/m	4.0	2.7	2.5	
b/m	0.0	0.27	0.94	
F/kN	20.0	20.0	20.0	
h/mm	1500.0	680.0	458.0	
ΔL/mm	1282.0	422.0	217.0	2570
F/kN	40.0	40.0	40.0	
h/mm	750.0	540.0	230.0	
ΔL/mm	359.0	111.0	56.0	693
F/kN	80.0	80.0	80.0	
h/mm	375.0	170.0	115.0	
ΔL/mm	93.0	28.0	14.0	177
F/kN	113.0	113.0	113.0	
h/mm	256.0	120.0	81.0	
ΔL/mm	47.0	14.0	7.0	89
F/kN	160.0	160.0	160.0	
h/mm	188.0	85.0	57.0	
ΔL/mm	23.0	7.0	4.0	45
F/kN	229.0	227.0	227.0	
h/mm	133.0	60.0	41.0	
ΔL/mm	12.0	4.0	2.0	24
F/kN	320.0	320.0	320.0	
h/mm	94.0	43.0	29.0	
ΔL/mm	6.0	2.0	1.0	12
F/kN	453.0	453.0	453.0	
h/mm	6.0	32.0	20.0	
ΔL/mm	3.0	1.0	0	5
F/kN	640.0	640.0	640.0	
h/mm	47.0	21.0	14.0	
ΔL/mm	1.0	0	0	1

图 2.30　链条张紧力和下垂量的关系

第3章　重型履带车辆稳态行驶力学

履带车辆行驶状态的改变主要是由地面作用力引起的,因此履带和地面间的作用机理是重型履带车辆行驶力学的基础。本章针对重型履带特点,考虑速度瞬心偏移、质心偏移等因素,结合贝克沉陷理论,分析了履带车在软地面行驶时受到的沉陷阻力、转向推土阻力、转向摩擦阻力、运行阻力、惯性阻力、爬坡阻力以及风阻力等作用力,给出重型履带车辆稳态行驶力学模型和求解方法,结合实例介绍了重型履带车辆虚拟样机仿真方法,并将典型工况仿真结果和试验进行了对比。

3.1　重型履带车辆直线行驶时的受力

履带直行阻力通常包括水平直行内部阻力、地面变形阻力、坡道阻力、风阻力、惯性阻力等。其具体计算方法如表 3.1 所示。

表 3.1　履带直行阻力计算

阻力类型	计算公式	备注
水平直行内部阻力	$F_f = F_{rf1} + F_{rf2}$ $= 0.106W \cdot d_b \cdot d_r^{-1}$	支重轮的运转阻力: $F_{rf1} = F_{rv} \cdot d_b \cdot d_r^{-1} \cdot \mu_r$ 支重轮与履带节侧面的摩擦阻力: $F_{rf2} = 0.06F_{rf1}$ d_b——支重轮轴的直径,mm; F_{rv}——支重轮上的垂直载荷,kN; d_r——支重轮的直径,mm; μ_r——支重轮和销轴之间的摩擦系数; $W = \sum F_{rv}$ W——整车重量

阻力类型	计算公式	备注
地面变形阻力	$F_p = \dfrac{b}{(n+1)\left(\dfrac{k_c}{b}+k_\varphi\right)^{1/n}}\left(\dfrac{F_{tv}}{bl}\right)^{n+1/n}$	F_{tv}——履带受到的垂直载荷; F_p——履带因土壤沉陷受到的外阻力; l——履带接地长度;
坡道阻力	$F_s = W \cdot \sin\alpha_s$	F_s——坡道阻力; α_s——坡角 F_w——气流阻力;
风阻力	$F_w = k_w p_w A_w = k_w A_w \dfrac{v_w^2}{1.6}$	k_w——迎风系数; p_w——动态风压; v_w——风速; A_w——履带车辆的迎风轮廓面积;
惯性阻力	$F_i = \dfrac{n_t W \cdot v_c}{gt}$	v_c——履带车辆的中心速度;
单条履带直线运行总阻力	$F_{f,sum} = (F_p + F_s + F_w + F_i + F_f)/n_t$	n_t——履带条数

通常,履带运行内部阻力主要包括以下方面:①履带销轴和套之间的摩擦阻力;②支重轮、导向轮和驱动轮表面的滚动阻力;③支重轮、导向轮、驱动轮以及平衡梁等轴颈的摩擦阻力。其经验算式为 $F_f = (0.03\sim0.1)W$,W 为整车重量。在制造精度高,润滑条件好时,上式可取较低值;如需要更精确计算,一般可考虑支重轮的运转阻力 F_{f1} 及支重轮与履带节侧面的摩擦阻力 F_{f2}。

支重轮的运转阻力是由支重轮在其轴上转动所引起的。支重轮与履带节侧面的摩擦阻力很难从理论上计算出来,其数值一般系经验式。

地面变形阻力和履带载荷与沉陷量之间存在一定的关系,系根据贝克公式推导而来,该式假定履带接地压力均匀分布,其中的典型地面参数可参考相关文献。

坡道阻力是由履带车辆在斜坡上因自重分力而引起的。

风阻力是履带车辆迎风面积上受到的和运动方向相反的大气气流阻力。对大型矿山机械如排土机等,其迎风系数 k_w 一般取值范围为 $0.25\sim0.5$。

惯性阻力是履带装置启动时由于整机惯性的存在而引起的阻力,在计算时多履带车辆的启动时间通常以 3 s 计算。

　　因此,履带车辆的直行总阻力应为上述五种阻力的不同组合,而以爬坡工况下阻力值较大。

3.2　转向时履带的受力

　　重型履带车转向时将履带接地面想象成无限大的平面,在这个平面上会存在一个在某一瞬时绝对速度为零的点,该点称为履带的速度瞬心,如图 3.1 所示。速度瞬心偏移是指履带的速度瞬心与接地面的几何中心不能重合于一点的现象,包括横向偏移和纵向偏移两个方面。履带的瞬心偏移对车辆的转向半径、驱动力以及驱动功率有着重要的影响,下面将对其成因予以理论分析。

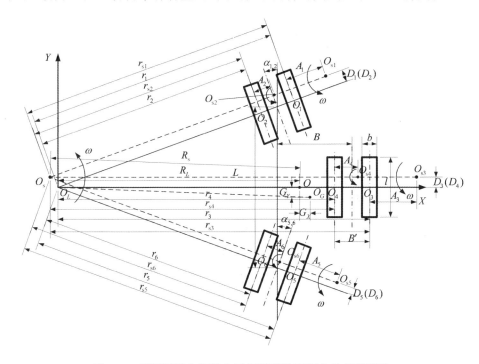

图 3.1　重型履带车辆转向时履带接地面瞬心的偏移情况

3.2.1 履带接地面速度瞬心的偏移机理

履带车辆转向时,每条履带接地面均存在速度瞬心 O_{si}(如图 3.1 所示),即该点的绝对速度为零。在多履带车辆转向时,各条履带的速度瞬心并不与履带几何中心 O_i 相重合,将履带速度瞬心与几何中心不重合的现象定义为履带接地面速度瞬心的偏移。

3.2.1.1 履带的接地面瞬心横向偏移 A_i

履带车辆在转向过程中,履带接地面的运动由各条履带随整机绕转向中心 O_s 的牵连运动以及各条履带绕履带架的相对运动组成,牵连运动速度用 V_{ei} 表示,相对运动速度用 V_{ti} 表示。当 V_{ti} 大于 V_{ei} 产生滑转现象,当 V_{ti} 小于 V_{ei} 产生滑移现象。滑转和滑移均是指履带接地面相对地面的运动情况。滑转和滑移可由滑转率 δ_i 表示如下:

$$\delta_i = (V_{ti} - V_{ei})/V_{ti} \tag{3.1}$$

当 $\delta_i > 0$ 时,履带接地面产生滑转;当 $\delta_i < 0$ 时,履带接地面产生滑移。

图 3.1 中,D_i,A_i($i=1,2,\cdots,6$)为履带接地面瞬心纵、横向偏移;ω 为履带绕实际转向中心角速度。

O_s 为履带车辆实际转向中心;O_L 为履带车辆理论转向中心;r_s 为履带车辆实际转向半径;r_L 为履带车辆理论转向半径;ω 为履带车辆绕实际转向旋转角速度;B 为履带车辆轨距;L 为履带车辆前后履带组中心距;α 为转向履带组偏转角度;O_{si} 为第 i 条履带接地面瞬心;A_i 为第 i 条履带接地面瞬心横向偏移;D_i 为第 i 条履带接地面瞬心纵向偏移;r_{si} 为第 i 条履带实际转向半径;r_i 为第 i 条履带理论转向半径;b 为履带板宽度;l 为履带接地长度。

当履带车辆以角速度 ω 绕机械实际转向中心 O_s 转动时(如图 3.2 所示),由于各条履带接地面随机械一起转动,故转动的角速度也为 ω,第 i 条履带的接地面的速度瞬心 O_{si} 为回转中心,履带纵轴上点的滑转速度为 $A_i \cdot \omega$,卷绕速度 V_{ti} 为

$$V_{ti} = (r_{si} + A_i) \cdot \omega \tag{3.2}$$

式中:r_{si} 为 O_s 到第 i 条履带纵向轴线的距离,即第 i 条履带实际转向半径。

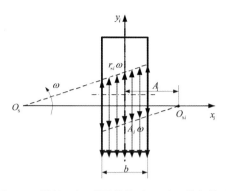

图 3.2　滑转(移)时履带接地面瞬心横向偏移

则该条履带的滑转率：

$$\delta_i = A_i \cdot \omega / V_{ti} = A_i / (A_i + r_{si}) \tag{3.3}$$

即

$$A_i = r_{si} \cdot \delta_i (1 - \delta_i) \tag{3.4}$$

由式(3.4)可见，A_i 随 δ_i 的增大而增大，当履带与地面出现滑移时，δ_i 和 A_i 均为负值，O_{si} 将位于转向中心一侧。

3.2.1.2　履带接地面瞬心纵向偏移 D_i

若履带受到履带架传来的侧向外力 F'_{yi} 作用时，由力平衡条件可知，履带接地面将产生侧向反力 F_{yi} 与之平衡。在履带接地面瞬心 O_{si} 前后两部分所受的地面侧向力方向相反，大小取决于地面和履带的摩擦系数及履带接地压力分布。如图 3.3 所示，履带接地面瞬心 O_{si} 只有纵向偏离几何中心 O_i 才能产生侧向力，为简要说明侧向力与纵向偏移间的关系，在接地比压均匀的情况下，暂不考虑履带接地面瞬心的横向偏移及履带宽度。则侧向力 F_{yi} 与纵向偏移 D_i 的关系近似为

$$F_{yi} = 2\mu \cdot \frac{F_{zi}}{l} \cdot D_i \tag{3.5}$$

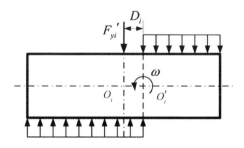

图 3.3　履带受侧向力时接地面瞬心的纵向偏移

3.2.2　转向时履带的受力

转向时,履带受到的外力主要为地面对其作用的摩擦阻力、推土阻力以及驱动力。因为车辆转向速度较低,可以认为在该过程中是受力平衡的。

3.2.2.1　转向时履带和地面的摩擦阻力

转向时履带和地面的摩擦阻力取决于地面和履带间的摩擦系数、履带与地面间的相对运动以及履带接地面上的压力分布。重型履带车辆履带板无履刺,一般行驶环境为平整和压实的地面,假设地面对履带的作用力由摩擦产生,且履带和地面间摩擦各向同性,以下对履带的受力进行分析。

图 3.4 所示为履带接地面受力图,建立以履带接地面瞬心 O_{si} 为原点,O_{si} 与履带接地面几何中心 O_s 的连线为 y_i 轴,平行于履带纵向轴线的直线为 x_i 轴的左手直角坐标系,则对应履带接地面任一微元 $\mathrm{d}x\mathrm{d}y$,存在方向始终与该点绝对速度相反的摩擦力 $\mathrm{d}F_i$ 作用:

$$\mathrm{d}F_i = \mu \cdot p(x,y)\mathrm{d}x\mathrm{d}y \tag{3.6}$$

其中,$p(x,y)$ 为接地比压函数。

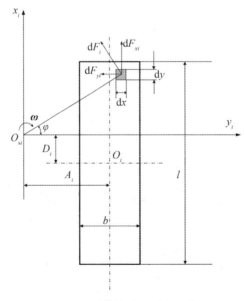

图 3.4　履带接地面受力示意图

$\mathrm{d}F_i$ 在 x_i 轴和 y_i 轴方向的分量为

$$\begin{cases} \mathrm{d}F_{xi} = \mathrm{d}F_i \cdot \cos\varphi = \mathrm{d}F_i \cdot \dfrac{y}{\sqrt{x^2+y^2}} \\[4mm] \mathrm{d}F_{yi} = -\,\mathrm{d}F_i \cdot \sin\varphi = -\,\mathrm{d}F_i \cdot \dfrac{x}{\sqrt{x^2+y^2}} \end{cases} \tag{3.7}$$

由此可得该履带牵引力及侧向力为

$$\begin{cases} F_{xi} = \iint \mathrm{d}F_{xi} = \displaystyle\int_{-(0.5l+D_i)}^{0.5l-D_i} \int_{A_i-0.5b}^{A_i+0.5b} \left[\dfrac{y}{\sqrt{x^2+y^2}} \right] \mu p(x,y)\,\mathrm{d}y\mathrm{d}x \\[5mm] F_{yi} = -\iint \mathrm{d}F_{yi} = -\displaystyle\int_{-(0.5l+D_i)}^{0.5l-D_i} \int_{A_i-0.5b}^{A_i+0.5b} \left[\dfrac{x}{\sqrt{x^2+y^2}} \right] \mu p(x,y)\,\mathrm{d}y\mathrm{d}x \end{cases} \tag{3.8}$$

绕履带接地面几何中心 O_i 的转向阻力矩 M_{O_i} 为

$$M_{O_i} = \iint (y-A_i)\,\mathrm{d}F_{xi} - \iint (x+D_i)\,\mathrm{d}F_{yi}$$

$$= \int_{-(0.5l+D_i)}^{0.5l-D_i} \int_{A_i-0.5b}^{A_i+0.5b} \left[\dfrac{y\cdot(y-A_i)+x(x+D_i)}{\sqrt{x^2+y^2}} \right] \cdot \mu p(x,y)\,\mathrm{d}y\mathrm{d}x \tag{3.9}$$

若履带接地比压均匀,即

$$p(x,y) = \dfrac{F_{zi}}{bl} \tag{3.10}$$

将式(3.10)分别代入式(3.8),(3.9),并令

$$\begin{aligned} &C_1 = 0.5l - D_i,\ C_2 = 0.5l + D_i \\ &C_3 = A_i + 0.5b,\ C_4 = A_i - 0.5b \\ &C_5 = \sqrt{C_1^2 + C_3^2},\ C_6 = \sqrt{C_1^2 + C_4^2} \\ &C_7 = \sqrt{C_2^2 + C_3^2},\ C_i = \sqrt{C_2^2 + C_4^2} \end{aligned} \tag{3.11}$$

则

$$\begin{cases} F_{xi} = \dfrac{\mu F_{zi}}{bl} \displaystyle\int_{C_2}^{C_1} \int_{C_4}^{C_3} \left[\dfrac{y}{\sqrt{x^2+y^2}} \right] \mathrm{d}y\mathrm{d}x = \mu F_{zi}\varphi_1(b,l,A_i,D_i) \\[5mm] F_{yi} = \dfrac{\mu F_{zi}}{bl} \displaystyle\int_{-C_2}^{C_1} \int_{C_4}^{C_3} \left[\dfrac{-x}{\sqrt{x^2+y^2}} \right] \mathrm{d}y\mathrm{d}x = \mu F_{zi}\varphi_2(b,l,A_i,D_i) \\[5mm] M_{O_i} = \dfrac{\mu F_{zi}}{bl} \displaystyle\int_{-C_2}^{C_1} \int_{C_4}^{C_3} \left[\dfrac{y(y-A_i)+x(x+D_i)}{\sqrt{x^2+\sqrt{y^2}}} \right] \mathrm{d}y\mathrm{d}x \\[5mm] \quad\quad = \dfrac{\mu F_{zi}\cdot l}{4}\varphi_3(b,l,A_i,D_i) \end{cases} \tag{3.12}$$

其中：

$$\varphi_1 = (C_9 + C_{10})/(2l \cdot b)$$

$$\varphi_2 = (C_{11} + C_{12})/(2l \cdot b)$$

$$\varphi_3 = 4(C_{13} + C_{14} + C_{15} + C_{16} + C_{17} + C_{18} + C_{19})/(bl^2)$$

而

$$C_9 = C_1 \cdot C_5 + C_3^2 \cdot \ln(C_1 + C_5) - C_1 \cdot C_6 - C_4^2 \cdot \ln(C_1 + C_6)$$

$$C_{10} = C_2 \cdot C_7 - C_3^2 \cdot \ln(C_7 - C_2) - C_2 \cdot C_8 + C_4^2 \cdot \ln(C_8 - C_2)$$

$$C_{11} = C_3 \cdot C_7 + C_2^2 \cdot \ln(C_3 + C_7) - C_3 \cdot C_5 - C_1^2 \cdot \ln(C_3 + C_5)$$

$$C_{12} = -C_4 \cdot C_8 - C_2^2 \cdot \ln(C_4 - C_8) + C_4 \cdot C_6 + C_1^2 \cdot \ln(C_4 + C_6)$$

$$C_{13} = -0.25 \cdot C_4 \cdot [C_1 \cdot C_5 + C_2 \cdot C_7 + C_3^2 \cdot \ln(C_1 + C_5) - C_3^2 \cdot \ln(C_7 - C_2)]$$

$$C_{14} = 0.25 \cdot C_3 \cdot [C_1 \cdot C_6 + C_2 \cdot C_8 + C_4^2 \cdot \ln(C_1 + C_6) - C_4^2 \cdot \ln(C_8 - C_2)]$$

$$C_{15} = (C_1^3/6 + D_i \cdot C_1^2/2) \cdot [\ln(C_3 + C_5) - \ln(C_4 + C_6)]$$

$$C_{16} = (C_2^3/6 - D_i \cdot C_2^2/2) \cdot [\ln(C_3 + C_7) - \ln(C_4 + C_8)]$$

$$C_{17} = \frac{C_3}{12} \cdot [C_1 \cdot C_5 - C_3^2 \cdot \ln(C_1 + C_5) + C_2 \cdot C_7 + C_3^2 \cdot \ln(C_7 - C_2)]$$

$$C_{18} = \frac{D_i \cdot C_3}{2} \cdot (C_5 - C_7) - \frac{D_i \cdot C_4}{2}(C_6 - C_8)$$

$$C_{19} = -\frac{C_4}{12} \cdot [C_1 \cdot C_6 - C_4^2 \ln(C_1 + C_6) + C_2 \cdot C_8 + C_4^2 \cdot \ln(C_8 - C_2)]$$

由公式(3.12)可见，履带宽度、履带接地面瞬心纵向和横向偏移对履带的转向阻力矩、履带所受的纵向力和侧向力的影响取决于 φ_1，φ_2 和 φ_3。为定量分析履带宽度、履带接地面瞬心纵向和横向偏移对履带受力的影响，取履带长度为 1 个单位长度，在履带宽长比分别为 0.2 和 0.4 的情况下，φ_1，φ_2 和 φ_3 随履带接地面瞬心横向和纵向偏移与履带长度比值的变化规律如图 3.5、图 3.6 所示。

由图 3.5 可见，履带纵向力和侧向力分别随着履带瞬时转向中心的横向偏移和纵向偏移的增大而增大，履带转向阻力矩随履带瞬时转向中心的横向偏移和纵向偏移的增大而减小，在履带速度瞬心和几何中心重合时，履带转向阻力矩最大。

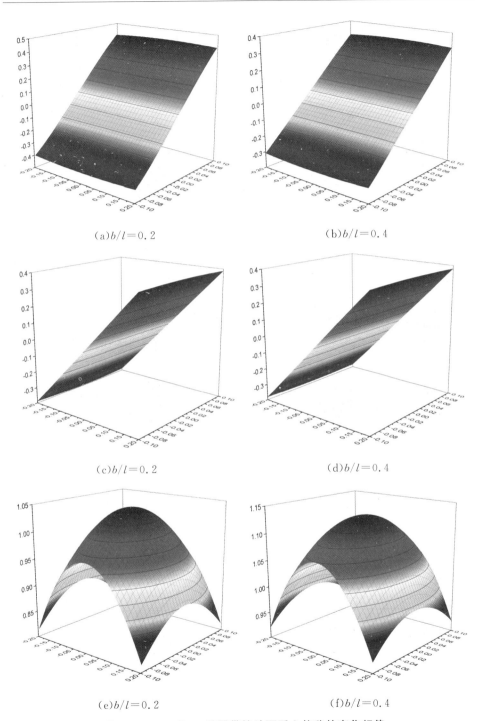

(a)$b/l=0.2$

(b)$b/l=0.4$

(c)$b/l=0.2$

(d)$b/l=0.4$

(e)$b/l=0.2$

(f)$b/l=0.4$

图 3.5　φ_1,φ_2 和 φ_3 随履带接地面瞬心偏移的变化规律

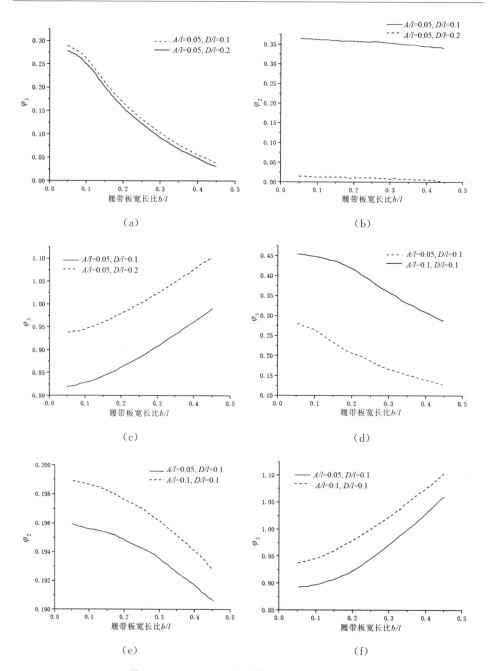

图 3.6 φ_1, φ_2 和 φ_3 随履带宽长比的变化规律

由图 3.6 可见,履带纵向力和侧向力分别随着履带板宽长比的增大而减小,履带转向阻力矩随履带宽长比的增大而增大。当履带宽长比大于 0.3 时,忽略履带宽度将造成的误差达到 10%。

3.2.2.2　转向时履带推土阻力

根据贝克沉陷理论,履带在软地面上的沉陷量 z_0 与竖直方向的压力 p、土壤内聚力模量 k_c、内摩擦力模量 k_φ 及变形指数 n 有关,其关系为

$$\begin{cases} z_0 = \left(\dfrac{p}{k_c/b + k_\varphi} \right)^{\frac{1}{n}} \\ p = (k_c/b + k_\varphi) z_0^n \end{cases} \tag{3.13}$$

式中:z_0 为履带的沉陷量;p 为履带接地压力,$p = \dfrac{G_i}{bl}$,G_i 为第 i 条履带承受的垂直载荷;l 为履带接地面长度(长边长度);b 为履带接地面宽度(短边长度)。

在将土壤压实到下陷量为 z_0 的过程中,履带需要克服地面沉陷阻力做功。假设履带接地压力是均匀分布的,则该过程做功可表示为

$$W = bl \int_0^{z_0} p \mathrm{d}z \tag{3.14}$$

将式(3.13)代入上式,可得

$$W = bl \int_0^{z_0} (k_c/b + k_\varphi) z^n \mathrm{d}z = bl(k_c/b + k_\varphi) \left(\frac{z_0^{n+1}}{n+1} \right) \tag{3.15}$$

再利用式(3.15)将 z_0 消掉,得到第 i 条履带做功为

$$W_i = \frac{bl}{(n+1)(k_c/b + k_\varphi)^{1/n}} \left(\frac{G_i}{bl} \right)^{(n+1)/n} \tag{3.16}$$

设第 i 条履带沿水平方向推进 l,那么克服土壤沉陷阻力 R_{Ci} 所做的功就等于该阻力与 l 的乘积,即

$$W_i = R_{Ci} l \tag{3.17}$$

从而得到沉陷阻力为

$$R_{Ci} = \frac{b}{(n+1)(k_c/b + k_\varphi)^{1/n}} \left(\frac{G_i}{bl} \right)^{(n+1)/n} \tag{3.18}$$

履带在转向过程中会剪切两侧的土壤,履带链节受到两侧土壤的阻力,该阻力被称为推土阻力,如图 3.7 所示,剪切面是斜向上的。定义剪切面为 AB,AB 下部土壤对上部楔形土的反作用力为 N,楔形土的重力为 G_s,楔形土在剪切面上滑动的阻力为 C_0。

$$G_s = \gamma_s z_0^2 \cot\theta/2 \tag{3.19}$$

式中：γ_s 为土壤容重，γ_s 是指单位体积的原状土烘干后的重量与水的重量比值，它的大小与土壤质地、土壤紧实度等因素有关，反映了土壤的孔隙状况和松紧程度；θ 为破坏面倾斜角度；z_0 为沉陷量。

$$C_\theta = \frac{z_0 c}{\sin\theta} \tag{3.20}$$

式中，c 为内聚力系数。

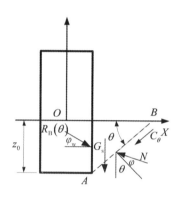

图 3.7 楔形土受力分析图

水平方向上的受力平衡方程为

$$\sum F_X = R_B(\theta)\cos\varphi_w - z_0 c\cot\theta - N\sin(\theta + \varphi) = 0 \tag{3.21}$$

式中：$R_B(\theta)$ 为单位长度推土阻力；φ_w 为板壁摩擦角，是 $R_B(\theta)$ 与 X 轴的夹角；φ 为土壤内摩擦角。

竖直方向上的受力平衡方程为

$$\sum F_Z = R_B(\theta)\sin\varphi_w + \gamma_s z_0^2 \cot\theta/2 + z_0 c - N\cos(\theta + \varphi) = 0 \tag{3.22}$$

由式（3.21）、式（3.22）计算得

$$R_B(\theta) = \frac{\gamma_s z_0^2 \cot\theta/2 + z_0 c[1 + \cot\theta\cot(\theta + \varphi)]}{\cos\varphi_w \cot(\theta + \varphi) - \sin\varphi_w} \tag{3.23}$$

由于 $R_B(\theta)$ 是 θ 的函数，$R_B(\theta)$ 的最小值 $R_B = \min\{R_B(\theta)\}$ 对应一定的 θ 值，在此 θ 值下地面被破坏。将 R_B 在整个履带接地长度上进行积分，即可得到第 i 条履带在转向过程中承受的推土阻力产生的侧向力以及转向阻力矩，如式（3.24）：

$$\begin{cases} F_{Bi} = \displaystyle\int_{-l/2}^{D_i} R_{Bi}\cos\varphi_w \,\mathrm{d}x - \int_{D_i}^{l/2} R_{Bi}\cos\varphi_w \,\mathrm{d}x \\ M_{Bi} = \displaystyle\int_{-l/2}^{D_i} R_{Bi}\cos\varphi_w(-x)\,\mathrm{d}x + \int_{D_i}^{l/2} R_{Bi}\cos\varphi_w x \,\mathrm{d}x \end{cases} \tag{3.24}$$

积分后可得

$$F_{Bi} = 2R_{Bi}(\theta)\cos\varphi_w D_i \tag{3.25}$$

$$M_{Bi} = R_{Bi}(\theta)\cos\varphi_w\left(\frac{l^2}{4} + D_i^2\right) \tag{3.26}$$

3.3　重型双履带车辆稳态转向力学

3.3.1　重型双履带车辆稳态转向力学模型

图 3.8 所示为重型双履带车辆转向运动时履带接地面速度瞬心的偏移情况,由于速度瞬心偏移的作用,履带的实际转向中心与理论转向中心并不在同一点,O_s 为重型双履带行走装置的理论转向中心,O_s 与车辆几何形心 O 的距离称为理论转向半径,记作 R;O'_s 为实际转向中心,O'_s 与履带车辆接地面几何形心 O 的距离称为实际转向半径,记作 R'。当不考虑履带接地面的瞬心偏移时,履带按照理论转向中心 O_s 进行转向,其理论转向半径 R 可表示为

$$\frac{R - B/2}{R + B/2} = \frac{v_{t1}}{v_{t2}} \tag{3.27}$$

整理得

$$R = \frac{B(v_{t2} + v_{t1})}{2(v_{t2} - v_{t1})} \tag{3.28}$$

式中:v_{t1},v_{t2} 分别为左、右两侧履带的卷绕速度,假设 $v_{t1} < v_{t2}$,即左侧履带发生滑移,右侧履带发生滑转;B 为履带轨距,即两纵轴之间的距离。

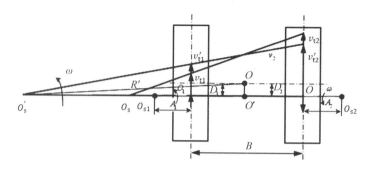

图 3.8　重型双履带车辆转向时履带接地面瞬心的偏移情况

当考虑履带接地面的瞬心偏移时,履带按照实际转向中心 O'_p 进行转向,此时的履带实际卷绕速度与横向偏移有关,其实际转向半径可表示为

$$R' = \sqrt{l^2_{O'_s O'} + l^2_{O'O}} \tag{3.29}$$

式中:$l_{O'_s O'}$ 为实际转向中心 O'_s 到点 O' 的距离;$l_{O'O}$ 为点 O' 到履带接地面几何形心 O 的距离。其中 $l_{O'O}$ 等于速度瞬心纵向偏移 D_i,$l_{O'_s O'}$ 可表示为

$$\frac{l_{O'_s O'} - B/2}{l_{O'_s O'} + B/2} = \frac{v'_{t1}}{v'_{t2}} \tag{3.30}$$

整理得

$$l_{O'_s O'} = \frac{B(v'_{t2} + v'_{t1})}{2(v'_{t2} - v'_{t1})} \tag{3.31}$$

将式(3.31)整理,得

$$l_{O'_s O'} = \frac{B[(R_2 - A_2) + (R_1 + A_1)]}{2[(R_2 - A_2) - (R_1 + A_1)]} \tag{3.32}$$

将式(3.32)代入式(3.29),得

$$R' = \sqrt{\left\{\frac{B[(R_2 - A_2) + (R_1 + A_1)]}{2[(R_2 - A_2) - (R_1 + A_1)]}\right\}^2 + D_i^2} \tag{3.33}$$

式中:D_i 可取 D_1 或 D_2,二者是相等的。

图 3.9 为重型履带车辆转向时的受力分析图,根据车辆的整体受力列出平衡方程,解平衡方程即可得到转向需要的驱动力或制动力。

$$\begin{cases} F_{X1} + F_{X2} + F_{B1} + F_{B2} = 0 \\ F_{Y1} + F_{Y2} + F_{R1} + F_{R2} + R_{C1} + R_{C2} - F_{Q1} - F_{Q2} = 0 \\ M_{O1} + M_{O2} - (F_{Y1} + R_{C1})l_{O'_s O'_1} - (F_{Y2} + R_{C2})l_{O'_s O'_2} \\ \quad + F_{X1}D_1 + F_{X2}D_2 + M_{B1} + M_{B2} = 0 \end{cases} \tag{3.34}$$

式中：F_{Q1}，F_{Q2} 分别为两条履带的驱动力或制动力；$l_{\sigma'_s\sigma'_1}$、$l_{\sigma'_s\sigma'_2}$ 分别为履带车辆实际转向中心 O'_s 到点 O'_1，O'_2 的距离，表达式为

$$\begin{cases} l_{\sigma'_s\sigma'_1} = l_{\sigma'_s\sigma'} + B/2 \\ l_{\sigma'_s\sigma'_2} = l_{\sigma'_s\sigma'} - B/2 \end{cases} \tag{3.35}$$

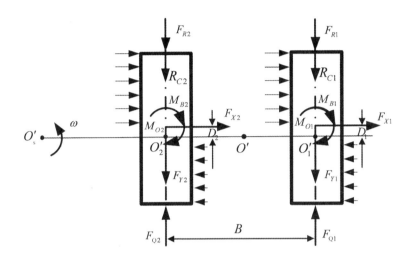

图 3.9　履带转向时的受力平衡示意图

履带的净功率为

$$P_{sti} = F_{Qi}v \tag{3.36}$$

式中：v 为履带稳定运行速度。电机需要输出的功率为

$$P_{ei} = P_{sti}/(\eta_0\eta_1\eta_2) \tag{3.37}$$

式中：η_0 为电机效率，η_1 为从电机到履带驱动轮的传动效率，η_0，η_1 根据实际产品选择；η_2 为驱动轮的啮合效率，取经验值 0.9。

某履带车辆的具体参数如表 3.2 所示。该履带车辆采用了重型双履带四支点静定支撑和整体式履带架结构，驱动轮、导向轮和托链轮分别安装在履带架上，履带架与底座采用两端铰接的连接方式，可以相对于底座摆动；每一条履带拥有两级平衡梁（两组四轮平衡梁和四组两轮平衡梁），8 个支重轮和 3 个托链轮。

在密实安土路面上，假设外侧履带的行驶速度保持不变，仅通过改变内侧履带的行驶速度来调整车辆的转向半径，当外侧履带的驱动轮转速设定为 3.33 r/min 时，履带需要输出的驱动功率及驱动力如图 3.10 所示。由图可知，

外侧履带为主动履带,由于滑转、滑移现象的存在,随着转向半径的增加,其驱动功率及驱动力逐渐减小。当转向半径为 0 m 时,车辆的转向方式为原地转向,此时内、外两侧履带速度大小相等、方向相反,两履带的驱动功率及驱动力在数值上相等;当转向半径在 0~4.9 m 之间时,内侧履带的速度逐渐降低,其驱动功率及驱动力也在逐渐减小;当转向半径等于 4.9 m 时,此时的转向方式为抱死转向,内侧履带驱动轮速度为 0 r/min,其驱动功率为 0 kW,驱动力发生了突变,由驱动变为制动;当转向半径大于 4.9 m 时,内侧履带的驱动功率逐渐增加,制动力逐渐减小。

表 3.2　履带车辆参数

参数	数值	参数	数值
履带承重量	4 836 kN	最大转向阻力系数	0.6
轨距	9.8 m	运行阻力系数	0.1
履带板宽度	3 m	电机效率	0.9
履带接地长度	8.22 m	减速机效率	0.9
驱动轮半径	0.965 m	驱动轮啮合效率	0.9

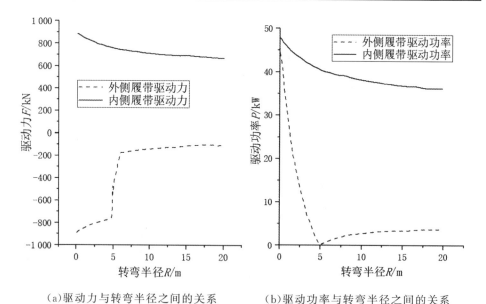

（a）驱动力与转弯半径之间的关系　　（b）驱动功率与转弯半径之间的关系

图 3.10　不同转弯半径下的驱动力及驱动力功率

3.3.2　重型履带车辆软地面虚拟样机仿真

虚拟样机技术是一种借助计算机虚拟环境从外观、功能及行为等方面模拟真实产品的数字化设计方法,它在一定程度上可以替代物理样机对产品进行创新设计、性能仿真和功能评估等工作。虚拟样机的开发过程实质上是以仿真模型为基础不断进行修正与完善的过程,它根据设计过程中得到的反馈信息进行方案改进,是辅助研发人员节省设计时间、提高质量、降低成本的重要途径。

3.3.2.1　实体模型的创建

创建虚拟样机前,首先应用 Inventor 软件将本书研究的排土机的零部件装配在一起,建立其三维实体模型。三维实体模型以数字化形式囊括了物理样机各部件间的相对位置、质量、质心位置以及转动惯量等信息。Inventor 三维实体模型的数据格式无法直接导入动力学仿真软件 Recurdyn 中,必须通过相应的数据转换接口,将其转换成某种中间数据形式。

重型履带车辆由大量零部件组成,规模非常庞大。本书研究的排土机仅不重复计数的零部件就达数百个,这些零部件模型不但占用了较多的计算机资源,严重影响仿真速度,而且会导致更多错误的出现,增加模型调试的难度。因此,在建模之前必须对模型做出必要的简化。模型简化应遵循以下原则:

(1)排土机上部钢结构(例如门架、卸料臂和配重臂等)对履带行走性能影响不是很大,在建模时用等效质量和等效转动惯量代替,这样就减少了很多运动和约束;

(2)Recurdyn 软件中含有专门的低速履带仿真模块(Track/LM),该模块已经实现了对履带链、驱动轮、导向轮和支重轮等零部件的参数化建模,因此在建模时,可以不画这些零部件的具体结构,但要确定它们的相对位置,以便在 Recurdyn 中添加;

(3)履带架、平衡梁等零部件在物理样机中是用一块块板钢、角钢、槽钢等焊接而成的,在建模时可将其作为一个整体来画;

(4)螺栓、螺母、轴承等标准件,挡板、销轴等固定件可以省略;

(5)各零部件均看作刚体,不考虑受力变形对履带行走性能的影响。

按照上述原则,在 Inventor 软件中建立了排土机双履带简化模型,如图 3.11所示。

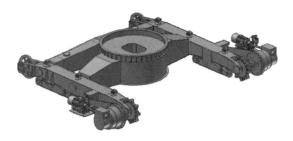

图 3.11　双履带行走装置简化模型

3.3.2.2　部件的等效

在 Recur Dyn 分析软件中履带的仿真分析具有两个模块:Track/HM——高速履带分析模块和 Track/LM——低速履带分析模块。对于坦克、履带式运输车、履带式机器人等对机动性能要求较高的履带车辆,通常采用 Track/HM 模块进行分析;而对于排土机、破碎站、堆取料机、斗轮挖掘机等重型履带车辆,由于其体积庞大、运动速度低,对稳定性要求比较高,通常采用 Track/LM 模块进行分析。Recur Dyn 软件中的履带分析模块不能自动识别用户在其他软件环境中建立的驱动轮、导向轮、托链轮、支重轮和履带板等部件,因此需要将上述部件用 Recur Dyn 履带分析模块参数化生成的部件代替。对于驱动轮而言,较重要的参数是齿数、节距、质量、转动惯量等,详细参数见图 3.12;履带链节较重要的参数是宽度、长度、链节节距以及履带板形状,见图 3.13、图 3.14。

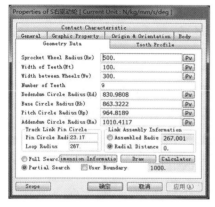

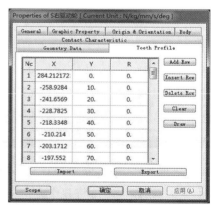

（a）　　　　　　　　　　　　　　　（b）

图 3.12　驱动轮的主要参数

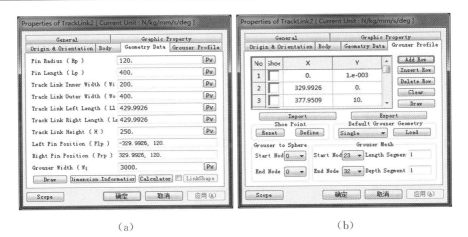

(a)　　　　　　　　　　　　　　　(b)

图 3.13　履带板主要参数

(a)　　　(b)　　　(c)　　　(d)　　　(e)　　　(f)　　　(g)　　　(h)　　　(i)

图 3.14　履带模块中的系统部件图标

在 Recur Dyn 中不需要对履带链节进行重复建模和装配,当驱动轮、导向轮、托链轮和支重轮利用图 3.14 中的系统部件图标创建完成并确定其相对位置后,Track/LM 模块可以计算履带环需要的履带链节数量以及履带链节之间的间隙,并进行自动装配。首先创建一个履带链节,然后点击图 3.14(i)所示图标,依次点选驱动轮、各支重轮、导向轮、各托链轮并最后再次点选驱动轮使其成为环路。为了防止履带链节行走时脱出轨道范围,需要在履带模型中添加导向板。点击图 3.14(b)中的 Navigation 按钮后弹出对话框,将创建的导向板拖入对话框中即可,连接完毕的履带环如图 3.15 所示。

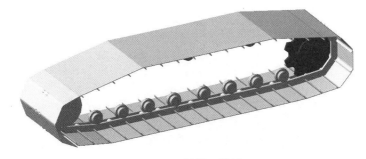

图 3.15　履带环模型

完成建模后经测量得到整机质心坐标为(58.1,6 341.8,−110.8),其中 X 的正方向为前进方向,Y 的正方向竖直向上,Z 的正方向由右手定则确定。质心坐标说明,质心向前偏,同时向左侧履带偏。

3.3.2.3 添加约束及驱动

一个完整的虚拟样机仿真模型由下列基本要素组成:构件、约束、作用力和驱动等。物理约束的实现以及驱动的正确施加是虚拟样机仿真结果真实可信的重要保证。

(1)约束的添加。约束定义的是机构内两构件之间的相互连接关系,它可以限制两个构件的相对运动。常用的约束有铰接副(revolute)、固定副(fixed)和平动副(translation),铰接副约束了两个部件间的 5 个相对自由度,包括绕 X,Y 轴的转动以及三个方向上的移动,只有绕 Z 轴的旋转运动是自由的;固定副约束了两个部件间的 6 个自由度,两部件间没有相对运动;平动副约束了两部件间的 5 个自由度,只有沿纵轴方向的移动是自由的。转动副和平动副上可以添加摩擦系数。此外比较常用的还包括弹簧力(spring)以及轴套力(bushing),弹簧力可以用来模拟钢丝绳和拉杆;轴套力可以用来简化接触加快运行速度。

在本虚拟样机中,履带架与门架、摆梁、平衡梁、驱动轮和导向轮之间,上下级平衡梁之间,支重轮与平衡梁之间以及托链轮与其支撑装置之间均采用铰接副连接;张紧装置与导向轮之间的张紧作用通过添加弹簧力来模拟,张紧装置与履带架、导向轮的连接点分别采用固定副和铰接副连接,而其自身包含的前后两个构件采用平动副连接。托链轮与履带架之间可以根据不同的工况选择铰接或固定连接,用固定副时可以模拟托带板的效果,本模型选用铰接副。履带架上各部件间的关系如图 3.16 所示。

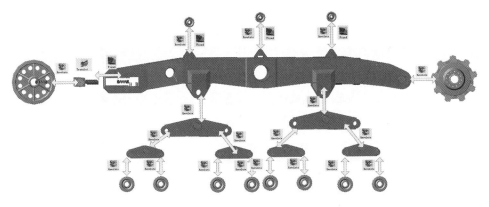

图 3.16　履带架上各部件间约束

（2）摩擦系数的添加。为了使仿真结果与物理样机的实际情况更加接近，需要在相对运动的部件间添加摩擦系数。图 3.17(a)为摩擦系数与相对运动速度之间的关系曲线。如果同时定义了静摩擦系数与动摩擦系数，摩擦系数与相对运动速度的关系则如图 3.17(b)所示，图中 μ_s，μ_d 分别为静摩擦和动摩擦系数，v_s，v_d 分别表示静、动摩擦速度阈值。

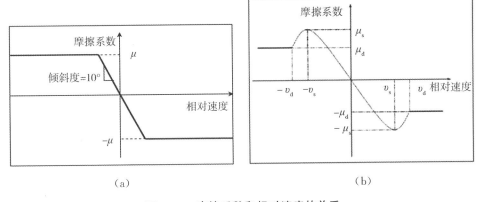

（a）　　　　　　　　　　　　　　　　（b）

图 3.17　摩擦系数和相对速度的关系

滑动摩擦参数如图 3.18 所示，静滑摩擦参数如图 3.19 所示。

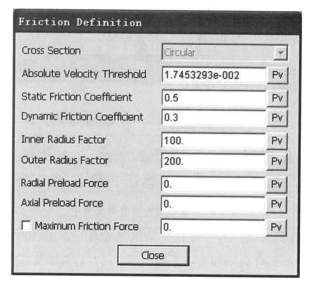

图 3.18　滑动摩擦系数图

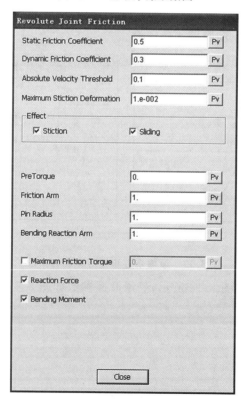

图 3.19　静滑摩擦系数

（3）施加驱动。在驱动轮的铰接副处施加旋转运动。施加运动时可以使用 IF 函数也可以使用 STEP 函数,区别是:IF 函数施加的驱动是阶跃变化的,而 STEP 施加的驱动是渐变的。两种驱动函数的速度曲线分别如图 3.20 和图 3.21所示。

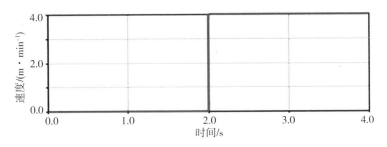

图 3.20　IF 函数的速度曲线

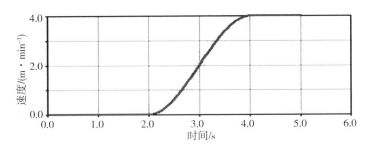

图 3.21　STEP 函数的速度曲线

为了减小样机仿真时的初始振荡,选用 STEP 函数进行驱动:STEP (TIME,0,0,1,-20 d)。该函数的意义是:当自变量 TIME=0 s 时,转速为 0 d/s;当 TIME=1 s 时,转速为 -20 d/s(即 -20°/s,如果不加符号 d 则表示转角单位为"弧度")。

3.3.2.4　地面参数的设置

软路面参数主要为接触刚度、接触阻尼、摩擦系数;勾选履带链和地面参数选项中的 Pressure-Sinking,如图 3.22 所示;然后点击 Contact Parameter 按钮,弹出图 3.23 所示对话框,按照表 3.3 中密执安土参数进行设置。

图 3.22　地面参数选项卡

图 3.23　软路面参数

表 3.3　不同土壤的物理参数

地面类型	变形指数 n	内聚力模量 k_c /(N/m^{n+2})	摩擦力模量 k_φ/(N/m^{n+1})	内聚力 c /Pa	摩擦角 φ
密执安土	0.9	52 530	1 127 970	4 830	20°
沙壤土(L.L.L)	0.7	5 270	1 515 040	1 720	29°
黏土	0.7	16 030	1 262 530	2 070	10°

　　土壤参数数值与其所选用的单位制是密切相关的,表 3.3 中的数值为标准米制单位,即力(N)、长度(m)、质量(kg)。当单位发生变化时,数值也随之变化。同样是密执安土参数,如果选用的长度单位为 mm,则数值就完全不同了。需要注意的是,在与软路面接触的过程中,需要将履带板的接地面离散化,否则将不能仿真。图 3.24 所示选项中将 Grouser Mesh 下的 Start Node 和 End Node 中分别选择相应的点即可。

　　仿真工况包括:①平地直行。直行工况仿真时,采用 STEP 函数对左右两侧履带的驱动轮铰接副施加相同的转速,地面是水平的,没有坡度。②爬坡直行。对两侧履带驱动轮铰接副分别施加相同的转速,地面坡度按 1∶10 设置。为了保证虚拟样机能够平稳地运行,防止仿真时出现不收敛错误,首先让虚拟样机在水平路面上运行一段距离,然后再爬到坡道上,最后在坡道上行驶一定时间。如果地面为单一的斜坡,在仿真开始时刻车辆会下落与地面接触,造成过大的冲击,影响后续仿真。③平地转向。平地转向工况仿真时,根据两侧履带驱动的不同,可以仿真差速转向、抱死转向和随动转向等多种转向方式。差速转速时,两侧履带同时驱动,但转速大小不一;抱死转向时,一侧驱动,另一侧转速为 0;随动转向时,一侧驱动,另一侧不加任何驱动。

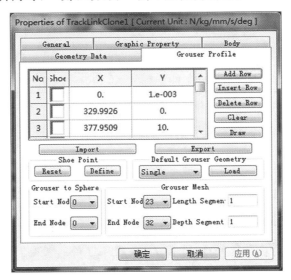

图 3.24　Grouser Mesh

3.3.2.5　仿真结果分析

图 3.25 所示为平地直行时履带的驱动力曲线。根据驱动函数 STEP(TIME,0,0,1,−20d)可知,仿真加速时间为 1 s,曲线中驱动力的第一个峰值出现在 1 s。由于履带传动的多边形效应,驱动力曲线不能保持在一条直线上。随着仿真的进行,驱动力趋于规则的周期性变化。驱动力的平均值为501.7 kN。按照运行阻力系数 0.1 计算,理论驱动力为 503.8 kN,两者吻合情况较好。图 3.26 所示为直线行走时张紧力曲线。从中可以看出张紧力的变化同样与履带驱动的多边形效应相关,张紧力平均值为 330.9 kN。

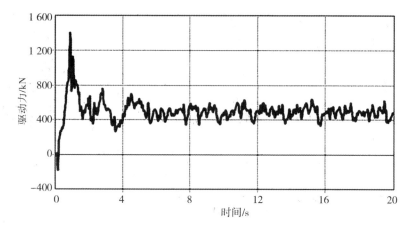

图 3.25 直行驱动力曲线

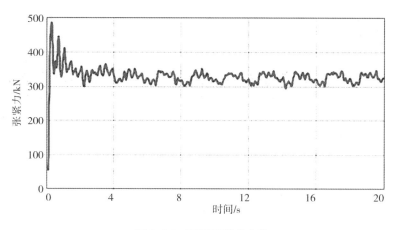

图 3.26 直行张紧力曲线

图 3.27 所示为双履带车辆平地直行时右侧履带第一个支重轮所受到的竖直方向上的力,该力平均值为 297.4 kN。按照理论简化计算,在不考虑质心偏移的情况下,每个支重轮承担相同的竖直方向上的力,且大小为 4 836/16 = 302.3 kN。但是由于履带驱动的多边形效应和张紧力的变化,该力同样出现波峰波谷交替的现象。

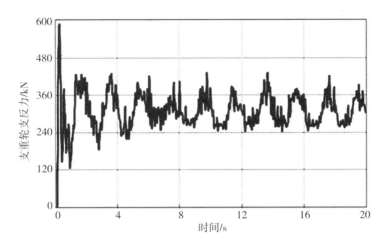

图 3.27　支重轮支反力曲线

图 3.28 所示为双履带车辆平地直行时四轮平衡梁在竖直方向上的受力。四轮平衡梁受力情况与支重轮类似,只是在数值上应为支重轮的 4 倍。仿真得到的四轮平衡梁竖直方向受力平均值为 1 100.8 kN,并不为支重轮受力(309.6 kN)的整 4 倍,这是因为四轮平衡梁本身、二轮平衡梁、支重轮、一部分履带板的质量并不由四轮平衡梁承受,因此会小一些。

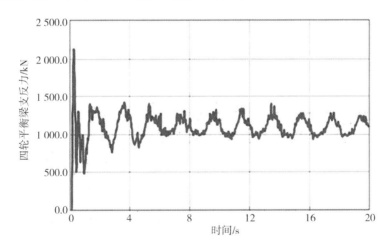

图 3.28　四轮平衡梁受力曲线

图 3.29 所示为双履带车辆平地直行时履带板受到的支重轮的压力。所提取的履带板在开始时并未与支重轮接触,因此履带板初始段受力为 0 kN;随着车辆向前运动,第一个支重轮逐渐压紧该履带板,履带板的受力也逐渐增大;随

着前进,第一个支重轮脱离该履带板,履带板的受力越来越小。由图可知,当运行至 13 s 左右时,出现一段受力为 0 kN 的情况,此前曲线上已经出现了四个波峰,这是因为第四个和第五个支重轮之间的距离略大于其他支重轮之间的距离,此刻该履带板不受竖直方向上的作用力。

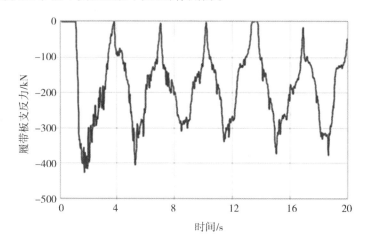

图 3.29   履带板受力曲线

对爬坡直行工况仿真时,由于车辆先在水平地面上行驶一段距离,然后再进行爬坡,仿真计算得到的全过程的驱动力、张紧力等值并不是爬坡时实际受到的力值,因此在提取数据前必须分清车辆所处的运行状态。车辆的运行状态可以根据支重轮的位置来判断:当全部支重轮都位于水平路面上时,车辆处于平地直行阶段;当至少有一个支重轮在水平路面而其他支重轮在斜坡路面时,车辆处于爬坡过程中;当全部支重轮都在斜坡路面上时,车辆在坡面上运行。据此提取第一个支重轮和最后一个支重轮在 y 方向的位移,就可以判定车辆的运行状态。

图 3.30 即为右侧履带第一个和最后一个支重轮的 Y 方向位移,较早进入上升阶段的是第一个支重轮的位移(浅色线条),另一条是最后一个支重轮的位移。从曲线可知,三个阶段的时间分别是 Ⅰ:0～10 s,Ⅱ:11～32 s,Ⅲ:32 s 至最后。由图 3.30 可知,履带在 Y 方向的初始位移为 −71 mm,该值正是重型履带在软地面上行走时的沉陷量。

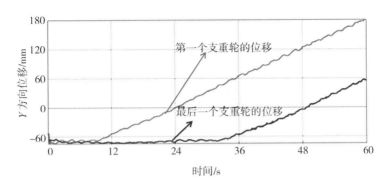

图 3.30　前后支重轮竖直位移

图 3.31 所示为整个过程中的驱动力。从曲线可知,在第 Ⅰ 阶段的驱动力要明显小于第 Ⅲ 阶段的驱动力。将第 Ⅲ 阶段的驱动力单独提出,测量其平均值为 991.2 kN,理论计算坡道行驶需要的驱动力为 982.5 kN,二者基本吻合。图 3.32 为爬坡过程中张紧力的变化曲线,第 Ⅰ 阶段的张紧力要高于第 Ⅲ 阶段张紧力,这是因为当车辆在坡面上行驶时,有向下的分力,该力部分抵消了张紧装置的受力;单独提取第 Ⅲ 阶段的张紧力,测量得平均值为 287.5 kN,小于平路直行时的 330.9 kN。

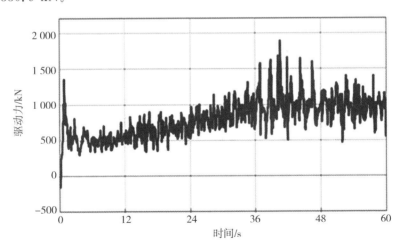

图 3.31　爬坡驱动力

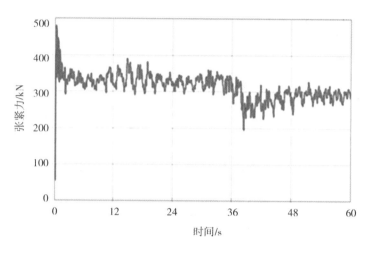

图 3.32 爬坡张紧力

图 3.33 所示为爬坡过程驱动轮轴的支反力曲线。从曲线可以看出,第 Ⅰ 阶段的力要明显小于第 Ⅲ 阶段受力,这与张紧力的情况正好相反。单独提取第 Ⅲ 阶段受力,测量其平均值得 694.8 kN,大于直线行走的 542.4 kN。

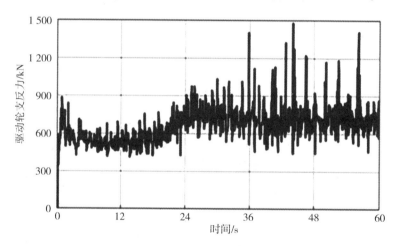

图 3.33 爬坡驱动轮轴受力

图 3.34 所示为爬坡过程中右侧履带第一个支重轮所受 Y 方向上的力。按照简化理论计算该力应该为一不变值,但是由于履带驱动的多边形效应和张紧力的变化,该力出现波峰波谷交替的现象。同时,第 Ⅰ 阶段的力要明显大于第 Ⅲ 阶段的力,这是因为车辆质心距离地面有一定距离,而在斜坡上时为平衡倾翻力矩,履带后部分的支重轮将承受更大的力,即履带前部分的支重轮受力会

减小;同时角度的存在使得垂直路面的力小于重力。单独提取第Ⅲ阶段受力并测量可知该力平均值为 191.0 kN。

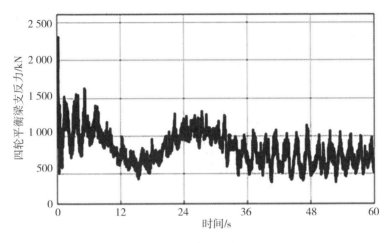

图 3.34　爬坡支重轮受力

图 3.35 所示为爬坡过程中四轮平衡梁在 Y 方向上的受力。四轮平衡梁受力情况与支重轮类似,只是在数值上应该是支重轮的 4 倍。经测量得四轮平衡梁竖直方向受力平均值为 692.5 kN,并不为支重轮受力(191.0 kN)的整 4 倍,这是因为四轮平衡梁本身、二轮平衡梁、支重轮、一部分履带板的质量并不由四轮平衡梁承受,因此会小一些。

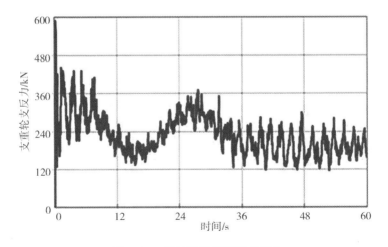

图 3.35　爬坡四轮平衡梁支反力

图 3.36 所示为爬坡过程履带板受到的支重轮的压力,在曲线前半段中,每

一个波峰都代表一个支重轮行经该履带板;中间部分受力为 0 kN,此时该履带板与驱动轮接触;然后该履带板和托链轮接触,每一个波峰都代表履带板经过了一个托链轮。当运行到 13 s 左右时,出现一段受力为 0 kN 的情况,这是因为第四个和第五个支重轮之间的距离大于其他支重轮之间的距离,此时该履带板不受力。

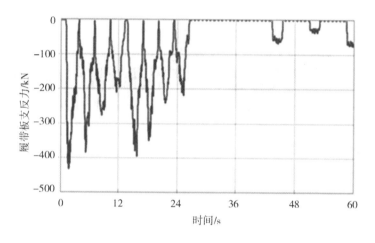

图 3.36　爬坡履带板受力

双履带重型车辆的转向是个非常复杂的问题,虚拟样机仿真技术可以考虑理论计算中难以顾及的很多因素,相对于理论计算具有一定的优势。根据上文平地直行和爬坡直行两种工况的分析,通过虚拟样机仿真得到的结果与理论计算得到的结果吻合程度较高,间接地进行了相互验证。

由于双履带重型车辆的虚拟样机结构非常复杂,如果对整个转向过程进行模拟,需要耗费大量的计算时间。本章将仿真时间设定为 40 s,即仅对转向过程的前 40 s 进行仿真,如果车辆的质心运行轨迹是光滑的,就认为车辆的转向过程平稳,可以用该段时间的质心轨迹拟合出整个转向过程的轨迹,继而求出车辆的实际转向半径。

对左、右两侧履带分别添加驱动函数 STEP(TIME,0,0,1,−6d)和 STEP(TIME,0,0,1,−20d),车辆分别以左、右两侧履带为制动侧和驱动侧进行差速转向。仿真完成后,得到门架质心的运行轨迹如图 3.37 所示,该轨迹与车辆质心轨迹是一致的,可以代替车辆质心轨迹。由图可知,门架质心轨迹相对比较光滑,车辆的恒差速转向过程可以认为是平稳的。整个转向过程的轨迹拟合方法如下:将仿真得到的门架质心运行轨迹坐标值提取出来,利用 Matlab 编制好的程序,得到轨迹的圆心和半径,如图 3.38 所示。经过拟合,得到圆心坐标为 (3 356.885 6,−11 373.738 8),半径为 11 362.337 8 mm。由于车辆的转向中心坐标应该是统一的,但转向半径却因部件而有所不同。因此可以计算得履带行走装置几何中心到转向中心的距离,也就是所定义的车辆的实际转向半径为 11.5 m,与理论计算结果比较吻合。

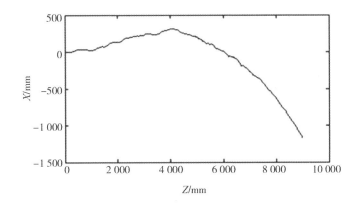

图 3.37　门架质心运行轨迹

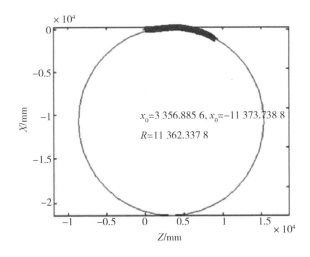

图 3.38　半径及圆心拟合

图 3.39 所示为转向过程中两侧驱动轮的驱动力和制动力,其中驱动力为正,制动力为负。由于制动侧驱动轮转动速度低于驱动侧驱动轮,因此多边形

效应较小。将质心偏移量以及转向半径代入到程序中进行理论驱动和制动力矩的计算可以得到驱动力为 723.9 kN,制动力为 -159.1 kN。图 3.39 所示的驱动力和制动力曲线的均值分别为 730.2 kN 和 -156.3 kN,与理论计算结果比较吻合。

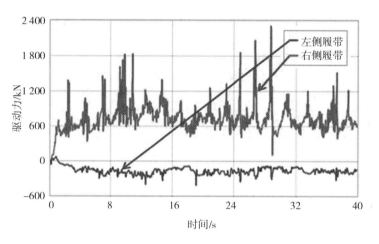

图 3.39 差速转向驱动(制动)力

在平地直行和爬坡直行两种工况中,由于两侧履带的运行状态是一样的,二者的张紧力也是相同的;但在转向工况中两侧履带运行状态不同,两侧的张紧力差异也较大,如图 3.40 所示。其中数值大的为制动侧张紧力(左侧),而数值小的为驱动侧张紧力(右侧)。从曲线可以看出,右侧的张紧力变化呈周期性,与直线行驶时保持一致;而左侧的张紧力则没有明显的周期,但波动幅度较大。经测量可得,右侧张紧力平均值为 205.1 kN,左侧张紧力平均值为 591.4 kN。造成左侧张紧力非常大的原因是在转向的过程中,该侧履带架相对于地面接触的履带链节有向前运动的趋势,而驱动轮被限制,使得履带链不能产生卷绕运动,而地面给履带链节的附着系数又限制了履带链不能产生平动,因此履带架向前的运动大于履带链向前的运动,增大了张紧力。与此相反,右侧的张紧力被减小了。

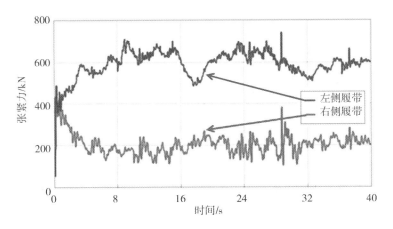

图 3.40　差速转向张紧力

与张紧力相对应的就是驱动轮轴的支反力。因为履带链的总长度不能改变,张紧力增大时驱动轮轴的支反力就会降低。故此图 3.41 中所示的驱动轮轴支反力曲线中,制动侧(左侧)支反力较小而驱动侧(右侧)支反力较大。测量得驱动侧驱动轮轴支反力平均值为 1 191.0 kN,制动侧驱动轮轴支反力平均值为 208.5 kN。图 3.42 所示为转向过程中支重轮支反力曲线,其平均值为 336.2 kN。图 3.43 所示为转向过程中四轮平衡梁支反力,其平均值为 1 188.4 kN。图 3.44 所示为转向过程中履带板受力。

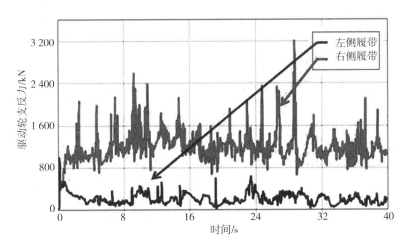

图 3.41　差速转向驱动轮轴支反力

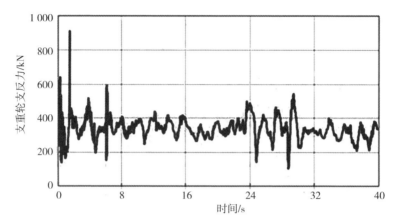

图 3.42　差速转向支重轮支反力

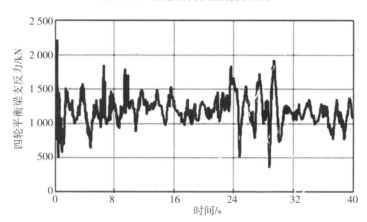

图 3.43　差速转向四轮平衡梁支反力

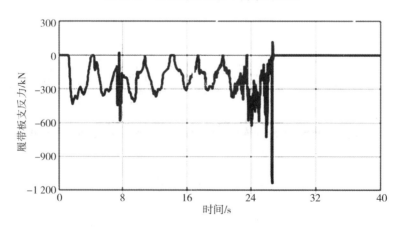

图 3.44　差速转向过程履带板受力

3.3.3 重型履带车辆实车试验研究

本次试验选用的排土机如图 3.45 所示,该样机的重型履带采用了双履带四支点静定支撑和整体式履带架结构,驱动轮、导向轮和托链轮分别装在了履带架上,履带架可以相对于底座摆动;拥有两级平衡梁,两组四轮平衡梁和四组两轮平衡梁;其整机质量为 493 t,轨距为 9.8 m,履带板宽度为 3 m,履带接地长度为 8.22 m。试验前,要对其进行全面系统的检修,仔细检查驱动电机是否工作正常,润滑是否充分,履带有无脱链隐患以及电网电压是否稳定等,确保整车处于最佳运行状态,并按要求对其进行充分的预热,使之达到规定的使用条件。

图 3.45 试验样机

试验前要按照重型履带的设计要求对场地进行平整。直行及转向时,场地平坦、无坡度;爬坡试验时,要求坡度达到 1∶10,尽可能符合典型工作环境的作业要求。试验场地的平整情况如图 3.46 所示。试验期间的气温为 −4~12 ℃,最大风速为 6.8 m/s。

（a）平整前 （b）平整后

图 3.46 试验场地

该排土机选用的是变频调速电机配合变频器进行驱动,其额定功率为 110 kW,额定转矩为 1 419.6 N·m。根据变频调速电机的机械特性曲线,降低电机转速可以得到较高的输出扭矩,电机功率等于额定频率对应下的转速与最大扭矩的乘积。本排土机采用的是行星式减速机,由电机经减速机传递到驱动轮的转速和扭矩有如下关系:

$$\begin{cases} n_o = \dfrac{n_i}{i} \\ T_o = T_i i \\ P = T_o n_o = T_i n_i \end{cases} \tag{3.38}$$

其中:n_o 为驱动轮转速;n_i 为电机转速;i 为减速机传动比;T_o 为驱动轮扭矩;T_i 为电机扭矩。为满足转向的驱动力要求,保持 T_o 不变,则所选配的电机功率和传动比之间的关系为

$$P = \frac{T_o}{i} n_i \tag{3.39}$$

而 n_i 在不改变频率的情况下保持不变。那么可以得到功率和传动比之间的关系曲线如图 3.47 中的 Ⅰ 所示;驱动轮转速和传动比的关系曲线如图 3.47 中的 Ⅱ 所示。

为满足直线行驶的速度要求,又根据电机转速和频率之间的关系 $n = 60\dfrac{f}{p}$ （p 为磁极对数,一般为 3）,可以得到电机转速和传动比之间的关系曲线如图 3.47(Ⅲ)所示。

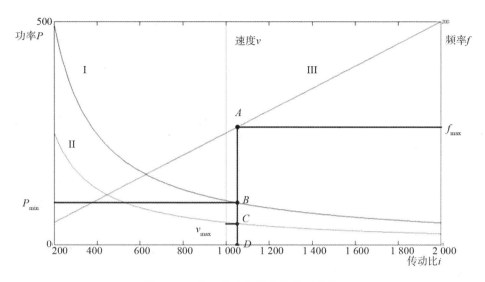

图 3.47　电机转速与传动比关系曲线

由以上曲线可以根据变频器的变频范围找到最小电机功率。方法如下:首先确定变频器的变频上限 f_{max},根据 f_{max} 可以找到曲线 Ⅲ 上的 A 点,A 点对应的传动比即为最大传动比 i_{max}(D 点),其含义为当传动比大于该值时,电机将无法提供所需的直线行走速度;然后可以找到曲线 Ⅰ 上对应于 i_{max} 的 B 点,B 点对应的功率即为最小电机功率,其含义为如果电机功率小于该值将不能提供车辆转向所需的驱动力;找到曲线 Ⅱ 上对应 i_{max} 的 C 点,C 点对应的速度即为车辆转向最大速度,其含义为所选功率的电机及减速机不能提供更高的转向速度。

同样也可以根据减速机的传动比选择电机最小功率和变频器变频范围,方法是向上画线即可,与曲线 Ⅰ,Ⅲ 的交点即为最小功率和最小变频上限。还可以根据所选电机功率确定最大转向速度和最小变频上限。

本试验的目的是获取驱动电机在直行、爬坡、转向等不同工况下的电流、功率,行星减速机输出轴的扭矩、转速。

(1)在重型履带左、右两侧驱动电机的供电线路上分别连接电流互感器、电压互感器,将电流、电压降低到一定范围内,然后通过功率变送器,实现对电流、功率等参数的测试;

(2)在行星式减速机输出轴上布置测扭组合应变片,测试采用的是中航电测仪器厂制造的测扭组合应变片 BE350-3HA-D,共计两组,对称布置,组成全桥回路。

（3）在行星式减速机壳体上安装固定支架,将霍尔元件转速传感器固定在支架上,使转速传感器下端正对减速机输出轴,同时在减速机输出轴正对霍尔元件转速传感器位置安装磁座。

电机功率测试系统由功率变送器、数据采集系统和数据存储系统组成。功率变送器是用于测量工频电网驱动电机功率的专用仪器,其工作原理如图 3.48所示。由图可知,变送器由完全相同的两组测量元件组成,每组测量元件相当于一个时间差值乘法器,由电压互感器、电流互感器、磁饱和振荡器、恒流电路和桥式开关电路组成。电压互感器和电流互感器主要作用是将工频电网的电压、电流信息准确地传递给相关测试设备;将电网的高电压、大电流转换为标准值的低电压、小电流,将测试设备与电网高压设备在电气方面实现很好的隔离,从而保证了测试设备和试验人员的安全。

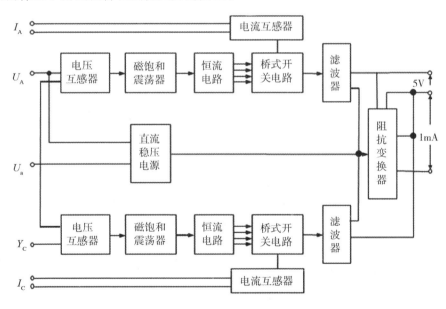

图 3.48　变送器工作原理

被测三相电压和电流输入经电压互感器和电流互感器被采样,采样信号在时间差值乘法器电路中完成乘法运算,该输出值即为与输入量成比例的功率值。从每组测量元件电路中输出脉冲经滤波器、加法器、比例放大器等环节得到三相功率之和,从而完成了功率的测量。由于电路采用了二瓦测功法,从理论上讲,无论三相电路的电压、电流是否对称,均不会产生测量误差。采用二瓦测功法测量三相有功功率时常用的接线方式如图 3.49 所示。

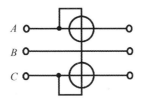

图 3.49　二瓦测功法接线方式

为了检测样机的行驶性能,验证理论计算及虚拟样机仿真结果是否准确,对双履带排土机进行了直行、转向、爬坡等典型工况下的驱动电机功率、电流,驱动轮转速及扭矩的研究。具体试验工况见表 3.4。

表 3.4　试验工况

序号	工况类别	注释	序号	工况类别	注释
1	直行	100%速度前行	3		左侧 100%速度,右侧 30%速度
			4		左侧 100%速度,右侧 60%速度
			5	转向	左边抱死,右边 30%速度
2	爬坡	60%速度前行	6		左边抱死,右边 60%速度
			7		左边抱死,右边 100%速度

注:100%速度为 3.33 r/min,20°/s。

表 3.5 所示为履带车辆以 100%速度直行时通过三种方法得到的结果对比。

表 3.5　100%速度直行时结果对比

参数	电机功率/kW	驱动轮扭矩/(kN·m)
试验	18.1	250.7
理论计算	16.9	246.9
虚拟样机	16.6	242.1

表 3.6 所示为履带车辆以 60%速度爬坡时通过三种方法得到的电机功率与驱动轮扭矩结果对比。

表 3.6　60％速度爬坡时结果对比

参数	电机功率/kW	驱动轮扭矩/(kN·m)
试验	21.1	503.6
理论计算	19.5	474.1
虚拟样机	19.7	478.3

图 3.50、图 3.51 所示分别为左侧履带以 100％的速度、右侧履带以 30％的速度差速转向时电机的功率、电流及驱动轮扭矩对比曲线。由图 3.50 可知,左侧电机的平均功率达到了 49.7 kW,理论驱动功率为 47.9 kW,虚拟样机仿真值为 48.3 kW,与试验值非常吻合,而右侧电机的平均功率为 −2.9 kW,理论计算与虚拟样机仿真值分别为 −3.2 kW 和 −3.1 kW,三者比较接近。由图 3.51 可知,左侧电机的平均电流为 198.3 A,右侧电机的平均电流为 126.8 A。由图 3.52 可知,左侧驱动轮的平均扭矩为 699.3 kN·m,右侧驱动轮的平均扭矩为 −150.1 kN·m,理论计算值分别为 698.6 kN·m、−153.5 kN·m,虚拟样机仿真值分别为 704.6 kN·m,−150.8 kN·m,吻合较好。图 3.53 所示为左履带 100％速度、右履带分别以 30％和 60％两种速度差速转向时右侧驱动轮的扭矩。由图可知,两种工况下驱动轮的扭矩分别为 −150.1 kN·m 和 −108.0 kN·m。表 3.7 所示为履带车辆差速转向时通过三种方法得到的结果对比。

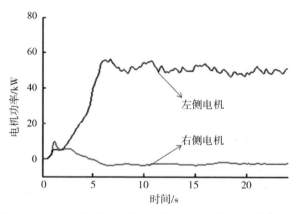

图 3.50　左 100％右 30％速度差速工况两侧电机功率对比

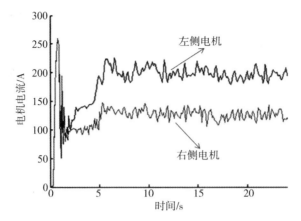

图 3.51　左 100％右 30％速度差速转弯工况两侧电机电流对比

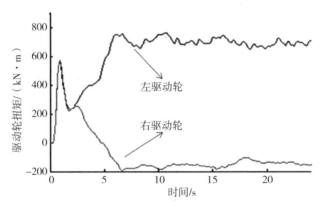

图 3.52　左 100％右 30％速度差速转弯工况左右驱动轮据矩对比

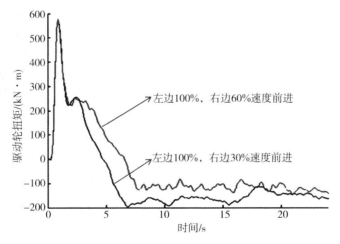

图 3.53　差速转向行驶时右侧驱动轮扭矩

表 3.7 差速转向时结果对比

参数	左100%速、右30%速				左100%速、右60%速			
	左侧		右侧		左侧		右侧	
	1	2	1	2	1	2	1	2
试验	49.7	699.3	−2.9	−150.1	48.2	693.2	−4.4	−108.0
理论计算	47.9	698.6	−3.2	−153.5	45.2	660.0	−4.6	−112.3
虚拟样机	48.3	704.6	−3.1	−150.8	45.9	670.5	−4.9	−118.5

注:1 为电机功率(kW),2 为驱动轮扭矩(kN·m)。

图 3.54 为左侧履带抱死、右侧履带以三种不同速度抱死转向时的电机功率对比曲线。三种工况下,电机的功率分别为 14.4 kW,31.2 kW 和 52.1 kW,理论值分别为 14.7 kW,29.4 kW,48.9 kW,虚拟样机功率值分别为 15.0 kW,29.6 kW,48.8 kW,基本吻合。表 3.8 所示为履带车辆左抱死转向时通过三种方法得到的结果对比。

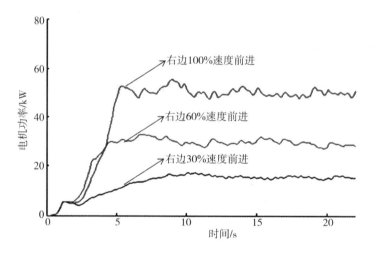

图 3.54 左抱死转向行驶时外侧电机功率

表 3.8 左抱死转向时结果对比

参数	右30%速度		右60%速度		右100%速度	
	1	2	1	2	1	2
试验	14.4	741.9	31.2	687.3	52.1	690.3
理论计算	14.7	714.4	29.4	714.4	48.9	714.4
虚拟样机	15.0	730.2	29.6	718.5	48.8	712.3

注:1 为电机功率(kW),2 为驱动轮扭矩(kN·m)。

3.4　多履带车辆稳态转向力学

多履带车辆的稳态转向是指在转向履带组偏转一定角度后,各条履带以其恒定的速度在半径不变的圆弧轨道上的行驶状态,以下以六履带车辆为例研究多履带车辆稳态转向行驶力学。

3.4.1　六履带车辆稳态转向力学模型

图 3.55 所示为六履带车辆转向时履带接地面瞬心的偏移情况。履带接地面瞬心存在纵向偏移 D_i 导致履带机械实际转向中心 O_s 偏离理论转向中心 O_L(六条履带接地面瞬心横向轴线与中垂线的交点)。和轮式车辆转向相似,六履带车辆的转向也存在共心转向条件,在左手坐标系下(其中过 O_L 且与 Y 轴垂直的直线为 X 轴,非转向履带接地面几何中心与六履带理论转向中心 O_L 连线为 Y 轴),将实际转向中心 O_s 的坐标记作 (X_s, Y_s),则实际转向中心坐标与各条履带接地面瞬心的纵向偏移值 D_i 间有如下关系(如图 3.55 所示):

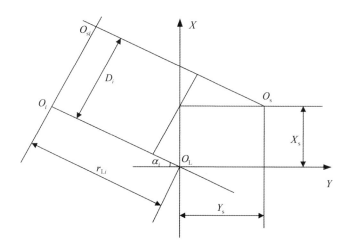

图 3.55　实际转向中心与履带接地面瞬心纵向偏移关系

$$D_i = X_s \cdot \cos\alpha_i + Y_s \cdot \sin\alpha_i \qquad (3.40)$$

式中:α_i 为第 i 条履带的偏转角,顺时针方向转动为正。

将理论转向半径定义为六履带车辆质心 O_t 与 O_L 之间的距离,记作 r_L;将实际转向半径定义为 O_t 到 O_s 的距离,记作 r_s;将二者的相对误差定义为转向不准确度 ε,用来表征六履带车辆能否沿着预定轨迹进行转向的性能。

$$\varepsilon = \frac{|r_s - r_L|}{r_L} \times 100\% \qquad (3.41)$$

六履带车辆转向受力图如图 3.56 所示,在 XO_LY 坐标系内以 O_L 为原点建立各作用力平衡方程,如式(3.42)所示:

$$\left. \begin{array}{l} \sum F_{xi} \cdot \cos\alpha_i - \sum F_{yi} \cdot \sin\alpha_i + F_{tx} = 0 \\[2mm] \sum F_{xi} \cdot \sin\alpha_i + \sum F_{yi} \cdot \cos\alpha_i + F_{ty} = 0 \\[2mm] \sum F_{xi} \cdot r_{Li} + F_{tx} \cdot Y_t + F_{ty} \cdot X_t - \sum M_{O_i} - M_t = 0 \end{array} \right\} \qquad (3.42)$$

式中:F_{tx},F_{ty} 分别为作用于 O_t 的外载、坡度阻力的 X,Y 方向的分力;M_t 为外载对 O_t 的矩。

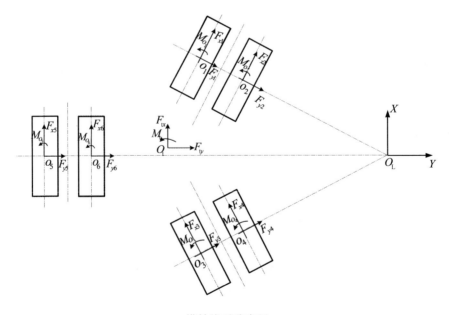

横轴线对称布置

图 3.56 六履带车辆转向受力图

由履带受力可知:

$$\begin{cases} F_{xi} = \mu \cdot F_{zi} \cdot \varphi_1(b,l,A,D_i) \\ F_{yi} = \mu \cdot F_{zi} \cdot \varphi_2(b,l,A,D_i) \\ M_{O_i} = \dfrac{\mu \cdot F_{zi} \cdot l}{4} \cdot \varphi_3(b,l,A,D_i) \end{cases} \tag{3.43}$$

在地面摩擦系数以及垂直载荷 F_{zi} 已知的条件下,履带接地面瞬心的纵向、横向偏移 D_i,$A_i(i=1,2,\cdots,6)$ 决定了各条履带的受力情况,而六履带车辆共心转向条件 $D_i = X_s \cdot \cos\alpha_1 + Y_s \cdot \sin\alpha_1$(式 3.40),六条履带的纵向偏移由 X_s,Y_s 确定,其中 α_i 为已知。故描述六履带车辆的稳态转向需确定的独立参数为 $A_i(i=1,2,\cdots,6)$ 及 X_s,Y_s 共八个未知数,只有式(3.42)三个方程尚无法求解,需要根据各履带驱动力间的关系建立另外五个方程。

当六履带车辆的六条履带全部都是驱动履带时,六条履带的驱动力 $F_{qi}(i=1,2,\cdots,6)$ 相等,从而

$$\begin{cases} F_{q1} = F_{q2} = \cdots = F_{q6} = F_{qi} = \dfrac{T_{ei}}{r_d} \\ F_{qi} = F_{fi} + F_{xi} \end{cases} \tag{3.44}$$

式中:T_{ei} 和 r_d 分别为第 i 条履带驱动轮上的驱动力矩及驱动轮的半径;F_{fi} 为第 i 条履带驱动轮上的滚动阻力。

六履带全驱动以及两组履带驱动工况下,方程(3.42)与方程(3.44)构成了的六履带车辆稳态转向数学模型。当给定转向履带转角时,$A_i(i=1,2,\cdots,6)$ 及 X_s,Y_s 便可求得。实际转向半径 r_s 为

$$r_s = \left[(X_t - X_s)^2 + (Y_t - Y_s)^2\right]^{0.5} \tag{3.45}$$

3.4.2　稳态转向方程的数值求解

六履带车辆稳态转向的数学模型是 8 元非线性方程组,求解非线性方程组的算法很多,经实践验证,牛顿法在非线性方程组求解效率和可靠性方面具有优势。为求解稳态转向的非线性方程组,本节基于牛顿法对方程组进行编程求解,基于牛顿法的求解程序迭代步骤可概述为:

(1)任选初始点 $\boldsymbol{x}^{(0)}$,给定收敛精度 ε,令初始迭代次数 $k=0$。

(2)计算初始点 $x^{(0)}$ 对应的迭代系数矩阵 $F'(x^{(k)})$。

(3)计算增量:

$$\Delta x^{(k)} = -\left[F'(x^{(k)})\right]^{-1} \cdot F(x^{(k)}) \tag{3.46}$$

(4)计算新的迭代点:

$$x^{(k+1)} = x^{(k)} + \Delta x^{(k)} \tag{3.47}$$

(5)收敛判定:若 $\|x^{(k+1)} - x^{(k)}\|_\infty \leqslant \varepsilon$,则令近似解 $x^* = x^{(k+1)}$,$f(x^*) = f(x^{(k+1)})$,计算终止;否则令 $k = k+1$,转(2)。

3.4.3 评价多履带转向性能的两个指标

1.转向不准确度

在实际工作中,多履带行走装置对工作场合均有较严格的要求,因此要求机器在转向时能尽可能地控制转向半径,即需要得到比较精确的偏转角度和转向半径之间的关系。为了评价计算模型在转弯半径计算精确性方面的表现,本节提出了转向不准确度指标 ε_r:

$$\varepsilon_r = (R_L - R_s)/R_s \times 100\% \tag{3.48}$$

式中:R_L 为计算模型得到的转弯半径,m;R_s 为实际转弯半径,m。

2.驱动功率增加率

多履带行走装置转弯所占的运行时间比例很小,即大部分时间车辆都是在直行状态。如果车辆转向时需要的功率远远超过直行时的功率会造成很大浪费。因此,本节还提出驱动功率增加率 δ_p 来评价多履带行驶装置结构参数的影响。

$$\delta_p = (P_{eo} - P_{es})/P_{es} \times 100\% \tag{3.49}$$

式中:P_{eo} 为车辆以最小半径转向时最外侧电机的驱动功率,kW;P_{es} 为车辆平路直行时电机的驱动功率,kW。

3.4.4 多履带行走装置履带驱动电机功率的确定

由于多履带行走装置运行时转弯阻力和爬坡阻力较大,因此通常在坡道行驶时不转向,转向时不爬坡。对于不同的道路地面条件,多履带功率计算时一般按表 3.9 的工况考虑运行阻力来确定车辆运行时所需的总牵引力。

表 3.9　多履带不同工况的综合阻力计算

道路种类	运行种类	推土阻力	坡道阻力	风阻力	惯性阻力	转弯阻力	内部阻力	总牵引力
平路	直行	+		+	+		+	Σ
	转弯	+				±	+	Σ
坡道	直行	+	+	+	+		+	Σ

注:+为需要考虑的因素。外侧履带转弯阻力符号取"+",内侧履带的取"−"。

由表 3.9 可得,对于单条履带:

(1)平路直行时总驱动力

$$F_{ql} = F_p + F_w + F_i + F_f$$

(2)平路转弯时总驱动力

$$F_{qt} = F_p \pm F_{st} + F_f$$

(3)坡道直行时总驱动力

$$F_{qs} = F_p + F_s + F_w + F_i + F_f$$

以上三式中:F_q 为推土阻力(即土壤挤压变形阻力);F_s 为坡道阻力;F_w 为风阻力;F_i 为惯性阻力;F_{st} 为转弯阻力;F_f 为内部阻力。

直行上坡电机功率计算公式为

$$P_{st} = \frac{(F_p + F_s + F_w + F_i) \cdot v}{270 \times 1.36 \times \eta_0 \times \eta_i} \tag{3.50}$$

式中:P_{st} 为坡道行驶时各条履带的驱动功率,kW;F_p 为土壤挤压变形阻力,kN;F_s 为坡道阻力,kN;F_w 为风阻力,kN;F_i 为惯性阻力,kN;v 为履带行走装置的运行速度,m/s;η_0 为履带运行机构效率,η_i 为从电动机到履带驱动轮的传动效率。

平面转弯电机功率计算公式为

$$P_{st} = \frac{F_{qi} \cdot v_i}{\eta_0 \times \eta_i} \tag{3.51}$$

式中,P_{st} 为平地转向时第 i 条履带的驱动功率;F_{qi} 为第 i 条履带转弯行驶驱动力,kN;v_i 为第 i 条履带的行驶速度,m/s。

3.4.5 多履带车辆虚拟样机仿真

某六履带车辆主要技术参数如表 3.10 所示。其六履带底盘三维实体模型见图 3.57。

表 3.10 六履带车辆参数

序号	参数	单位	数值	备注
1	履带板宽度	m	2.9	
2	履带组间距	m	4.4	
3	履带间距	m	9.3	
4	履带接地长度	m	8.7	
5	转向履带组间距	m	13	
6	整机质量	t	2 100	
7	运行阻力系数		0.06	0.03~0.1
8	地面摩擦系数		0.6	
9	履带张紧系数		0.35	
10	传动效率		0.7	

图 3.57 三支点六履带底盘三维模型

仿真工况有以下三种:①直行。对两侧驱动轮同时施加相同的转速,地面状态为水平。②上坡。对两侧驱动轮同时施加相同转速,地面有一定的坡度。③转弯(不同半径)。对两侧施加不同转速。

3.4.5.1　硬路面直行

图 3.58 所示为硬路面直行得到的曲线,显示了不同时刻沿履带前进方向(纵向)垂直方向的受力等情况。从图中可以看出,随着车辆启动后逐渐稳定,驱动轮驱动力矩、支重轮垂直方向作用力和车架速度呈现相对平稳的状态,其微小波动主要受履带传动系轮齿啮合等冲击影响。地面对履带板作用力和动态张紧力周期波动明显,这是由于履带板需要不断经历与支重轮接触和脱离的周期过程,其垂直承载力也随之发生周期变化。而动态张紧力的周期波动主要与最近支重轮下的履带板运动状态有关,并受履带环的多边形效应影响。

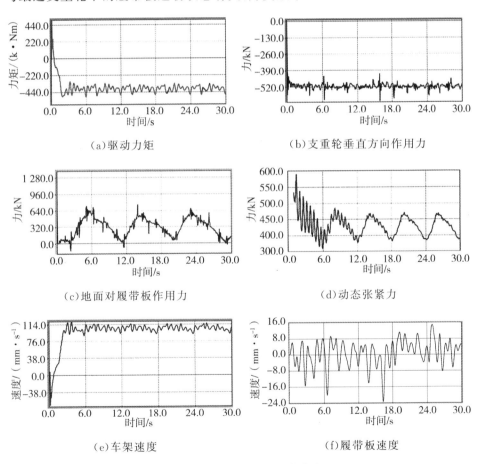

（a）驱动力矩　　　　　　　　　　（b）支重轮垂直方向作用力

（c）地面对履带板作用力　　　　　　（d）动态张紧力

（e）车架速度　　　　　　　　　　（f）履带板速度

图 3.58　硬路面直行仿真曲线

3.4.5.2　硬路面转弯

图 3.59 所示是硬路面转弯工况得到的仿真结果。取 y 方向为重力方向。图中 Vel_TM 线表示切向速度,始终保持匀速;Vel_TX 线表示 x 方向速度,逐渐减小;Vel_TZ 线表示 z 方向速度,逐渐增大。从图可知,在非卷绕时刻履带板和地面之间的相对速度并不为 0,即存在滑转和滑移。通过对提取数据的分析,转弯工况的履带滑转、滑移要大于直行时。图中(e)为一侧放松,另一侧以 6 m/min 速度驱动时车架的运动速度。

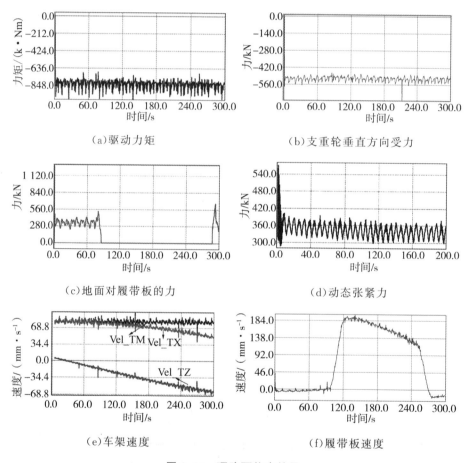

(a)驱动力矩 　　　　　　　　　(b)支重轮垂直方向受力

(c)地面对履带板的力 　　　　　　(d)动态张紧力

(e)车架速度 　　　　　　　　　(f)履带板速度

图 3.59　硬路面仿真结果

3.4.5.3　软路面直行

图 3.60 所示是软路面直行工况得到的仿真结果。由于车辆在行走中履带出现较大沉降,图中的主要作用力(矩)变化幅度较硬地面时变大。从仿真过程

可以看出这主要由于履带发生较大沉陷后,土壤变形阻力增加,履带板的转角及履带环的形状较硬地面时有所不同。和硬路面类似,其中图 3.60(b)显示了履带板所受地面作用力在经历支重轮滚动和脱离这一历程的变化情况。

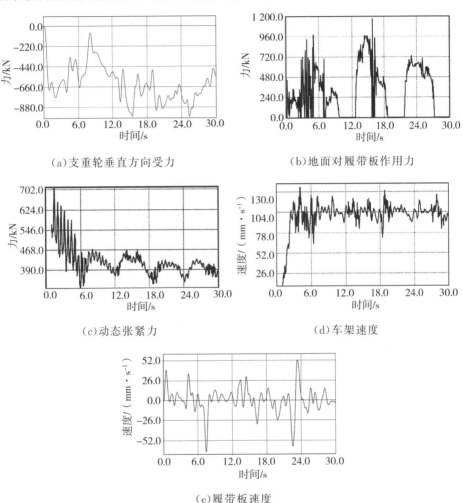

(a)支重轮垂直方向受力　　　　　　(b)地面对履带板作用力

(c)动态张紧力　　　　　　　　　　(d)车架速度

(e)履带板速度

图 3.60　软路面直线行驶仿真结果

3.4.5.4　软路面转弯

图 3.61 所示是软路面转弯工况得到的曲线。和软路面直行时类似,该工况的作用力(矩)幅值变化均比硬路面转弯时变大。

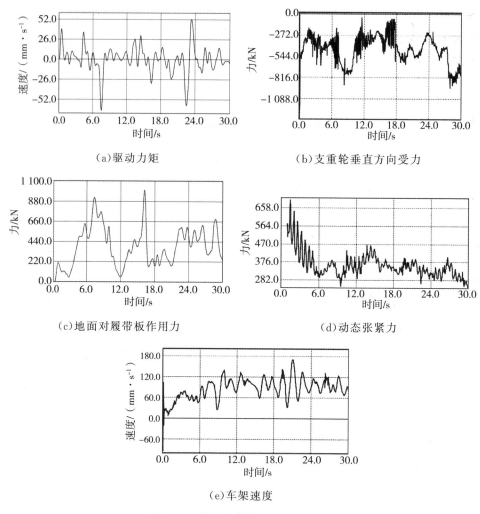

（a）驱动力矩　　　　　　　　（b）支重轮垂直方向受力

（c）地面对履带板作用力　　　　　（d）动态张紧力

（e）车架速度

图 3.61　软路面转弯工况仿真曲线

3.4.6　多履带车辆稳态行驶试验

本书提出了多履带行走装置行驶特性的理论计算方法和虚拟样机仿真方法，两种方法均能够预测多履带行走装置的行驶性能。而理论计算结果和仿真结果的正确性需通过试验验证，本章针对目前国内最大的地面行走机械——应用于元宝山露天煤矿的六履带斗轮挖掘机，进行了行驶参数的测试，同时将测试结果和理论计算结果及虚拟样机仿真结果进行对比。

3.4.6.1　六履带斗轮挖掘机基本参数

　　SRs1602 型六履带斗轮挖掘机(如图 3.62 所示)是北方重工集团有限责任公司与德国曼塔克拉夫公司合作生产的,是目前国内合作生产斗轮挖掘机项目中承制比例最大的一个项目,目前该机器已成功运用于元宝山露天煤矿中。元宝山露天煤矿是国内目前现代化程度最高的露天矿之一,设计能力为年产原煤 500 万 t。

图 3.62　SRs1602 型六履带斗轮挖掘机

　　SRs1602 型斗轮挖掘机主要由行走机构、上部结构回转机构、变幅机构、带式输送机系统和斗轮及斗轮驱动装置等组成。在斗轮轮圈上沿其圆周装有若干个铲斗,斗轮在绕其自身轴线旋转的同时并侧向回转使铲斗切入采掘工作面,从而实现对物料的采掘。斗轮机在回转后,通过行走装置的移动使铲斗对物料形成月牙形切削。斗轮机臂架随上部结构在足够大范围内回转,增加对工作面的挖掘量。被采掘的物料在无格式斗轮内径向被环形挡料板封住,铲斗处在卸料区初始端开始卸料,物料落到斗轮的卸料板上,并从斗轮侧面卸到斗轮臂输送机上。物料通过带式输送机输送,经由上部结构回转中心转载点卸到受料带式输送机。来自受料带式输送机的物料进一步通过转载机中心处转载点,将物料转运到位于卸料臂上的卸料带式输送机,继而将物料输送到卸料臂上的卸料平台,并通过卸料平台把物料转送至工作面带式输送机上。SRs1602 型斗轮挖掘机的主要技术参数如表 3.11 所示。

表 3.11　SRs1602 型斗轮挖掘机的主要技术参数

序号	主要技术参数	单位	数值
1	理论生产能力	m³/h	3 600
2	剥离深度	m	3
3	轮斗驱动功率	kW	1 000
4	斗轮体切割圆直径	m	10.5
5	斗轮个数		14
6	额定斗容	m³	0.8
7	皮带宽度	m	1.6
8	输送速度	m/s	4.2
9	卸斗次数	min⁻¹	76
10	斗轮切割圆处切割速度	m/s	2.98
11	斗轮中心升降速度	m/min	5
12	斗轮中心处回转线速度	m/min	6~35
13	斗轮臂悬伸长度	m	32.5
14	行走机构行走速度	m/min	6
15	履带接地长度	m	8.5
16	履带宽度	m	2.8
17	最大行驶坡度		1∶10
18	最小转弯半径	m	50
19	整机质量	t	2 200

该斗轮挖掘机采用侧三支点六履带车辆。每组履带行走装置有两条履带，相对斗轮机行走方向一侧前后布置的两组为转向履带组，另一侧为固定履带组。底座三个支承点分别坐落在三组履带支承轴上，成三角形布局。

根据采矿工艺要求，斗轮机履带行走装置要适应工作面行走方向的不平性。该斗轮机三组六履带中每条履带是由整体履带架、驱动轮、导向轮、六轮平衡梁、四轮平衡梁、两轮平衡梁、支重轮、托链轮、履带链和张紧装置等构成。履带架采用多级平衡梁支承,使四轮平衡梁和六轮平衡梁相对履带架、二轮平衡梁相对四轮平衡梁和六轮平衡梁均能在一定范围内摆动,这样履带链和支重轮都能适应具有一定程度不平度的行走工作面。

三组六履带车辆驱动采用每条履带单独驱动,每条履带的驱动装置由一台电机、一个液压推杆制动器、一个万向联轴节和一台减速机组成。

行走电机额定功率为 75 kW,额定转速为 980 r/min。根据履带行走机构的负载特性选择了恒转矩鼠笼变频调速电机,该类型电机调速范围较宽而且启动转矩较大。这样不但可以保证最不利条件下能驱动履带行走装置运动,也可以较简单实现履带转弯时所要求的各条履带行走速度与转弯功率相匹配。

行走减速机为一级蜗轮蜗杆,二级行星减速机,其传动比为 846。该减速机吊挂在履带架上,其输出轴通过法兰与驱动轮相连接。

3.4.6.2　仿真结果和试验结果的对比分析

为验证虚拟样机仿真结果和理论计算结果,对六履带斗轮挖掘机进行了直行和转向两种工况下履带驱动电机功率的测试,图 3.63 所示为斗轮挖掘机转向行驶状态。

图 3.63　斗轮挖掘机转向行驶

图 3.64 所示为平地面直行时最外侧电机驱动功率的仿真数据与试验结果对比。其中试验平均功率为 23.7 kW,而仿真平均功率为 24.5 kW;理论计算功率为 25.4 kW。图 3.66 所示为机器在右转弯且转弯半径为 50 m(最小转弯半径)时最外侧电机驱动功率的仿真值与试验值比较。其中试验测得平均功率

为 37.8 kW,而仿真平均功率为 36.9 kW;理论计算平均功率为 36.2 kW。

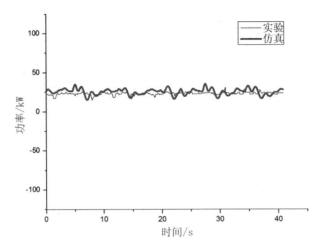

图 3.64　直线行驶时电机功率

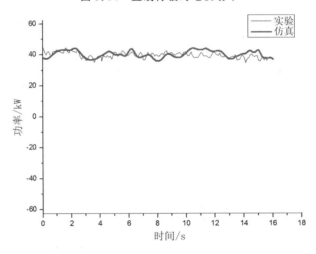

图 3.65　转向行驶时外侧电机功率

　　通过上述数据对比可以看出,试验结果与理论计算结果和虚拟样机仿真吻合较好,尤其是虚拟样机仿真结果更接近试验值,因此通过虚拟样机仿真可在设计阶段预测多履带行走装置的性能,避免设计风险。

3.4.6.3　理论计算结果和虚拟样机仿真结果比较

　　为进一步验证理论计算结果和仿真的符合性,图 3.66 和图 3.67 进行了上述六履带斗轮挖掘机左转和右转时最外侧电机驱动功率的仿真结果与理论计算数据对比。其中仿真数据取稳定转向过程中的平均值,从中可以看出两者吻合程度较高。曲线显示,随着转弯半径增大驱动功率迅速减小,当转弯半径超过一定值时驱动功率几乎保持不变。

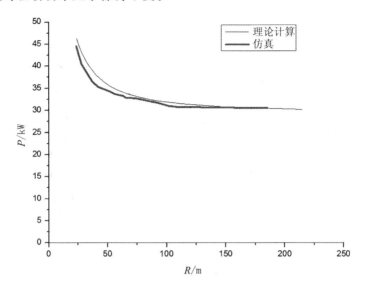

图 3.66　左转最外侧电机驱动功率仿真与理论计算结果对比

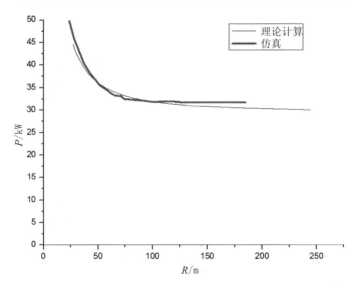

图 3.67　右转最外侧电机驱动功率仿真与理论计算结果对比

另外,在保持接地比压不变的情况下改变机器设计参数,可以利用理论计算方法研究结构参数的变化对驱动功率增加率的影响。图 3.68、图 3.69 和图 3.70 反映了不同结构参数对驱动功率增加率的影响。从曲线可以看出,在保持接地比压不变的情况下,增大履带板宽度、前后间距,减小轨距可以大幅降低驱动功率增加率。但是加大转向履带组的前后间距对降低驱动功率增加率影响幅度较低;而减小轨距虽同样能降低驱动功率增加率,但会使车辆趋于不稳定。

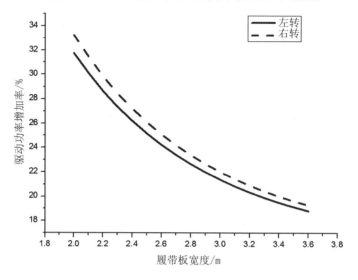

图 3.68　履带板宽度影响驱动功率增加率

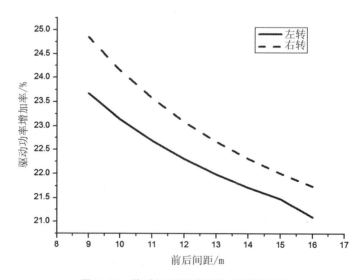

图 3.69　前后间距影响驱动功率增加率

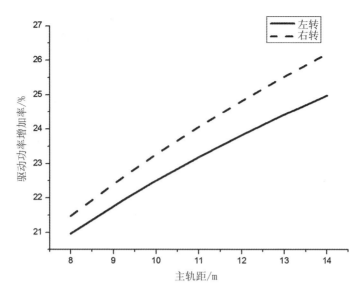

图 3.70　主轨距影响驱动功率增加率

通过上文的分析,本书提出的履带行走装置理论计算方法和虚拟样机仿真数据吻合很好。本书提出的多履带行走装置行驶及转向性能理论计算方法为六履带行驶装置的设计和改进提供了理论基础。

本章对六履带斗轮挖掘机平路直行和转向工况下履带驱动电机功率进行了现场试验,验证了本书提出的六履带行驶性能理论计算方法和虚拟样机仿真方法的正确。同时将理论计算方法和虚拟样机仿真进行了多工况比较,验证了本书所提出的考虑履带滑转和滑移的计算方法能够较好地预测多履带行走装置的性能。

第4章　履带车辆机电耦合动力学

本章阐述双履带车辆机电耦合动力学建模及仿真方法,首先对履带车辆的运动学和动力学进行了分析,分别建立履带车辆运动学和动力学状态空间模型;其次基于等效电路模型建立了感应电机的稳态特性和变频调速特性,基于坐标变换建立了感应电机的动态模型;最后基于履带车辆的动力学模型和感应电机的动态模型建立了履带车辆的机电耦合动力学分析模型。

4.1　履带车辆运动学模型

设履带平面运动时无滑移滑转,即履带理论转向情况,转向半径为 R,质心速度为 v_C,质心角速度为 ω_C,左右两侧(相对于履带车辆前进方向 v_C)线速度为 v_L 和 v_R,如图 4.1 所示,根据三角形关系有

$$\frac{v_R}{R \pm \dfrac{B}{2}} = \frac{v_L}{R \mp \dfrac{B}{2}} \tag{4.1}$$

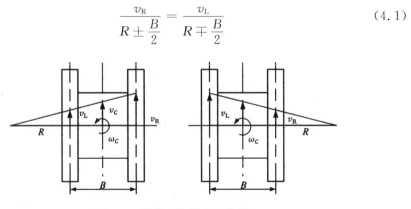

图 4.1　履带理论转向示意图

由式(4.1),可得履带的转向半径为

$$R = \frac{B}{2} \cdot \frac{v_R + v_L}{|v_R - v_L|} \qquad (4.2)$$

质心速度为

$$v_C = \frac{v_R + v_L}{2} \qquad (4.3)$$

转向角速度为

$$\omega_C = \frac{v_C}{R} = \frac{v_R - v_L}{B} \qquad (4.4)$$

式中:B 为两侧履带接地中心距离。

　　为便于分析一般转向情况,本章中令转向半径 R 可取负值,即式(4.2)右端分母去掉绝对值。当 $R>0$ 时,$v_L < v_R$,履带车辆逆时针转向;当 $R<0$ 时,$v_L > v_R$,履带车辆顺时针转向;当 $v_L = v_R$ 时,$R \to \infty$,履带直线运动。

　　为建立履带平面运动方程,建立地面坐标系 XOY,如图 4.2 所示。图中 v_L,v_R 分别为两侧线速度,与车辆前进方向 v_C 一致为正,否则为负;φ 为 v_C 与 X 轴正方向夹角,逆时针方向为正;B 为履带接地中心距,b 为履带板宽度,l 为履带接地长度。

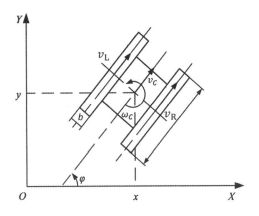

图 4.2　履带平面运动分析

由图 4.2 可列出履带车辆中心的运动微分方程:

$$\begin{cases} \dot{x} = v_C \cdot \cos\varphi = \dfrac{v_R + v_L}{2} \cdot \cos\varphi \\[2mm] \dot{y} = v_C \cdot \sin\varphi = \dfrac{v_R + v_L}{2} \cdot \cos\varphi \\[2mm] \dot{\varphi} = \omega_C = \dfrac{v_R - v_L}{B} \end{cases} \qquad (4.5)$$

对式(4.5)积分,可得地面坐标系下履带车辆的质心坐标为

$$\begin{cases} x = \int_0^t \dot{x}\,\mathrm{d}t = \dfrac{1}{2}\int_0^t (v_\mathrm{R} + v_\mathrm{L})\cos\varphi\,\mathrm{d}t \\[3mm] y = \int_0^t \dot{y}\,\mathrm{d}t = \dfrac{1}{2}\int_0^t (v_\mathrm{R} + v_\mathrm{L})\sin\varphi\,\mathrm{d}t \\[3mm] \varphi = \int_0^t \dot{\varphi}\,\mathrm{d}t = \dfrac{1}{B}\int_0^t (v_\mathrm{R} - v_\mathrm{L})\,\mathrm{d}t \end{cases} \tag{4.6}$$

取 $\boldsymbol{x} = (x,y,\varphi)^\mathrm{T}$ 为状态向量,$\boldsymbol{u} = (v_\mathrm{L},v_\mathrm{R})^\mathrm{T}$ 为输入向量,式(4.5)可以改写成矩阵形式的状态方程:

$$\begin{bmatrix} \dot{x} \\ \dot{y} \\ \dot{\varphi} \end{bmatrix} = \begin{bmatrix} \dfrac{1}{2}\cos\varphi & \dfrac{1}{2}\cos\varphi \\[3mm] \dfrac{1}{2}\sin\varphi & \dfrac{1}{2}\sin\varphi \\[3mm] \dfrac{1}{B} & -\dfrac{1}{B} \end{bmatrix} \bullet \begin{bmatrix} v_\mathrm{R} \\ v_\mathrm{L} \end{bmatrix} \tag{4.7}$$

或写成简化形式:

$$\dot{\boldsymbol{x}} = \boldsymbol{A}_k \boldsymbol{x} + \boldsymbol{B}_k \boldsymbol{u} \tag{4.8}$$

其中:

$$\boldsymbol{A}_k = \boldsymbol{0}_{3\times 3},\; \boldsymbol{B}_k = \begin{bmatrix} \dfrac{1}{2}\cos\varphi & \dfrac{1}{2}\cos\varphi \\[3mm] \dfrac{1}{2}\sin\varphi & \dfrac{1}{2}\sin\varphi \\[3mm] \dfrac{1}{B} & -\dfrac{1}{B} \end{bmatrix} \tag{4.9}$$

4.2　履带车辆动力学模型

履带车辆在平面内做低速运动时,惯性离心力较小,可以忽略,即履带横向受力可以忽略。因此履带在平面运动时所受外力为运行阻力 F_r、转向阻力 F_s 以及驱动力 F_q。本章为方便将内阻力与运行阻力合并为总的运行阻力。忽略横向受力,则履带的受力分析如图4.3所示。

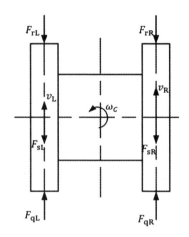

图 4.3　履带转向受力分析示意图

根据刚体平面运动微分方程,忽略横向受力,可写出履带动力学微分方程:

$$\begin{cases} \delta m \dot{v}_C = F_{qR} + F_{qL} - F_{rR} - F_{rL} \\ J_c \dot{\omega}_C = \dfrac{B}{2}(F_{qR} - F_{qL}) - \dfrac{B}{2}(F_{rR} - F_{rL}) - \dfrac{B}{2}(F_{sR} - F_{sL}) \end{cases} \quad (4.10)$$

式中:F_{qR},F_{qL} 分别为左右两侧的驱动力;$F_{rR} = \pm F_{rL}$,为两侧总的运行阻力,当两侧速度方向一致时取"+",相反时取"−";$F_{sR} = -F_{sL}$,为两侧转向阻力,当直线运动时,$F_{sR} = F_{sL} = 0$。J_C 为履带车辆的转动惯量。

为将直线运动也包括到式(4.10)中,将式(4.10)改写成如下形式:

$$\begin{cases} F_{sR} = \text{sign}\,\dfrac{1}{R} \cdot \dfrac{M}{B} = \text{sign}\,\dfrac{1}{R} \cdot \dfrac{1}{4}\mu mg\,\dfrac{L}{B} \\ F_{sL} = -F_{sR} \end{cases} \quad (4.11)$$

式中:sign(·)为符号函数,结合式(4.11),式(4.10)可表示一般的平面运动。

由式(4.10)可得,两侧驱动力可表示为

$$\begin{cases} F_{qR} = \dfrac{\delta m \dot{v}_C}{2} + \dfrac{J_c \dot{\omega}_C}{B} + F_{rR} + F_{sR} \\ F_{qL} = \dfrac{\delta m \dot{v}_C}{2} - \dfrac{J_c \dot{\omega}_C}{B} + F_{rL} + F_{sL} \end{cases} \quad (4.12)$$

折算到两侧电机轴的负载转矩为

$$\begin{cases} T_{LR} = F_{qR}\,\dfrac{r}{i\eta} \\ T_{LR} = F_{qL}\,\dfrac{r}{i\eta} \end{cases} \quad (4.13)$$

式中：η 为传动系统效率，当电机处于发电机状态，η 取其倒数。

引入电机一般拖动方程：

$$J_\omega \dot{\omega} = T_{em} - T_L - f_\omega \omega \qquad (4.14)$$

式中：J_ω 为折算到电机轴的总的转动惯量；ω 为电机轴转速；T_{em} 为电机的电磁转矩；T_L 为电机负载转矩；电机的空载转矩 T_0 一般也折算到负载转矩 T_L 中；f_ω 为旋转阻力系数。

联立式(4.10)～(4.14)可得

$$\begin{cases} J\dot{\omega}_R = T_{emR} - \dfrac{r}{i\eta}\left(\dfrac{\delta m \dot{v}_C}{2} + \dfrac{J_c \dot{\omega}_C}{B} + F_{rR} + F_{sR} \right) - f_\omega \omega_R \\[3mm] J\dot{\omega}_L = T_{emL} - \dfrac{r}{i\eta}\left(\dfrac{\delta m \dot{v}_C}{2} - \dfrac{J_c \dot{\omega}_C}{B} + F_{rL} + F_{sL} \right) - f_\omega \omega_L \end{cases} \qquad (4.15)$$

式中：J 为两侧电机轴转动惯量，传动系统部件的转动惯量考虑到旋转质量系数 δ 中。式中下标"R"表示右侧电机，下标"L"表示左侧电机，下同。

由式(4.3)，(4.4)，有

$$\begin{cases} \dot{v}_C = \dfrac{1}{2}(\dot{v}_R + \dot{v}_L) = \dfrac{r}{2i}(\dot{\omega}_R + \dot{\omega}_L) \\[3mm] \dot{\omega}_C = \dfrac{1}{B}(\dot{v}_R - \dot{v}_L) = \dfrac{r}{Bi}(\dot{\omega}_R - \dot{\omega}_L) \end{cases} \qquad (4.16)$$

将式(4.16)代入式(4.15)中，整理得

$$\begin{cases} \begin{aligned} \dot{\omega}_R = & -tf_\omega \omega_R - uf_\omega \omega_L + tT_{emR} - t\dfrac{r}{i\eta}F_{rR} \\ & - t\dfrac{r}{i\eta}F_{sR} + uT_{emL} - u\dfrac{r}{i\eta}F_{rL} - u\dfrac{r}{i\eta}F_{sL} \end{aligned} \\[6mm] \begin{aligned} \dot{\omega}_L = & -uf_\omega \omega_R - tf_\omega \omega_L + uT_{emL} - u\dfrac{r}{i\eta}F_{rR} \\ & - u\dfrac{r}{i\eta}F_{sR} + tT_{emL} - t\dfrac{r}{i\eta}F_{rL} - t\dfrac{r}{i\eta}F_{sL} \end{aligned} \end{cases} \qquad (4.17)$$

其中：

$$\begin{cases} t = \dfrac{1}{2}\left(\dfrac{1}{J + \dfrac{\delta m r^2}{2i^2}} + \dfrac{1}{J + \dfrac{2J_c r^2}{B^2 i^2}} \right) \\[6mm] u = \dfrac{1}{2}\left(\dfrac{1}{J + \dfrac{\delta m r^2}{2i^2}} - \dfrac{1}{J + \dfrac{2J_c r^2}{B^2 i^2}} \right) \end{cases} \qquad (4.18)$$

取 $\boldsymbol{\omega}=(\omega_{\mathrm{R}},\omega_{\mathrm{L}})^{\mathrm{T}}$ 为状态向量,$\boldsymbol{u}=(T_{\mathrm{emR}}i/r,F_{\mathrm{rR}},F_{\mathrm{sR}},T_{\mathrm{emL}}i/r,F_{\mathrm{rL}},F_{\mathrm{sL}})^{\mathrm{T}}$ 为控制输入,式(4.17)改写成矩阵形式的状态方程:

$$\dot{\boldsymbol{\omega}}=\boldsymbol{A}_{\mathrm{d}}\boldsymbol{\omega}+\boldsymbol{B}_{\mathrm{d}}\boldsymbol{u} \tag{4.19}$$

其中:

$$\boldsymbol{A}_{\mathrm{d}}=\begin{bmatrix} -tf_\omega & -uf_\omega \\ -uf_\omega & -tf_\omega \end{bmatrix} \tag{4.20}$$

$$\boldsymbol{B}_{\mathrm{d}}=\frac{1}{\eta}\begin{bmatrix} t & -t & -t & u & -u & -u \\ u & -u & -u & t & -t & -t \end{bmatrix} \tag{4.21}$$

联立式(4.7)、(4.19)可写出完整履带动力学状态方程:

$$\dot{\boldsymbol{x}}=\boldsymbol{A}_{\mathrm{t}}\boldsymbol{x}+\boldsymbol{B}_{\mathrm{t}}\boldsymbol{u} \tag{4.22}$$

其中 $\boldsymbol{x}=(\omega_{\mathrm{R}},\omega_{\mathrm{L}},x,y,\varphi)^{\mathrm{T}}$ 为状态向量,$\boldsymbol{u}=(T_{\mathrm{emR}}i/r,F_{\mathrm{rR}},F_{\mathrm{sR}},T_{\mathrm{emL}}i/r,F_{\mathrm{rL}},F_{\mathrm{sL}})^{\mathrm{T}}$。

$$\boldsymbol{A}_{\mathrm{t}}=\begin{bmatrix} -tf & -uf & \\ -uf & -tf & \\ \dfrac{r}{2i}\cos\theta & \dfrac{r}{2i}\cos\theta & \boldsymbol{0}_{5\times3} \\ \dfrac{r}{2i}\sin\theta & \dfrac{r}{2i}\sin\theta & \\ \dfrac{r}{Bi} & -\dfrac{r}{Bi} & \end{bmatrix} \tag{4.23}$$

$$\boldsymbol{B}_{\mathrm{t}}=\frac{r}{i\eta}\begin{bmatrix} t & -t & -t & u & -u & -u \\ u & -u & -u & t & -t & -t \\ & & \boldsymbol{0}_{3\times5} & & \end{bmatrix} \tag{4.24}$$

4.3　感应电机稳态模型

感应电机是基于电磁感应原理工作的,当在感应电机定子三相绕组中通以对称三相交流电时,电机内部便会产生以同步转速旋转的气隙磁场,由于转子自身短路,在气隙磁场的作用下,转子绕组产生感应电流进而产生电磁转矩,电磁转矩驱动转子拖动负载旋转,实现了电磁能向机械能的转化。由于电磁转矩是由气隙旋转磁场切割转子绕组产生的,因此转子转速必须低于同步转速,否则转子绕组和旋转磁场没有速度差,不会产生感应电流,也不会产生电磁转矩。同时由于感应电机电磁转矩是由气隙磁场和转子感应电流相互作用产生的,而转子部分是短路的,因而只能通过定子部分进行控制,这也是感应电机分析控制较为复杂的原因。

4.3.1 感应电机等效电路

根据电磁感应定律和基尔霍夫电压定律,将转子侧的相数、有效匝数归算到定子侧,可得感应电机的等效电路方程为

$$\begin{cases} \dot{I}_1 + \dot{I}'_2 = \dot{I}_m \\ \dot{U}_1 = -\dot{E}_1 + \dot{I}_1(r_1 + \mathrm{j}x_{1\sigma}) \\ \dot{E}'_2 = \dot{I}'_2\left(\dfrac{r'_2}{s} + \mathrm{j}x_{2\sigma}\right) \\ \dot{E}_1 = \dot{E}'_2 = -\dot{I}_m(r_m + \mathrm{j}x_m) \end{cases} \tag{4.25}$$

式中:r_1,r'_2/s,r_m 分别为定子电阻、折算后的转子电阻和励磁电阻;$x_{1\sigma}$,$x_{2\sigma}$,x_m 分别为定子漏电抗、转子漏电抗和励磁电抗;$\dot{I}_1$,$\dot{I}'_2$,$\dot{I}_m$ 分别为定子电流、转子电流和励磁电流;$\dot{U}_1$ 为定子每相绕组的相电压;s 为转差率,计算如下:

$$\begin{cases} s = 1 - \dfrac{n}{n_1} \\ n_1 = \dfrac{60f}{p_0} \end{cases} \tag{4.26}$$

其中,n 为转子转速,n_1 为同步转速,f 为供电频率,p_0 为极对数。

根据式(4.25),可以画出感应电机的 T 形等效电路,如图 4.4 所示。

图 4.4 中将转子折算电阻 r'_2/s 分成了转子自身的电阻 r'_2 和等效负载电阻 $(1-s)r'_2/s$ 两部分。该等效电阻为一可变负载,随着负载的增加,转速下降,转差率增大,等效电阻下降,电流增大,消耗功率增加,与实际情况相同。

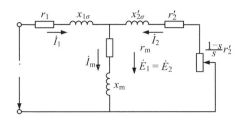

图 4.4　感应电机 T 形等效电路图

由于 T 形等效电路计算比较复杂,而且实际中定子漏抗的压降比励磁电抗的压降小很多,励磁电流比定子电流也小得多,因此可将励磁支路前移,将 T 形等效电路简化为 Γ 形等效电路,如图 4.5 所示。

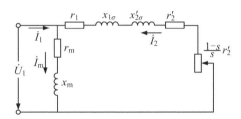

图 4.5　感应电机 Γ 形等效电路图

4.3.2　感应电机一般机械特性

由 4.3.1 节可知,传递到转子轴上的机械功率等于等效负载电阻消耗的功率

$$P_{\text{mec}} = m_1 I_2'^2 \frac{1-s}{s} r'_2 \tag{4.27}$$

式中:m_1 为定子绕组的相数。

根据简化的 Γ 形等效电路,忽略励磁电流,可得转子电流 I_2' 为

$$I'_2 = \frac{U_1}{\sqrt{\left(r_1 + \dfrac{r_2}{s}\right)^2 + (x_{1\sigma} + x'_{2\sigma})^2}} \tag{4.28}$$

结合式(4.27),(4.28),可得感应电机的电磁转矩为

$$T_{\text{em}} = \frac{P_{\text{mec}}}{\dfrac{2\pi f_1}{p_0}(1-s)} = \frac{m_1 p_0}{2\pi f_1} \frac{U_1^2 \dfrac{r'_2}{s}}{\left(r_1 + \dfrac{r'_2}{s}\right)^2 + (x_{1\sigma} + x'_{2\sigma})^2} \tag{4.29}$$

根据式(4.29),以 T_{em} 为横轴,以 n 为纵轴,可绘出感应电机的 T-n 特性曲线,如图 4.6 所示。

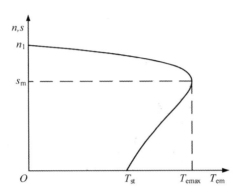

图 4.6　感应电机转矩特性曲线

当感应电机启动(堵转)时,$n=0$,$s=0$,启动(堵转)电流很大,且功率因数较低。同时,在启动时刻,定子绕组的漏抗也较大,导致主磁通 Φ_m 较小,因此虽然启动电流很大,但是启动转矩不会很大,如图 4.6 所示。

同时对(4.29)求导,并令 $\partial T_{em}/\partial s=0$,可得最大转矩处的临界转差率:

$$s_m = \frac{r'_2}{\sqrt{r_1^2 + (x_{1\sigma} + x'_{2\sigma})^2}} \tag{4.30}$$

将式(4.30)代入式(4.29)可得感应电机的最大电磁转矩为

$$T_{max} = \frac{m_1 p_0}{4\pi f_1} \frac{U_1^2}{r_1 + \sqrt{r_1^2 + (x_{1\sigma} + x'_{2\sigma})^2}} \tag{4.31}$$

式(4.27)计算所得的为传递到电机轴总机械功率,电机实际输出功率应为总机械功率减去摩擦、风扇阻力以及杂散损耗等。实际输出转矩为

$$T = \frac{P_{mec} - P_{损}}{n} = T_{em} - T_0 \tag{4.32}$$

其中:T_0 为空载转矩,一般将其考虑到负载转矩 T_L 中。

4.3.3　感应电机变频调速特性

由式(4.26)可知,感应电机的同步转速 n_1 与供电频率 f 成正比,因此可以通过变频实现调速。相较于降压调速和串电阻调速,变频调速可以获得较宽的

调速范围和较硬的机械特性。为保证变频调速时感应电机能稳定工作,变频调速应保证主磁通 Φ_m 不超过额定值,且电机的过载能力不变。若 Φ_m 超过额定值,导致励磁电流超过额定值,严重时甚至会烧坏电机。电机的过载能力不变是电机稳定运行的条件。因此当在基频以下调速时,需保证主磁通 Φ_m 不变;基频以上调速时,应当保持定子电压不变。

4.3.3.1　基频以下调速

根据电机学的理论,定子感应电势 $E_1 = 4.44\, f_1\, N_1\, k_{w1}\, \Phi_m$,其中 N_1 和 k_{w1} 为电机结构常数,欲保持主磁通 Φ_m 不变,则需保持 $E_1/f_1 =$ 常数。由式(4.27)及式(4.29),电磁转矩 T_{em} 可表示为

$$T_{em} = \frac{P_{mec}}{\dfrac{2\pi f_1}{p}(1-s)} = \frac{m_1 p I_2'^{\,2} \dfrac{r_2'}{s}}{2\pi f_1} = \frac{m_1 p}{2\pi}\left(\frac{E_1}{f_1}\right)^2 \frac{f\dfrac{r_2'}{s}}{\left(\dfrac{r_2'}{s}\right)^2 + (x_{2\sigma}')^2}$$

(4.33)

根据式(4.30)和(4.31),临界转差率和最大转矩为

$$s_m = \frac{r_2'}{x_{2\sigma}'} = \frac{r_2'}{2\pi f_1 L_{2\sigma}'} \propto \frac{1}{f_1} \qquad (4.34)$$

$$T_{em} = \frac{m_1 p}{2\pi}\left(\frac{E_1}{f_1}\right)^2 \frac{1}{4\pi L_{2\sigma}'} \qquad (4.35)$$

式中:$L_{2\sigma}'$ 为转子漏电感。

式(4.34)和(4.35)表明,若保持 E_1/f_1 为常数,则 T_{max} 不变,s_m 与供电频率成反比。由式(4.26),$s_m = (n_1 - n_m)/n_1$,由于同步转速 n_1 与供电频率成正比,s_m 与供电频率成反比,因此 $\Delta n = n_1 - n_m$ 保持不变,即电机的硬度不变。在实际运行过程中,E_1 难以直接测量和控制,难以保证 E_1/f_1 为常数,通常采用 U_1/f_1 为常数实现变频调速。

由式(4.31)可得

$$T_{max} = \frac{m_1 p}{4\pi}\left(\frac{U_1}{f_1}\right)^2 \frac{f_1}{r_1 + \sqrt{r_1^2 + 4\pi^2 f_1^2 (L_{1\sigma} + L_{2\sigma}')^2}} \qquad (4.36)$$

式中:$L_{1\sigma}$,$L_{2\sigma}'$ 分别为定子转子的漏感。

若在调速过程中,保持电流为额定值不变,并假定功率因数 $\cos\varphi$、效率 η 均不变,有

$$\begin{cases} P = m_1 U_1 I_1 \cos\varphi\eta \propto U_1 \propto \left(\dfrac{U_1}{f_1}\right)f_1 \\ T = 9\ 549\ \dfrac{P}{n} \propto \dfrac{U_1}{f_1} \end{cases} \tag{4.37}$$

因此,在基频以下的变频调速为恒转矩调速。

4.3.3.2 基频以上调速

为了保证电机稳定运行,定子电压不应超过额定值 U_N,因此,当在基频以上调速时,定子电压保持额定值 U_N。此时,主磁通 Φ_m 下降,因此基频以上变频调速为弱磁调速。

由式(4.36),当 $f_1 > f_N$ 时,定子电阻相对较小,可以忽略,因此有

$$T_{max} = \frac{m_1 p}{4\pi}\left(\frac{U_N}{f_1}\right)^2 \frac{f_1}{r_1 + \sqrt{r_1^2 + (x_{1\sigma} + x'_{2\sigma})^2}}$$
$$\approx \frac{m_1 p U_N^2}{4\pi f_1 r_1 (x_{1\sigma} + x'_{2\sigma})} = \frac{m_1 p U_N^2}{8\pi^2 f_1^2 r_1 (L_{1\sigma} + L'_{2\sigma})} \propto \frac{1}{f_1^2} \tag{4.38}$$

同时,根据式(4.30),有

$$s_m = \frac{r'_2}{\sqrt{r_1^2 + (x_{1\sigma} + x'_{2\sigma})^2}} \approx \frac{r'_2}{x_{1\sigma} + x'_{2\sigma}}$$
$$= \frac{r'_2}{2\pi f_1 (L_{1\sigma} + L'_{2\sigma})} \propto \frac{1}{f_1} \tag{4.39}$$

由式(4.39)及上文的分析,若忽略定子电阻,基频以上调速时,电机的硬度也保持不变。

同样若保持电流为额定值不变,并假定功率因数 $\cos\varphi$、效率 η 均不变,有

$$\begin{cases} P = m_1 U_1 I_1 \cos\varphi\eta \propto U_1 = U_N \\ T = 9\ 549\ \dfrac{P}{n} \propto \dfrac{U_1}{f_1} \end{cases} \tag{4.40}$$

因此,基频以上的变频调速为恒功率调速。

根据感应电机的一般机械特性及上文可绘出变频调速的机械特性曲线如图 4.7 所示。由式(4.36)可知,当 $f_1 < f_N$ 时,由于 $r_1 \neq 0$,所以 T_{max} 会下降,即基频以下调速最大转矩会下降;同时由式(4.39)可知,当 $f_1 > f_N$ 时,s_m 也会下降,即基频以上调速时,机械特性会变软。根据式(4.37)以及式(4.40),可绘出变频调速时的电磁转矩、功率与供电频率的关系,如图 4.8 所示。

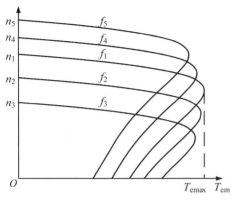

图 4.7　感应电机变频特性

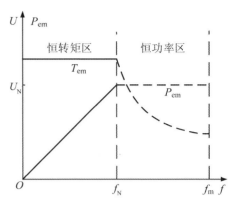

图 4.8　感应电机功率转矩特性

4.4　感应电机动态模型

为了研究履带车辆的机电耦合动态特性,有必要对电机的动态特性进行分析。为便于分析,通常假设电机为"理想电机":

(1)电机磁路为线性,不计磁路饱和;

(2)忽略铁芯磁滞和涡流损耗,即励磁电阻 $R_m=0$;

(3)气隙磁场在空间为正弦分布;

(4)定子三相绕组对称,零序电流为零。

4.4.1　感应电机基本动态方程

感应电机的动态方程由电压方程、磁链方程、转矩方程和拖动方程四部分组成。首先建立三相感应电机 ABC 坐标模型如图 4.9 所示,分别用 A,B,C 表示定子绕组轴线,a,b,c 表示转子绕组轴线,为便于描述,图 4.10 中定转子均为线绕"Y"形连接,其他形式和连接方式应先转化为等效"Y"形连接。设定转子绕组的参考轴线分别为 A,a 相轴线,θ_e(电角度)为转子转角,$\theta_e=p_0\theta_m$,θ_m 为转子机械角度,ω_m(机械角速度)为转子转速。

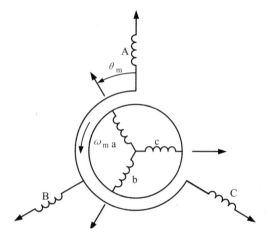

图 4.9　感应电机 ABC 坐标模型

4.4.1.1　磁链方程

对于理想电机，气隙均匀，且三相绕组对称分布，则定、转子各相绕组的自感及相间互感相等。设定子各相绕组的自感为 L_{ss}，相间互感为 $-M_s$，由于定子绕组两两相差 $120°$ 电角，所以相间互感为负；对应的转子自感和相间互感分别为 L_{rr} 和 $-M_r$。设定、转子绕组的轴线重合时，定转子间最大互感为 M_{sr}，由于气隙磁场按正弦分布，则当定、转子绕组轴线间的夹角为 θ_{sr}，定转子相间互感为 $M_{sr}\cos\theta_{sr}$ 时，设 $\boldsymbol{\Psi}_s=(\Psi_A,\Psi_B,\Psi_C)^{\mathrm{T}}$，$\boldsymbol{\Psi}_r=(\Psi_a,\Psi_b,\Psi_c)^{\mathrm{T}}$ 分别为定子和转子磁链矢量，$\boldsymbol{i}_s=(i_A,i_B,i_C)^{\mathrm{T}}$，$\boldsymbol{i}_r=(i_a,i_b,i_c)^{\mathrm{T}}$ 分别为定子和转子电流矢量，则电机的磁链方程可表示为

$$\begin{bmatrix} \boldsymbol{\Psi}_s \\ \boldsymbol{\Psi}_r \end{bmatrix} = \begin{bmatrix} \boldsymbol{L}_s & \boldsymbol{M}_{sr} \\ \boldsymbol{M}_{rs} & \boldsymbol{L}_r \end{bmatrix} \begin{bmatrix} \boldsymbol{i}_s \\ \boldsymbol{i}_r \end{bmatrix} \tag{4.41}$$

式中：$\boldsymbol{L}_s$ 和 $\boldsymbol{L}_r$ 表示定、转子绕组的自感矩阵，$\boldsymbol{M}_{sr}$ 和 $\boldsymbol{M}_{rs}$ 分别是转子绕组对定子绕组和定子绕组对转子绕组的互感矩阵，其中

$$\boldsymbol{L}_s = \begin{bmatrix} L_{ss} & -M_s & -M_s \\ -M_s & L_{ss} & -M_s \\ -M_s & -M_s & L_{ss} \end{bmatrix}, \boldsymbol{L}_r = \begin{bmatrix} L_{rr} & -M_r & -M_r \\ -M_r & L_{rr} & -M_r \\ -M_r & -M_r & L_{rr} \end{bmatrix} \tag{4.42}$$

$$\boldsymbol{M}_{\mathrm{sr}} = M_{\mathrm{sr}} \begin{bmatrix} \cos\theta & \cos\left(\theta+\dfrac{2\pi}{3}\right) & \cos\left(\theta-\dfrac{2\pi}{3}\right) \\[2mm] \cos\left(\theta-\dfrac{2\pi}{3}\right) & \cos\theta & \cos\left(\theta+\dfrac{2\pi}{3}\right) \\[2mm] \cos\left(\theta+\dfrac{2\pi}{3}\right) & \cos\left(\theta-\dfrac{2\pi}{3}\right) & \cos\theta \end{bmatrix}, \boldsymbol{M}_{\mathrm{rs}} = \boldsymbol{M}_{\mathrm{sr}}^{\mathrm{T}}$$

$$\tag{4.43}$$

当定子绕组通以对称三相电流时,定子和转子的零序电流为零,即

$$\begin{cases} i_{\mathrm{A}} + i_{\mathrm{B}} + i_{\mathrm{C}} = 0 \\ i_{\mathrm{a}} + i_{\mathrm{b}} + i_{\mathrm{c}} = 0 \end{cases} \tag{4.44}$$

将式(4.44)代入式(4.41)并化简,定、转子自感矩阵可化为对角矩阵,对角元素分别为 $L_{\mathrm{s}} = L_{\mathrm{ss}} + M_{\mathrm{s}}$ 和 $L_{\mathrm{r}} = L_{\mathrm{rr}} + M_{\mathrm{r}}$,即 $\boldsymbol{L}_{\mathrm{s}} = \mathrm{diag}(L_{\mathrm{s}}, L_{\mathrm{s}}, L_{\mathrm{s}})$,$\boldsymbol{L}_{\mathrm{r}} = \mathrm{diag}(L_{\mathrm{r}}, L_{\mathrm{r}}, L_{\mathrm{r}})$,其中 $\mathrm{diag}(\cdot)$ 表示对角矩阵。

4.4.1.2　电压方程

设定、转子电压向量为 $\boldsymbol{u}_{\mathrm{s}} = (u_{\mathrm{A}}, u_{\mathrm{B}}, u_{\mathrm{C}})^{\mathrm{T}}$,$\boldsymbol{u}_{\mathrm{r}} = (u_{\mathrm{a}}, u_{\mathrm{b}}, u_{\mathrm{c}})^{\mathrm{T}}$;定、转子电阻矩阵 $\boldsymbol{R}_{\mathrm{s}} = \mathrm{diag}(R_{\mathrm{s}}, R_{\mathrm{s}}, R_{\mathrm{s}})$,$\boldsymbol{R}_{\mathrm{r}} = \mathrm{diag}(R_{\mathrm{r}}, R_{\mathrm{r}}, R_{\mathrm{r}})$。感应电机的电压方程可表示为

$$\begin{bmatrix} \boldsymbol{u}_{\mathrm{s}} \\ \boldsymbol{u}_{\mathrm{r}} \end{bmatrix} = \begin{bmatrix} \boldsymbol{R}_{\mathrm{s}} & 0 \\ 0 & \boldsymbol{R}_{\mathrm{r}} \end{bmatrix} \begin{bmatrix} \boldsymbol{i}_{\mathrm{s}} \\ \boldsymbol{i}_{\mathrm{r}} \end{bmatrix} + p \begin{bmatrix} \boldsymbol{L}_{\mathrm{s}} & \boldsymbol{M}_{\mathrm{sr}} \\ \boldsymbol{M}_{\mathrm{rs}} & \boldsymbol{L}_{\mathrm{r}} \end{bmatrix} \begin{bmatrix} \boldsymbol{i}_{\mathrm{s}} \\ \boldsymbol{i}_{\mathrm{r}} \end{bmatrix} \tag{4.45}$$

式中:p 为微分算子。式(4.45)可进一步简写成

$$\boldsymbol{u} = \boldsymbol{R}\boldsymbol{i} + \dot{\boldsymbol{\Psi}} = \boldsymbol{R}\boldsymbol{i} + \boldsymbol{L}\frac{\mathrm{d}\boldsymbol{i}}{\mathrm{d}t} + \frac{\partial \boldsymbol{L}}{\partial \theta}\dot{\theta}\boldsymbol{i} \tag{4.46}$$

式中,$\boldsymbol{u}_{\mathrm{s}} = (\boldsymbol{u}_{\mathrm{s}}, \boldsymbol{u}_{\mathrm{r}})^{\mathrm{T}}$,$\boldsymbol{i}_{\mathrm{s}} = (\boldsymbol{i}_{\mathrm{s}}, \boldsymbol{i}_{\mathrm{r}})^{\mathrm{T}}$ 分别为电压和电流向量,$\boldsymbol{R} = \mathrm{diag}(\boldsymbol{R}_{\mathrm{s}}, \boldsymbol{R}_{\mathrm{r}})$ 为电机的电阻矩阵;$\boldsymbol{L}$ 为电机的电感矩阵,其中

$$\boldsymbol{L} = \begin{bmatrix} \boldsymbol{L}_{\mathrm{s}} & \boldsymbol{M}_{\mathrm{sr}} \\ \boldsymbol{M}_{\mathrm{rs}} & \boldsymbol{L}_{\mathrm{r}} \end{bmatrix} \tag{4.47}$$

由式(4.46)知,定子电压由三项组成,分别为电阻压降、电感压降、运动压降。

4.4.1.3　转矩方程

根据机电能量转换原理,在线性电感的情况下,磁场储能 W_{m} 等于磁共能 W'_{m},即 $W'_{\mathrm{m}} = \boldsymbol{i}^{\mathrm{T}}\boldsymbol{L}\boldsymbol{i}/2$,而电磁转矩 T_{e} 等于磁共能 W'_{m} 对转子转角 θ_{m}(机械角)的偏导,因此电机的电磁转矩为

$$T_e = \frac{\partial W'_m}{\partial \theta_m} = p_0 \frac{\partial W'_m}{\partial \theta} = \frac{1}{2} p_0 \boldsymbol{i}^T \frac{\partial \boldsymbol{L}}{\partial \theta} \boldsymbol{i} = p_0 \boldsymbol{i}_s^T \frac{\partial \boldsymbol{M}_{sr}}{\partial \theta} \boldsymbol{i}_r$$

$$= - p_0 M_{sr} \Big[(i_A i_a + i_B i_b + i_C i_c) \sin\theta + (i_A i_b + i_B i_c + i_C i_c) \sin\Big(\theta + \frac{2\pi}{3}\Big)$$

$$+ (i_A i_c + i_B i_a + i_C i_b) \sin\Big(\theta - \frac{2\pi}{3}\Big) \Big]$$

$$(4.48)$$

式中

$$\theta = p_0 \int_0^t \omega_m \mathrm{d}t + \theta_0 \qquad (4.49)$$

其中：p_0 为电机的极对数，ω_m 为转子的机械角速度，θ_0 初始转角。式(4.41)中，转子侧各量均归算到定子侧，各电感参数与 T 形电路的关系为

$$\begin{cases} L_{ss} = \dfrac{1}{\omega_1}\Big(x_{1\sigma} + \dfrac{2}{3}x_m\Big) \\[2mm] L_{rr} = \dfrac{1}{\omega_1}\Big(x'_{2\sigma} + \dfrac{2}{3}x_m\Big) \\[2mm] M_s = M_r = \dfrac{x_m}{3\omega_1} \\[2mm] m_{sr} = \dfrac{2x_m}{3\omega_1} \end{cases} \qquad (4.50)$$

其中：ω_1 为同步角速度。

式(4.41)、(4.46)、(4.48)的以及式(4.14)的所示磁链方程、电压方程、转矩方程和拖动方程构成了感应电机基本动态模型。取 $\boldsymbol{x} = (\boldsymbol{i}, \omega_m, \theta)^T$ 为状态向量，$\boldsymbol{v} = (\boldsymbol{u}, T_L)^T$ 为输入向量，可以写出感应电机在 ABC 坐标系的状态方程：

$$\begin{cases} \dfrac{\mathrm{d}\boldsymbol{i}}{\mathrm{d}t} = - \boldsymbol{L}^{-1}\Big(\boldsymbol{R} + \dfrac{\partial \boldsymbol{L}}{\partial \theta}\dot{\theta}\Big)\boldsymbol{i} + \boldsymbol{L}^{-1}\boldsymbol{u} \\[3mm] \dfrac{\mathrm{d}\omega_m}{\mathrm{d}t} = \dfrac{p_0}{2J}\boldsymbol{i}^T \dfrac{\partial \boldsymbol{L}}{\partial \theta}\boldsymbol{i} - \dfrac{f_\omega}{J}\omega_m - \dfrac{T_L}{J} \\[3mm] \dfrac{\mathrm{d}\theta}{\mathrm{d}t} = p_0 \omega_m \end{cases} \qquad (4.51)$$

4.4.2 基于坐标变换的感应电机动态方程

由式(4.43)可知，定转子绕组间的互感含有三角函数，是"时变耦合"的，状

态方程(4.41)为含有时变系数的微分方程,求解较为复杂。通过坐标变换,可以实现一定程度的解耦,简化状态方程。

4.4.2.1　$\alpha\beta0$ 变换

$\alpha\beta0$ 变换是用一个固定的 $\alpha\beta$ 两相系统等效替代 ABC 三相系统,定子 $\alpha\beta$ 系统固定在定子上,转子的 $\alpha\beta$ 系统固定在转子上随同转子做旋转运动。如图4.10所示为感应电机定子 $\alpha\beta$ 坐标模型。其中 α 相轴线与 A 相绕组轴线重合,β 相轴线超前 α 相轴线 90°电角度,因此 α 相和 β 相互感为零。0 序系统则是一个孤立的系统,与 $\alpha\beta$ 系统之间没有互感,一般可以忽略。

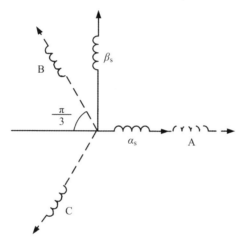

图 4.10　$\alpha\beta$ 坐标模型

设定子电流变换到 $\alpha\beta0$ 坐标系后各分量为 $i_{s\alpha}$,$i_{s\beta}$ 和 i_{s0},则在 ABC 坐标系下电流 i_A,i_B 和 i_C 可表示为

$$\begin{cases} i_A = i_{s\alpha} + i_{s0} \\ i_B = -\dfrac{1}{2}i_{s\alpha} + \dfrac{\sqrt{3}}{2}i_{s\beta} + i_{s0} \\ i_C = -\dfrac{1}{2}i_{s\alpha} - \dfrac{\sqrt{3}}{2}i_{s\beta} + i_{s0} \end{cases} \tag{4.52}$$

令 $\boldsymbol{i}_s = (i_A, i_B, i_C)^T$,$\boldsymbol{i}'_s = (i_{s\alpha}, i_{s\beta}, i_{s0})^T$,则式(4.52)可表示为

$$\boldsymbol{i}_s = C_s \boldsymbol{i}'_s \text{ 或 } \boldsymbol{i}'_s = C_s^{-1} \boldsymbol{i}_s \tag{4.53}$$

其中:

$$C_s = \begin{bmatrix} 1 & 0 & 1 \\ -\dfrac{1}{2} & \dfrac{\sqrt{3}}{2} & 1 \\ -\dfrac{1}{2} & -\dfrac{\sqrt{3}}{2} & 1 \end{bmatrix}, C_s^{-1} = \begin{bmatrix} 1 & -\dfrac{1}{2} & -\dfrac{1}{2} \\ 0 & \dfrac{\sqrt{3}}{2} & -\dfrac{\sqrt{3}}{2} \\ \dfrac{1}{2} & \dfrac{1}{2} & -\dfrac{1}{2} \end{bmatrix} \tag{4.54}$$

采用类似的方法可将定子电压、转子电流电压变换到各自的 $\alpha\beta$ 坐标系。

设变换前后定子电压分别为 u_s, u'_s, 则定子单相绕组的瞬时功率为

$$P = i_s^{\mathrm{T}} u_s = (C_s i'_s)^{\mathrm{T}} C_s u'_s = i'^{\mathrm{T}}_s C_s^{\mathrm{T}} C_s u'_s = i'^{\mathrm{T}}_s k u' \tag{4.55}$$

其中:$k = C_s^{\mathrm{T}} C_s = \mathrm{diag}(3/2, 3/2, 3)$, 显然定子绕组的瞬时功率发生了变化。为保证变换前后瞬时功率不变,需满足 $C_s^{\mathrm{T}} C_s = I$,要求变换阵必须为酉阵(或正交阵),需要对变换矩阵 C_s 进行调整,调整后的变换矩阵为

$$C_s = \sqrt{\dfrac{2}{3}} \begin{bmatrix} 1 & 0 & \dfrac{1}{\sqrt{2}} \\ -\dfrac{1}{2} & \dfrac{\sqrt{3}}{2} & \dfrac{1}{\sqrt{2}} \\ -\dfrac{1}{2} & -\dfrac{\sqrt{3}}{2} & \dfrac{1}{\sqrt{2}} \end{bmatrix}, C_s^{-1} = \sqrt{\dfrac{2}{3}} \begin{bmatrix} 1 & -\dfrac{1}{2} & -\dfrac{1}{2} \\ 0 & \dfrac{\sqrt{3}}{2} & -\dfrac{\sqrt{3}}{2} \\ \dfrac{1}{\sqrt{2}} & \dfrac{1}{\sqrt{2}} & \dfrac{1}{\sqrt{2}} \end{bmatrix} \tag{4.56}$$

对电机整体有

$$i = \begin{bmatrix} i_s \\ i_r \end{bmatrix} = \begin{bmatrix} C_s & 0 \\ 0 & C_s \end{bmatrix} \begin{bmatrix} i'_s \\ i'_r \end{bmatrix} = Ci' \quad \text{或} \quad i' = \begin{bmatrix} C_s^{-1} & 0 \\ 0 & C_s^{-1} \end{bmatrix} i = C^{-1} i \tag{4.57}$$

由于 C_s 为常数阵,变换后的电压方程形式不变,即

$$\begin{bmatrix} u'_s \\ u'_r \end{bmatrix} = \begin{bmatrix} R'_s & 0 \\ 0 & R'_r \end{bmatrix} \begin{bmatrix} i'_s \\ i'_r \end{bmatrix} + p \begin{bmatrix} L'_s & M'_{sr} \\ M'_{rs} & L'_r \end{bmatrix} \begin{bmatrix} i'_s \\ i'_r \end{bmatrix} \tag{4.58}$$

式中:

$$\begin{cases} R'_s = C_s^{-1} R_s C_s = R_s, R'_s = C_s^{-1} R_r C_s = R_r \\ L'_s = C_s^{-1} L_s C_s = \mathrm{diag}(L_{s\alpha}, L_{s\beta}, L_{s0}) \\ L'_r = C_s^{-1} L_r C_s = \mathrm{diag}(L_{r\alpha}, L_{r\beta}, L_{r0}) \end{cases} \tag{4.59}$$

式中:$L_{s\alpha}$, $L_{s\beta}$, L_{s0} 为定子 α 相、β 相自感和零序电感;对应的,$L_{r\alpha}$, $L_{r\beta}$, L_{r0} 为转子 α

相、β 相的自感和转子零序电感,根据式(4.58),(4.59)有

$$\begin{cases} L_{sa} = L_{s\beta} = L_{ss} + M_s = L_s, L_{s0} = L_{ss} - 2M_s \\ L_{ra} = L_{r\beta} = L_{rr} + M_r = L_r, L_{r0} = L_{rr} - 2M_r \end{cases} \tag{4.60}$$

$$\boldsymbol{M}'_{sr} = C_s^{-1} \boldsymbol{M}_{sr} C_s = \frac{3}{2} M_{sr} \begin{bmatrix} c\theta & -s\theta & 0 \\ s\theta & c\theta & 0 \\ 0 & 0 & 0 \end{bmatrix}, \boldsymbol{M}'_{rs} = \boldsymbol{M}'^{T}_{sr} \tag{4.61}$$

式中:$c\theta$ 表示 $\cos\theta$;$s\theta$ 表示 $\sin\theta$。

将式(4.58)展开,略去零序系统,感应电机的电压方程可化为

$$\begin{bmatrix} u_{sa} \\ u_{s\beta} \\ u_{ra} \\ u_{r\beta} \end{bmatrix} = \begin{bmatrix} R_s & & & \\ & R_s & & \\ & & R_r & \\ & & & R_r \end{bmatrix} + p \begin{bmatrix} L_s & 0 & M_m c\theta & -M_m s\theta \\ 0 & L_s & M_m s\theta & M_m c\theta \\ M_m c\theta & M_m s\theta & L_r & 0 \\ -M_m s\theta & M_m c\theta & 0 & L_r \end{bmatrix} \begin{bmatrix} i_{sa} \\ i_{s\beta} \\ i_{ra} \\ i_{r\beta} \end{bmatrix}$$

$$\tag{4.62}$$

其中:$M_m = 3/2 M_{sr}$。

对比式(4.43)和式(4.61)以及式(4.45)和式(4.62)可知,定转子的互感矩阵由原来的满阵转化为含有 5 个零元素的矩阵,电压方程由 6 元微分方程化简为 4 元微分方程,电压方程和磁链方程均得到了一定的简化。

根据式(4.60),电磁转矩方程可表示为

$$T_e = p_0 \boldsymbol{i}_s^T \frac{\partial \boldsymbol{M}_{sr}}{\partial \theta} i_r = p_0 (C_s \boldsymbol{i}'_s)^T \frac{\partial C_s \boldsymbol{M}'_{sr} C_s^{-1}}{\partial \theta} (C_s \boldsymbol{i}'_r)$$

$$= p_0 \boldsymbol{i}'^{T}_s \frac{\partial \boldsymbol{M}'_{sr}}{\partial \theta} \boldsymbol{i}'_r = p_0 \boldsymbol{i}'^{T}_s \cdot \frac{3}{2} M_{sr} \begin{bmatrix} -s\theta & -c\theta & 0 \\ c\theta & -s\theta & 0 \\ 0 & 0 & 0 \end{bmatrix} \boldsymbol{i}'_r$$

$$\tag{4.63}$$

$$= \frac{3}{2} p_0 M_{sr} \begin{bmatrix} i_{sa} \\ i_{s\beta} \end{bmatrix}^T \begin{bmatrix} -s\theta & -c\theta \\ c\theta & -s\theta \end{bmatrix} \begin{bmatrix} i_{ra} \\ i_{r\beta} \end{bmatrix}$$

$$= \frac{3}{2} p_0 M_{sr} \big[(i_{s\beta} - i_{sa} i_{r\beta}) c\theta - (i_{sa} i_{ra} + i_{s\beta} i_{r\beta}) s\theta \big]$$

4.4.2.2　dq 变换

由于定子坐系 $\alpha_s \beta_s$ 固定在定子上,转子坐标系 $\alpha_r \beta_r$ 与转子一同旋转,式(4.61),(4.62)含有转角三角函数,定转子依然是时变耦合的。为了降低耦合

化简式(4.61),(4.62),需将定转子转化到统一坐标系,本章采用将转子量转化到定子边的 dq 变换方法。

转子 dq 变换是以固定两相系统等效替代转子旋转两相系统。如图 4.12 所示 dq 坐标模型,定子部分依然采用 $\alpha\beta$ 坐标系不变,将转子各量从 $\alpha_r\beta_r$ 系转化到 dq 系,其中 d 轴和 q 轴分别与定子 α_s 轴和 β_s 轴重合,零序部分保持不变。

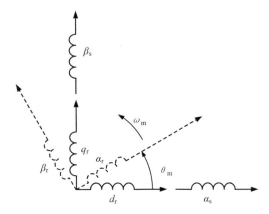

图 4.11 dq 坐标模型

设转子电流在 $\alpha_r\beta_r$ 和 dq 系中分别为 $\boldsymbol{i}_r=(i_{r\alpha},i_{r\beta})^{\mathrm{T}}$,$\boldsymbol{i}'_r=(i_{rd},i_{rq})^{\mathrm{T}}$,则有

$$\boldsymbol{i}_r=\begin{bmatrix} i_{r\alpha} \\ i_{r\beta} \end{bmatrix}=\begin{bmatrix} c\theta & s\theta \\ -s\theta & c\theta \end{bmatrix}\begin{bmatrix} i_{rd} \\ i_{rq} \end{bmatrix}=\boldsymbol{C}_r\boldsymbol{i}'_r \tag{4.64}$$

其中变换矩阵 $\boldsymbol{C}_r$ 及其逆 $\boldsymbol{C}_r^{-1}$ 为

$$\boldsymbol{C}_r=\begin{bmatrix} c\theta & s\theta \\ -s\theta & c\theta \end{bmatrix},\ \boldsymbol{C}_r^{-1}=\begin{bmatrix} c\theta & -s\theta \\ s\theta & c\theta \end{bmatrix} \tag{4.65}$$

显然变换矩阵 $\boldsymbol{C}_r$ 为等功率变换矩阵。转子量从旋转的 $\alpha_r\beta_r$ 坐标系变换到 dq 坐标系,相当于将旋转的转子绕组等效为静止绕组。

根据式(4.57),考虑到定子量未进行变换,对电机整体有

$$\begin{bmatrix} i_{s\alpha} \\ i_{s\beta} \\ i_{rd} \\ i_{rq} \end{bmatrix}=\begin{bmatrix} \boldsymbol{I} & 0 \\ 0 & \boldsymbol{C}_r \end{bmatrix}\begin{bmatrix} i_{s\alpha} \\ i_{s\beta} \\ i_{r\alpha} \\ i_{r\beta} \end{bmatrix}=\boldsymbol{C}\begin{bmatrix} i_{s\alpha} \\ i_{s\beta} \\ i_{r\alpha} \\ i_{r\beta} \end{bmatrix} \tag{4.66}$$

设 $\boldsymbol{u},\boldsymbol{i}$ 为 $\alpha\beta$ 系电压、电流矢量,$\boldsymbol{u}',\boldsymbol{i}'$ 为 dq 系电压、电流矢量,转子量从 $\alpha\beta$ 坐标系变换到 dq 坐标系,有 $\boldsymbol{u}=\boldsymbol{C}\boldsymbol{u}'$,$\boldsymbol{i}=\boldsymbol{C}\boldsymbol{i}'$,由式(4.46)有

$$\boldsymbol{C}\boldsymbol{u}' = \boldsymbol{R}(\boldsymbol{C}\boldsymbol{i}') + \boldsymbol{L}\frac{\mathrm{d}\boldsymbol{i}}{\mathrm{d}t}(\boldsymbol{C}\boldsymbol{i}') + \frac{\partial \boldsymbol{L}}{\partial \theta}\dot{\theta}(\boldsymbol{C}\boldsymbol{i}') + \frac{\partial \boldsymbol{L}}{\partial \theta}\dot{\theta}(\boldsymbol{C}\boldsymbol{i}') \tag{4.67}$$

式(4.67)的两端各前乘 $\boldsymbol{C}^{-1}$，考虑到 $\boldsymbol{C}$ 是时变阵，有

$$\begin{aligned}
\boldsymbol{u}' &= (\boldsymbol{C}^{-1}\boldsymbol{R}\boldsymbol{C})\boldsymbol{i}' + (\boldsymbol{C}^{-1}\boldsymbol{L}\boldsymbol{C})\frac{\mathrm{d}\boldsymbol{i}'}{\mathrm{d}t} + \boldsymbol{C}^{-1}\boldsymbol{L}\frac{\mathrm{d}\boldsymbol{C}}{\mathrm{d}\theta}\dot{\theta}\boldsymbol{i}' + \boldsymbol{C}^{-1}\frac{\partial \boldsymbol{L}}{\partial \theta}\boldsymbol{C}\dot{\theta}\boldsymbol{i}' \\
&= \boldsymbol{R}'\boldsymbol{i}' + \boldsymbol{L}'\frac{\mathrm{d}\boldsymbol{i}'}{\mathrm{d}t} + (\boldsymbol{V}' + \boldsymbol{F}')\dot{\theta}\boldsymbol{i}' = \boldsymbol{R}'\boldsymbol{i}' + \boldsymbol{L}'\frac{\mathrm{d}\boldsymbol{i}'}{\mathrm{d}t} + \boldsymbol{G}'\dot{\theta}\boldsymbol{i}'
\end{aligned} \tag{4.68}$$

其中，$\boldsymbol{R}'$ 和 $\boldsymbol{L}'$ 为 dq 系中的电阻和电感矩阵，$\boldsymbol{F}'$ 为变换时 $\boldsymbol{L}$ 是时变阵所引起的旋转电压系数矩阵；$\boldsymbol{V}'$ 为变换时 $\boldsymbol{C}$ 是时变阵所引起的克利斯朵夫电压系数矩阵；$\boldsymbol{G}'$ 为总的旋转电感矩阵。其中：

$$\begin{cases}
\boldsymbol{R}' = \begin{bmatrix} \boldsymbol{R}_s & \\ & \boldsymbol{R}_s \end{bmatrix} = \boldsymbol{R}, \boldsymbol{L}' = \begin{bmatrix} \boldsymbol{L}_s & M_m\boldsymbol{I} \\ M_m\boldsymbol{I} & \boldsymbol{L}_r \end{bmatrix} \\[2em]
\boldsymbol{V}' = \begin{bmatrix} 0 & M_m\boldsymbol{\gamma} \\ 0 & L_r\boldsymbol{\gamma} \end{bmatrix}, \quad \boldsymbol{F}' = \begin{bmatrix} 0 & M_m\boldsymbol{\gamma}' \\ M_m\boldsymbol{\gamma} & 0 \end{bmatrix} \\[2em]
\boldsymbol{G}' = \boldsymbol{V}' + \boldsymbol{F}' = \begin{bmatrix} 0 & 0 \\ M_m\boldsymbol{\gamma} & L_r\boldsymbol{\gamma} \end{bmatrix}
\end{cases} \tag{4.69}$$

其中：

$$\boldsymbol{\gamma} = \begin{bmatrix} 0 & 1 \\ -1 & 0 \end{bmatrix}, \boldsymbol{\gamma}' = \begin{bmatrix} 0 & -1 \\ 1 & 0 \end{bmatrix}, \boldsymbol{\gamma} + \boldsymbol{\gamma}' = 0 \tag{4.70}$$

由式(4.69)、(4.70)，在 $\alpha\beta\text{-}dq$ 坐标系中，定转子电阻阵、自感阵、互感阵以及旋转电感阵均转化为常数阵；若 θ 为常数，即转子轴角速度不变时，电压方程变为常系数微分方程，大为简化。

将式(4.68)展开有

$$\begin{bmatrix} u_{s\alpha} \\ u_{s\beta} \\ u_{rd} \\ u_{rq} \end{bmatrix} = \begin{bmatrix} R_s + L_s p & 0 & M_m & 0 \\ 0 & R_s + L_s p & 0 & M_m \\ M_m & 0 & R_r + L_r p & 0 \\ 0 & M_m & 0 & R_r + L_r p \end{bmatrix} \begin{bmatrix} i_{s\alpha} \\ i_{s\beta} \\ i_{rd} \\ i_{rq} \end{bmatrix} \tag{4.71}$$

根据式(4.63)、(4.64)，可写出 $\alpha\beta\text{-}dq$ 系下的电磁转矩方程为

$$T_e = \frac{3}{2}p_0 M_{sr}\big[(i_{s\beta}i_{ra} - i_{s\alpha}i_{r\beta})c\theta - (i_{s\alpha}i_{ra} + i_{s\beta}i_{r\beta})s\theta\big]$$

$$= p_0 M_{\mathrm{m}}(i_{s\beta} i_{rd} - i_{s\alpha} i_{rq}) = p_0 \boldsymbol{i}'^{\mathrm{T}} \boldsymbol{G}' \boldsymbol{i}' \tag{4.72}$$

基于式(4.68),(4.72),可得 $\alpha\beta\text{-}dq$ 系下电机的状态方程为

$$
\begin{cases}
\dfrac{\mathrm{d}\boldsymbol{i}}{\mathrm{d}t} = -\boldsymbol{L}^{-1}(\boldsymbol{R} + \boldsymbol{G}\dot{\theta})\boldsymbol{i} + \boldsymbol{L}^{-1}\boldsymbol{u} \\[2mm]
\dfrac{\mathrm{d}\omega_{\mathrm{m}}}{\mathrm{d}t} = \dfrac{p_0}{J}\boldsymbol{i}^{\mathrm{T}}\boldsymbol{G}\boldsymbol{i} - \dfrac{f_\omega}{J}\omega_{\mathrm{m}} - \dfrac{T_{\mathrm{L}}}{J} \quad \text{或} \quad \dot{\boldsymbol{x}} = \boldsymbol{A}_{\mathrm{m}}\boldsymbol{x} + \boldsymbol{B}_{\mathrm{m}}\boldsymbol{v} \\[2mm]
\dfrac{\mathrm{d}\theta}{\mathrm{d}t} = p_0\omega_{\mathrm{m}}
\end{cases}
\tag{4.73}
$$

或写成矩阵形式:

$$\dot{\boldsymbol{x}} = \boldsymbol{A}_{\mathrm{m}}\boldsymbol{x} + \boldsymbol{B}_{\mathrm{m}}\boldsymbol{v} \tag{4.74}$$

其中:

$$
\boldsymbol{A}_{\mathrm{m}} =
\begin{bmatrix}
-\boldsymbol{L}^{-1}(\boldsymbol{R} + \boldsymbol{G}\dot{\theta}) & \boldsymbol{0} & \boldsymbol{0} \\[2mm]
\dfrac{p_0}{J}\boldsymbol{i}^{\mathrm{T}}\boldsymbol{G} & -\dfrac{f_\omega}{J} & 0 \\[2mm]
\boldsymbol{0} & p_0 & 0
\end{bmatrix},
\boldsymbol{B}_{\mathrm{m}} =
\begin{bmatrix}
\boldsymbol{L}^{-1} & 0 \\[2mm]
0 & \dfrac{1}{J} \\[2mm]
0 & 0
\end{bmatrix}
\tag{4.75}
$$

对比式(4.51),(4.75), $\boldsymbol{L}^{-1}$ 和 $\boldsymbol{G}$ 均为常数阵,求解较为方便,计算量小,再者定子电流由 $\alpha\beta$ 分量变换回 ABC 分量也很容易,采用 $\alpha\beta\text{-}dq$ 变换可大幅简化电机状态方程。

4.5　履带车辆机电耦合模型

在 4.2,4.4 节中分别建立了履带车辆和感应电机的状态方程,履带和电机通过式(4.26)的拖动方程联系起来。由式(4.73)可知,感应电机状态方程为由 4 阶电压微分方程、1 阶拖动方程和 1 阶运动方程组成;由式(4.29)可知,履带状态方程由 2 阶拖动方程和 3 阶运动学方程组成。综合履带车辆和感应电机的状态方程可得出履带车辆机电耦合动力学方程。

将式(4.72)的电磁转矩方程代入式(4.17)中,可得

$$
\begin{cases}
\dot{\omega}_R = -tf_\omega\omega_R - uf_\omega\omega_L + tp_0\boldsymbol{i}_R^T\boldsymbol{Gi}_R - t\dfrac{r}{i\eta}F_{rr} - t\dfrac{r}{i\eta}F_{sr} \\[2mm]
\qquad + up_0\boldsymbol{i}_L^T\boldsymbol{Gi}_L - u\dfrac{r}{i\eta}F_{rL} - u\dfrac{r}{i\eta}F_{sL} \\[2mm]
\dot{\omega}_L = -uf_\omega\omega_R - tf_\omega\omega_L + up_0\boldsymbol{i}_R^T\boldsymbol{Gi}_R - u\dfrac{r}{i\eta}F_{rR} - u\dfrac{r}{i\eta}F_{sR} \\[2mm]
\qquad + tp_0\boldsymbol{i}_L^T\boldsymbol{Gi}_L - t\dfrac{r}{i\eta}F_{rL} - t\dfrac{r}{i\eta}F_{sL}
\end{cases}
\tag{4.76}
$$

式中:$\boldsymbol{i}_R$,$\boldsymbol{i}_L$,$\boldsymbol{u}_R$,$\boldsymbol{u}_L$ 分别为右侧及左侧电机的电流、电压向量,其他符号含义见上文。

结合式(4.19),(4.73)和(4.74),可得履带车辆机电耦合的状态方程:

$$
\begin{cases}
\dfrac{\mathrm{d}\boldsymbol{i}_R}{\mathrm{d}t} = -\boldsymbol{L}^{-1}(\boldsymbol{R} + \boldsymbol{G}\dot{\theta}_R)\boldsymbol{i}_R + \boldsymbol{L}^{-1}\boldsymbol{u}_R \\[3mm]
\dfrac{\mathrm{d}\omega_R}{\mathrm{d}t} = -tf_\omega\omega_R - uf_\omega\omega_L + tp_0\boldsymbol{i}_R^T\boldsymbol{Gi}_R - t\dfrac{r}{i\eta}F_{rR} \\[2mm]
\qquad - t\dfrac{r}{i\eta}F_{sR} + up_0\boldsymbol{i}_L^T\boldsymbol{Gi}_L - u\dfrac{r}{i\eta}F_{rL} - u\dfrac{r}{i\eta}F_{sL} \\[3mm]
\dfrac{\mathrm{d}\theta_R}{\mathrm{d}t} = p_0\omega_R \\[3mm]
\dfrac{\mathrm{d}\boldsymbol{i}_L}{\mathrm{d}t} = -\boldsymbol{L}^{-1}(\boldsymbol{R} + \boldsymbol{G}\dot{\theta}_L)\boldsymbol{i}_L + \boldsymbol{L}^{-1}\boldsymbol{u}_L \\[3mm]
\dfrac{\mathrm{d}\omega_L}{\mathrm{d}t} = -uf_\omega\omega_R - tf_\omega\omega_L + up_0\boldsymbol{i}_R^T\boldsymbol{Gi}_R - u\dfrac{r}{i\eta}F_{rR} \\[2mm]
\qquad - u\dfrac{r}{i\eta}F_{sR} + tp_0\boldsymbol{i}_L^T\boldsymbol{Gi}_L - t\dfrac{r}{i\eta}F_{rL} - t\dfrac{r}{i\eta}F_{sL} \\[3mm]
\dfrac{\mathrm{d}\theta_L}{\mathrm{d}t} = p_0\omega_L \\[3mm]
\dfrac{\mathrm{d}x}{\mathrm{d}t} = \dfrac{r}{2i}\omega_R\cos\varphi + \dfrac{r}{2i}\omega_L\cos\varphi \\[3mm]
\dfrac{\mathrm{d}y}{\mathrm{d}t} = \dfrac{r}{2i}\omega_R\sin\varphi + \dfrac{r}{2i}\omega_L\sin\varphi \\[3mm]
\dfrac{\mathrm{d}\varphi}{\mathrm{d}t} = \dfrac{r}{Bi}\omega_R - \dfrac{r}{Bi}\omega_L
\end{cases}
\tag{4.77}
$$

由于感应电机转子一直短路,所以 $u_{rdR} = u_{rqR} = u_{rdL} = u_{rqL} = 0$。取 $\boldsymbol{x} = (i_{s\alpha R},$ $i_{s\beta R}, i_{rdR}, i_{rqR}, \omega_R, \theta_R, i_{s\alpha L}, i_{s\beta L}, i_{s\beta L}, i_{rdL}, i_{rqL}, \omega_L, \theta_L, x, y, \varphi)^T$ 为电机状态向量,$\boldsymbol{u} =$

$(u_{saR}, u_{s\beta R}, u_{rdR}, u_{rqR}, F_{rR}, F_{sR}, u_{saL}, u_{s\beta L}, u_{rdL}, u_{rqL}, F_{rL}, F_{sL})^{\mathrm{T}}$ 为输入向量,则式 (4.77)可写成矩阵形式的状态方程

$$\dot{x} = Ax + Bv \tag{4.78}$$

其中:

$$
A = \begin{bmatrix}
-\boldsymbol{L}^{-1}(\boldsymbol{R}+\boldsymbol{G}\dot{\vartheta}_R) & \boldsymbol{0}_{4\times1} & \boldsymbol{0}_{4\times1} & & \boldsymbol{0}_{4\times6} & & \\
tp_0\boldsymbol{i}_R^{\mathrm{T}}\boldsymbol{G} & -tf_\omega & 0 & up_0\boldsymbol{i}_L^{\mathrm{T}}\boldsymbol{G} & -uf_\omega & 0 & \\
\boldsymbol{0}_{1\times4} & p_0 & 0 & & \boldsymbol{0}_{1\times6} & & \\
& \boldsymbol{0}_{4\times6} & & -\boldsymbol{L}^{-1}(\boldsymbol{R}+\boldsymbol{G}\dot{\vartheta}_L) & \boldsymbol{0}_{4\times1} & \boldsymbol{0}_{4\times1} & \boldsymbol{0}_{15\times3} \\
up_0\boldsymbol{i}_R^{\mathrm{T}} & -uf_\omega & 0 & tp_0\boldsymbol{i}_L^{\mathrm{T}}\boldsymbol{G} & -tf_\omega & 0 & \\
\boldsymbol{0}_{1\times6} & & & \boldsymbol{0}_{1\times4} & p_0 & 0 & \\
& \dfrac{r}{2i}c\varphi & & & \dfrac{r}{2i}c\varphi & & \\
\boldsymbol{0}_{3\times4} & \dfrac{r}{2i}s\varphi & \boldsymbol{0}_{3\times1} & \boldsymbol{0}_{3\times4} & \dfrac{r}{2i}s\varphi & \boldsymbol{0}_{3\times1} & \\
& \dfrac{r}{Bi} & & & -\dfrac{r}{Bi} & &
\end{bmatrix}
\tag{4.79}
$$

$$
B = \begin{bmatrix}
\boldsymbol{L}^{-1} & & & & \\
-t\dfrac{r}{i\eta} & -t\dfrac{r}{i\eta} & & -u\dfrac{r}{i\eta} & -u\dfrac{r}{i\eta} \\
& & \boldsymbol{L}^{-1} & & \\
-u\dfrac{r}{i\eta} & -u\dfrac{r}{i\eta} & & -t\dfrac{r}{i\eta} & -t\dfrac{r}{i\eta}
\end{bmatrix}
\tag{4.80}
$$

由式(4.77)~式(4.80)可知,履带的机电耦合动力学方程是由两组 6 阶电机动力学方程和一组 3 阶运动学方程组成的 15 阶微分方程。机电耦合状态方程(4.78)是一个强耦合非线性微分方程,当左右两侧电机转速为恒定值,即处于稳态时 A 矩阵为常数阵,此时可导出其解析解,一般情况下其解析解非常困难,需要采用数值解法进行求解。

4.6　履带车辆机电耦合仿真分析

首先基于感应电机状态方程对感应电机一般动态特性以及 SPWM 变频调速特性进行仿真分析,其次基于机电耦合动力学模型对履带车辆机电耦合动力学特性进行分析,最后将机电耦合暂态运动轨迹与稳态运动轨迹进行对比,表明机电耦合动力学结果更为精确。

4.6.1　感应电机机械特性仿真

所仿真电机额定参数如表 4.1 所示。

表 4.1　所仿真的感应电机额定参数

参数名称	数值	参数名称	数值
额定功率 P_N/kW	0.75	额定频率 f_N/Hz	50
额定电压 U_N/V	380	额定转速 n_N/(r·min^{-1})	1 390
额定电流 I_N/A	1.93	极数对 p	2
额定转矩 T_L/(N·m)	5.15	电机转动惯量 J/(kg·m^2)	0.002 1
功率因素 $\cos\varphi_N$	0.773	额定效率 η_N	0.762

根据电机额定参数计算出电机等效电路参数如表 4.2 所示。

表 4.2　所仿真电机等效电路参数

参数名称	数值	参数名称	数值
定子电阻 r_s/Ω	10.20	定子漏电抗 x_s/Ω	16.86
转子电阻 r_r/Ω	8.84	转子漏电抗 x_r/Ω	12.22
励磁电阻 r_m/Ω	11.56	励磁电抗 x_m/Ω	190.25

根据表 4.2 的电机参数,可绘出该电机的变频特性曲线如图 4.12 所示。该电机的最大转矩为 10.19 N·m,对应的转差率为 0.295,启动转矩为 6.27 N·m。

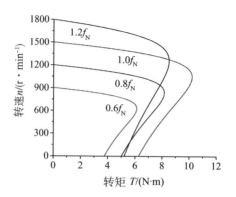

图 4.12　变频特性曲线

由图 4.12 可知,当电源频率高于基频时,供电电压保持额定值不变,电机的硬度变小,最大转矩也变小;当电源频率低于基频时,保持压频比不变,电机的硬度不变,即特性曲线相互平行,但是由于该电机的定子电阻较大,定子电阻的分压不能忽略,最大转矩也变小。

4.6.2　感应电机动态特性仿真

为验证感应电机的状态方程,在 Simulink 中分别使用 S 函数和系统自带电机模块搭建了仿真模型,如图 4.13 所示。图 4.13(a)为 S 函数模型,以幅值为 220 V,频率为 50 Hz,相位相差 120°的正弦信号代替三相电源。图 4.13(b)为 Simulink 自带电机仿真模型,电源线电压为 380 V,频率为 50 Hz,两电机均采用"Y"形连接。powergui 模块为电力系统仿真必需模块。以下从启动、加载、制动三种典型工况对感应电机动态特性进行分析。

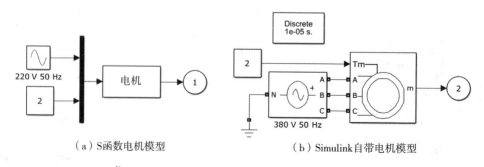

（a）S 函数电机模型　　　　　　　　（b）Simulink 自带电机模型

图 4.13　Simulink 仿真模型

4.6.2.1　带载启动过程分析

设电机拖动 2 N·m 的负载,折算到电机轴的转动惯量 $J = 0.01$ kg·m²,对其带载启动过程进行仿真,仿真时间为 1 s,步长为 1×10^{-5},结果对比如图 4.14 所示。

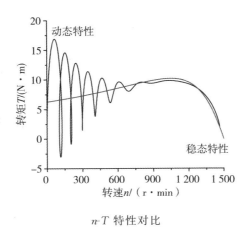

n-T 特性对比

图 4.14　带载启动过程仿真

由图 4.14 可知电机启动时的 n-T 曲线在稳态 n-T 曲线上下波动,最终与稳态 n-T 曲线重合。

4.6.2.2　突然加载过程分析

设电机空载启动,转动惯量不变,0.5 s 接入额定负载,用状态空间模型仿真,步长为 1×10^{-4},突然加载过程仿真结果如图 4.15 所示。

由图 4.15(a),(b)可知,稳定转速接近同步转速 1 500 r/min。0.5 s 接入额定负载后,转速开始下降,转矩上升,0.6 s 左右进入稳态,转速为 1 395 r/min,与稳态计算结果吻合。产生误差的主要原因为建立电机动态模型时忽略了定子铁耗以及杂散损耗等,因此转速较高。图 4.15(c)表明电机的动态 n-T 曲线一般不与稳态 n-T 曲线重合。

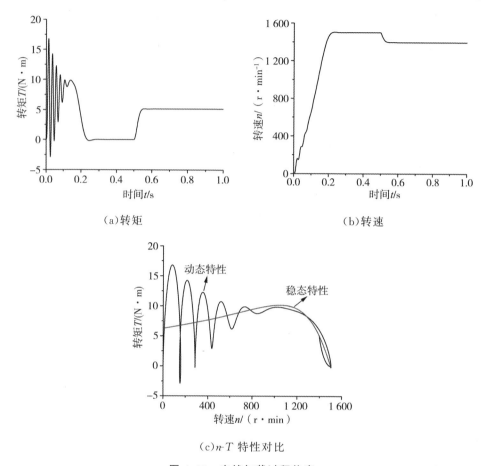

（a）转矩

（b）转速

（c）n-T 特性对比

图 4.15 突然加载过程仿真

4.6.2.3 自然制动过程仿真

采用 4.6.2.1 中的情况,电机拖动 2 N·m 负载启动,在 0.5 s 突然断电,电机自然制动过程仿真结果如图 4.16(a)～(c)所示。为便于观察,图 4.16(a)只给出了前 1 s 的变化过程。

由图 4.16 可知,电磁转矩反向增大,之后定子电流幅值和频率逐渐衰减到零,电磁转矩也逐渐下降到零。由于负载转矩一直存在,电机转速逐渐下降到零,电机在 1.2 s 左右完成制动过程。

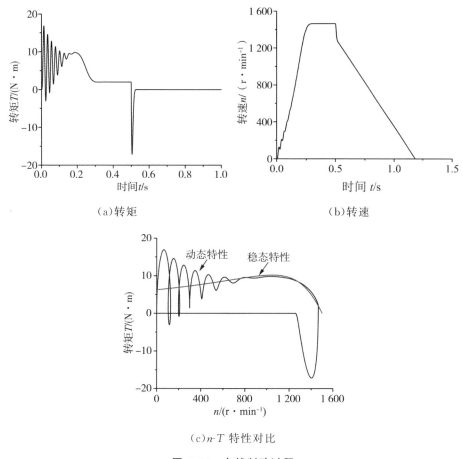

（a）转矩　　　　　　　　　　　（b）转速

（c）$n\text{-}T$ 特性对比

图 4.16　自然制动过程

4.6.3　感应电机 SPWM 变频调速特性仿真

本章所要仿真分析的电机采用 PWM 变频调速，由于变频器输出为 PWM 波，因此本节对 PWM 变频调速控制的电机特性进行仿真分析。

4.6.3.1　SPWM 变频原理

PWM（脉宽调制技术）是通过控制脉冲宽度，近似获得所需幅值和频率的波形。PWM 的基础是面积等效原理，即将一系列冲量相等但形状不同的脉冲作用到惯性环节上，其效果基本相同。常用的 SPWM（正弦波 PWM）是利用正弦信号波对三角波进行调制，通过控制开关器件输出一系列等幅不等宽的矩形脉冲获得等效正弦电压。

三相变频器基本电路包括整流器、滤波器和逆变器三个部分,如图4.17所示。整流部分将电源输入的交流电转化为直流电,滤波器对整流后的电流进行滤波,最后通过调制电路控制开关器件输出所需的矩形脉冲。

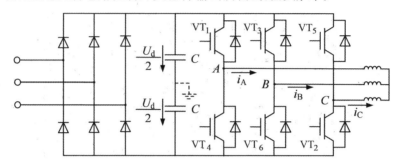

图 4.17　变频器基本电路

如图 4.18 所示为双极性调制的三相 SPWM 波形,图(a)为三相正弦波与三角波比较,图(b)～(d)为逆变器输出的三相相电压,利用与图(b),(c),(d)形状相同的脉冲序列控制图 4.17 中 $VT_1 \sim VT_6$ 六个开关器件的通断即可输出相应的电压。图(e)为 AB 两相线电压,图(f)为 A 相输出端对三相绕组中点的相电压。

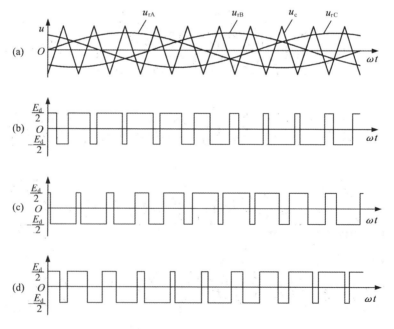

图 4.18　双极性 SPWM 波形

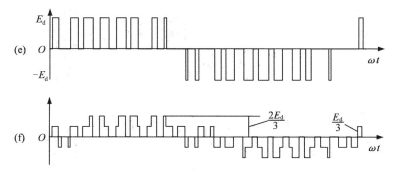

图 4.18　双极性 SPWM 波形(续)

PWM 调制中正弦信号称为调制信号,三角波信号称为载波信号,设载波信号的频率为 f_c,幅值为 A_c,调制信号的频率为 f_r,角频率为 w_r,幅值为 A_r,调制后输出相电压的基波分量为 U_u,则有如下关系:

$$\begin{cases} N = \dfrac{f_c}{f_r} \\[2mm] \alpha = \dfrac{A_c}{A_r} \\[2mm] U_u = \dfrac{\alpha E_d}{2}\sin\omega_r t \end{cases} \tag{4.81}$$

其中:N 为调制载波频率比,一般为使调制信号对称,N 取奇数且为 3 的倍数;α 为调制深度;E_d 为直流输入电压。

根据式(4.81)选择合适的调制信号频率 f_r、调制深度 α 以及直流电压 E_d 即可得到所需频率和幅值的信号。

为了对 SPWM 调制特性进行分析,在 Simulink 中分别使用 S 函数和系统自带模块搭建了 SPWM 调制模型,如图 4.19 所示。

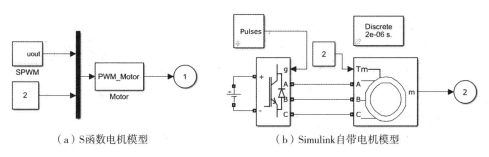

(a)S 函数电机模型　　　　　　　(b)Simulink 自带电机模型

图 4.19　Simulink 仿真模型

4.6.3.2 感应电机 SPWM 变频调速特性仿真

实际采用变频器调节供电频率时,输出电压和频率一般不宜突变,变频过程有一定的加减速时间,如图 4.20 所示。图中 f_m 为最高频率,f_s 为设定频率。t_u,t_d 分别为最高频率对应的加减速时间,Δt_u,Δt_d 分别为频率从 f_{s1} 变为 f_{s2} 的上升或下降时间为

$$\begin{cases} \Delta t_u = \dfrac{f_{s2} - f_{s1}}{f_m} t_u = \Delta f \alpha_u \\ \Delta t_d = -\dfrac{f_{s2} - f_{s1}}{f_m} t_d = \Delta f \alpha_d \end{cases} \tag{4.82}$$

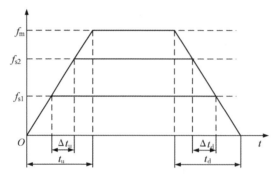

图 4.20 变频器加减速时间示意

以某型号变频器为例,该变频器最大输出频率范围为 $10 \sim 200$ Hz,默认为 50 Hz,最小输出频率为 0 Hz,运行频率范围可在最大最小输出范围设定;加减速时间范围均为 $0.1 \sim 360$ s,默认为 10 s。本文主要研究基频以下调速,因此输出频率范围为 $0 \sim 50$ Hz,为方便,加减速时间均设为 1 s。

1. 不同加速时间对比

为了分析不同加速时间对变频动态特性的影响,分析加速时间分别为 1 s 和 0.5 s 的两种工况,两种情况下电机启动时频率比为 1,在 0.5 s 时频率比下降为 0.6,仿真结果如图 4.21 所示。

由图 4.21(a),(b)的结果可知,加速时间为 0.5 s 的电流幅值相较加速时间 1 s 的电流幅值大,电流频率变化较快,两种情况稳定电流一致。由图 4.24 (c)~(f)可知,加速时间为 1 s 时,电磁转矩下降到 0.43 N·m 并保持平稳,电机匀减速运动到 0.9 s;加速时间为 0.5 s 时,电磁转矩下降到 -1.14 N·m 并保持平稳,电机匀减速运动到 0.7 s。由 4.24(a)可知,变频过程中定子电流基

本稳定,而定子电压线性下降,假定功率因数、效率不变,则电机的输出功率也线性下降,同时负载转矩不变,因此电机做匀减速运动。当电机稳态电磁转矩、转速一致时,加速时间越短,转矩幅值变化越大,转速下降越快,运动精度越高。

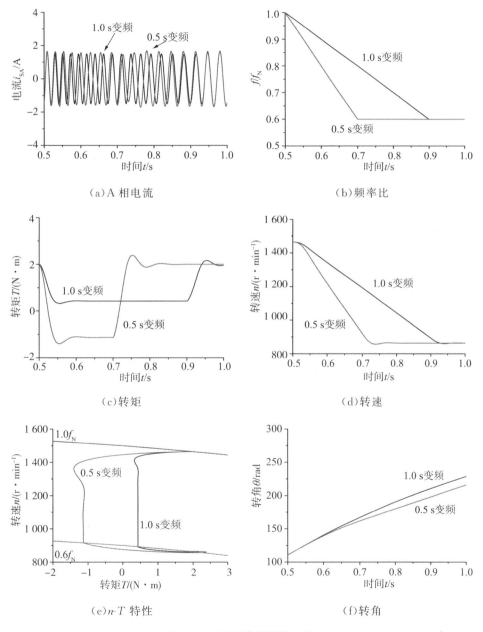

(a)A 相电流　　　　　　　　　　　　(b)频率比

(c)转矩　　　　　　　　　　　　(d)转速

(e)n-T 特性　　　　　　　　　　　　(f)转角

图 4.21　不同变频速度对比

2.不同转动惯量的对比

在调速过程中,转速转矩的波动与转动惯量有直接关系,以上的分析均假定转动惯量为定值。为了分析转动惯量对调速动态过程的影响,将转动惯量降低到 0.005 kg·m²,加速时间为 1 s,对 3)中的情况进行仿真,结果如图 4.22 所示。

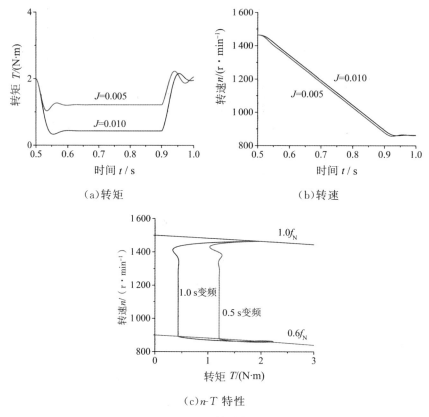

（a）转矩　　　　　　　（b）转速

（c）n-T 特性

图 4.22　不同转动惯量对比

由图 4.22 可知,转动惯量为 0.01 kg·m²时,变频过程中转动惯量稳定值为 0.43 N·m,转动惯量为 0.005 kg·m²时,变频过程中转动惯量稳定值为 1.21 N·m。由于负载转矩为 2 N·m,转动惯量为 0.01 kg·m²时,转矩差为 −1.57 N·m,而转动惯量为 0.005 kg·m²时,转矩差为−0.79 N·m,前者大约是后者的二倍,二者的加速度一致,因此 4.22(b)中两条曲线几乎平行,且转动惯量较小的变化更快。

对比电机的动态特性可知,采用 SPWM 变频调速延长了调速时间但可以降低电流波动,变频速度越快,电流越大,转矩波动越大,调速时间越短,转速下降越快,运动精度越高;同时转动惯量越小,电流、转矩的波动越小,速度变化越快,运动精度越高。

4.6.4 履带车辆机电耦合性能仿真

4.6.4.1 履带车辆机电耦合动力学仿真

仿真所用履带车辆参数如表 4.3 所示,将履带内阻力合并到履带运行阻力中,将运行阻力系数加大。

表 4.3 履带车辆参数

参数名称	数值	参数名称	数值
底盘自身质量 m/kg	450	履带接地长度 l/m	0.881
驱动轮半径 r/m	0.15	运行阻力系数 f_g	0.1
车体宽度 B/m	1.2	最大转向阻力系数 μ_{max}	0.6
转动惯量 J_0/(kg·m²)	115	旋转质量系数 δ	1.2
传动比 i	100	效率 η	0.8

1.直行工况

设变频器加速时间 1 s,履带车辆从原点出发,启动时两侧频率比为 0,1 s 后进入稳态直行,前 2 s 仿真结果如图 4.23 所示。

由图 4.23 可知,启动后履带开始做匀加速运动,加速过程电流为 1.55 A,转矩为 1.3 N·m,1 s 后进入稳态,稳态电流为 1.5 A,转矩为 0.41 N·m,转速为 1 493 r/min,履带稳定速度为 0.235 m/s。

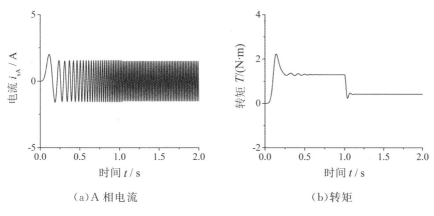

(a)A 相电流　　　　　　　　　　(b)转矩

图 4.23　直行工况

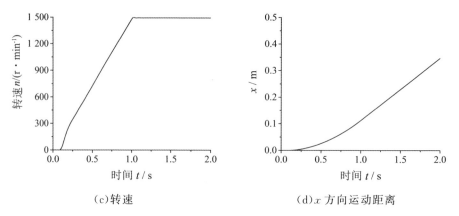

（c）转速　　　　　　　　　　（d）x 方向运动距离

图 4.23　直行工况（续）

2.转向工况 1

两侧初始频率比为 0，稳定频率比为 0.8，1 s 后右侧频率比上升至 1，左侧不变。仿真结果如图 4.24 所示。

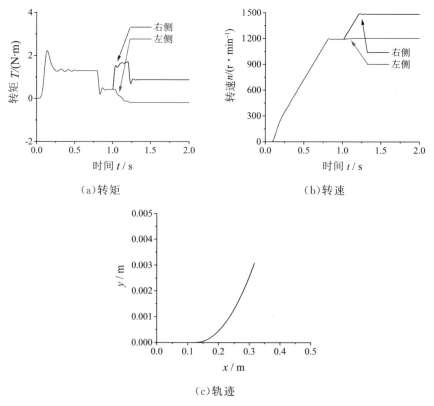

（a）转矩　　　　　　　　　　（b）转速

（c）轨迹

图 4.24　转向工况 1

由图 4.24 可知,在前 1 s,两侧电机均在加速,电流、转矩、转速变化与直行工况一致,1 s 时开始转向,1.2 s 后进入稳态,转矩分别为 0.87 N·m,−0.19 N·m,转速分别为 1 485 r/min,1 203 r/min,转向半径为 5.73 m。

3.转向工况 2

两侧初始频率比为 0,稳定频率比为 1,1 s 后左侧频率比下降至 1,右侧不变。仿真结果如图 4.25 所示。

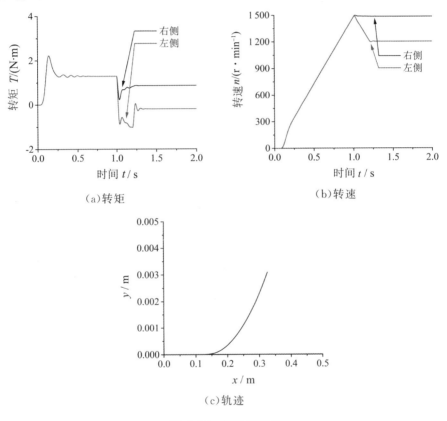

（a）转矩　　　　　　　　　　　　　（b）转速

（c）轨迹

图 4.25　转向工况 2

4.原地转向工况

加速时间为 1 s,两侧初始频率比为 0,稳定频率比为 1,仿真时间为 2 s,仿真结果如图 4.26 所示。

由图 4.26 可知,原地转向过程中两侧转速、转矩相反。启动过程电流为 1.75 A,转矩为 2.35 N·m,稳态电流为 1.57 A,转矩为 1.46 N·m,稳态转速为 1 475·r/min,转动角速度为 0.39 rad/s。

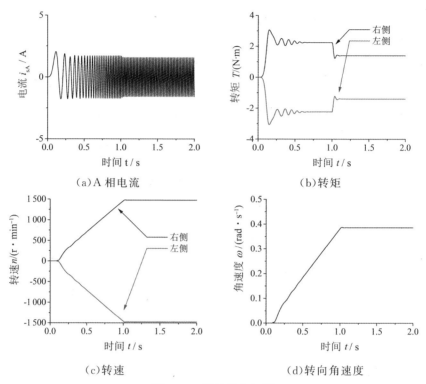

（a）A 相电流   （b）转矩

（c）转速   （d）转向角速度

图 4.26 原地转向工况

4.6.4.2 机电耦合与稳态运动过程对比

由上文的分析可知，变频过程完成后，电机进入稳定运行状态，机电耦合动力学过程与稳态过程的差别仅在于变频过程。以下对直线运动过程和转向过程的机电耦合动力学轨迹和稳态过程轨迹进行对比。

1.直线运动过程对比

根据上文的仿真结果，变频加速或减速过程，电机的速度近似线性变化，设变频前频率为 f_0，速度为 v_0，变频后频率为 f_1，速度为 v_1，加速度为 a，加速时间为 t，有

$$\begin{cases} v_1 = v_0 + at \\ t = \dfrac{\Delta f}{f_m} t_a = \Delta f \alpha \end{cases} \tag{4.83}$$

式中：t_a 为变频器加速（减速）时间；α 为变频速度，其中 $a \propto \alpha$。

沿履带运动方向的距离之差 Δs 可表示为

$$\Delta s = v_1 t - \left(v_0 t + \frac{1}{2} a t^2 \right) = \frac{1}{2} a t^2 = \frac{1}{2} a (\Delta f a)^2 \propto \frac{\Delta f^2}{2} \alpha^3 \quad (4.84)$$

式(4.84)表明直线变频调速与稳态运动的距离误差和频率差的平方成正比,和变频速度的三次方成正比。

2.转向运动过程对比

(1)单侧制动转向过程。

设转向前两侧的频率比均为1,转向开始后右侧频率比维持不变,左侧频率比分别下降至0.8,0.6,0.4,0.2,2 s后进入稳态,转向轨迹和相对误差对比如图4.27所示。

由图4.27可知,由于整体速度低,转向过程中绝对误差很小,但相对误差比较大。两侧频率比差越大,绝对误差和相对误差也越大。相对误差较大部分原因是转向过程较短仅为2 s。进入稳态后绝对误差不再增大,相对误差会下降。

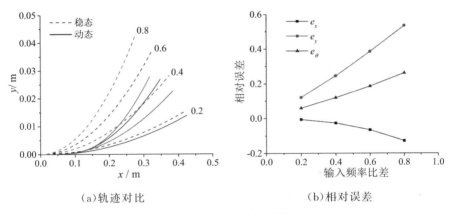

(a)轨迹对比 （b)相对误差

图 4.27 减速过程对比

(2)单侧加速转向过程。

设转向前两侧的频率比分别为0.8,0.6,0.4,0.2,转向开始后右侧频率比上升至1,左侧不变,2 s后进入稳态,转向轨迹和相对误差对比如图4.28所示。

由图4.28可得出与图4.27相似的结论。对比图4.27可见单侧加速过程的动态轨迹与稳态轨迹更为接近,两种情况相对误差的绝对值相差不大。

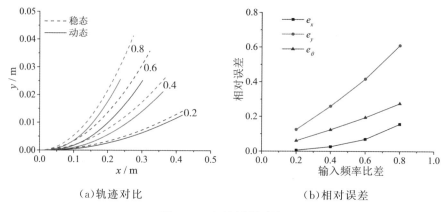

（a）轨迹对比　　　　　　　　　（b）相对误差

图 4.28　加速过程对比

由图 4.27 和图 4.28 可知,两条轨迹的绝对误差非常小,其原因第一是加速时间短仅为 1 s;第二是履带的传动比为 100,该履带的直行最高速度仅为 0.82 km/h;第三是整机的质量也比较小,履带直行时电机负载力矩为 0.41 N·m,原地转向也仅为 1.46 N·m,而电机的额定转矩为 5.2 N·m,即两侧电机始终工作在空载点附近,两侧电机的转矩差较小且机械特性较硬,因此转速差也较小。总之,瞬态过程时间短,传动比大、速度低,负载小、转矩差小,因此轨迹误差较小。以下分别对不同负载、传动比以及瞬态过程时间进行对比。

（3）增大质量。

所仿真履带的最大负载为 500 kg,以下对带动最大负载单侧加速转向过程进行分析,如图 4.29 所示。

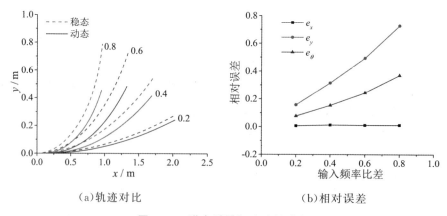

（a）轨迹对比　　　　　　　　　（b）相对误差

图 4.29　增大质量加速过程对比

对比图 4.29 和图 4.28 可知,增大质量轨迹变化不大,绝对误差和相对误差变化不大,还是因为传动比较大,质量增大,两侧电机转矩增大幅度较小,两侧转矩差变化较小,因此两侧转速差相差较小,轨迹差别较小。实际中电机一般运行在额定工作点附近,当负载增加时,两侧转矩增加,转矩差也变大,轨迹误差会增大;另一方面,负载增加,转动惯量也增大,运行速度下降,轨迹误差也会增大。

(4)减小传动比。

设履带的传动比减小为 20,对小传动比加速转向过程进行分析,如图 4.30 所示。

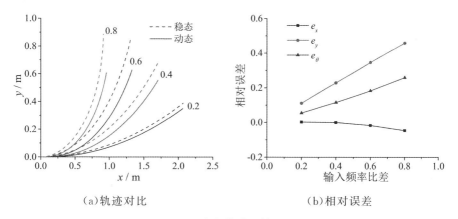

（a）轨迹对比　　　　　　　　　（b）相对误差

图 4.30　减小传动比转向过程

由图 4.30 和图 4.28 可知,由于传动比减小,履带车辆的运行速度加快且电机负载转矩也增大,轨迹的绝对误差大幅增加,但相对误差变化不大。

(5)增大加速时间。

设变频器的加速时间为 5 s,仿真时间为 10 s,即两倍加速时间,对增大加速时间转向过程进行对比,结果如图 4.31 所示。

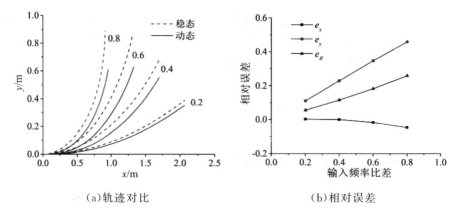

（a）轨迹对比　　　　　　　　　　　（b）相对误差

图 4.31　增大加速时间转向过程

　　由图 4.31 和图 4.28 可知,增大加速时间,意味着进入稳态的时间增加,因此绝对误差也相应增大,但对相对误差的绝对值影响不大。

　　通过图 4.27～图 4.31 可知,机电耦合动力学运行轨迹和稳态运动轨迹的误差与调速过程、两侧频率比差、传动比、变频器加速时间以及负载均有关。其中相对误差主要与两侧转矩差相关,因此其主要与两侧频率比差相关。增加负载或改变传动比对两侧转矩差影响较小,因此引起的相对误差也较小。绝对误差等于相对误差乘以运行距离,其中对运行距离的影响较大的为传动比和暂态过程时间,传动比越小,暂态过程时间越长,运行距离越长,绝对误差越大。进入稳态后,绝对误差不再增大,相对误差逐渐下降。

第 5 章　铰接式履带车辆机电耦合动力学

铰接式履带车辆在行驶过程中,感应电机的电气参数与机械系统的动力学参数构成参数耦合,从而影响履带机电系统的动力学性能,这种电磁场的磁电参数与传动系统的动力学参数之间的交互影响构成了铰接式履带车辆的机电耦合。本章将对铰接式履带车辆的机电耦合性能进行分析,基于动力学模型与感应电机动态模型,分别建立直行与转向工况下铰接式履带车辆的机电耦合动态模型,并通过数值仿真对其机电耦合性能进行分析,分析两种工况下机电耦合系统中主要机电参数的变化规律。

5.1　铰接式履带车辆转向动力学模型

铰接式履带车辆在水平路面转向行驶过程中,车辆内外侧履带产生速度差,同时铰接机构推动前后车绕铰接点偏转一定角度,通过二者的共同作用使车辆实现转向行驶。偏转角度在变化的同时,铰接式履带车辆的转向半径也随之变化,不同于铰接点偏转角度固定时的稳态转向,将这种转向半径变化的转向过程称为铰接式履带车辆的非稳态转向过程。

5.1.1　坐标系定义与模型假设

图 5.1 所示为铰接式履带车辆在水平路面上的坐标系,全局坐标系中 XOY 固定于地面上,分别以前后车几何中心点 O_F,O_R 为原点建立局部坐标系 $x_F O_F y_F$,

$x_RO_Ry_R$。在 $t=0$ 时刻,前车质心点与全局坐标系 XOY 的原点重合。C_F,C_R 分别为前后车,瞬时转向中心点,在非稳态转向过程中,瞬时转向中心点是在不断变化的。

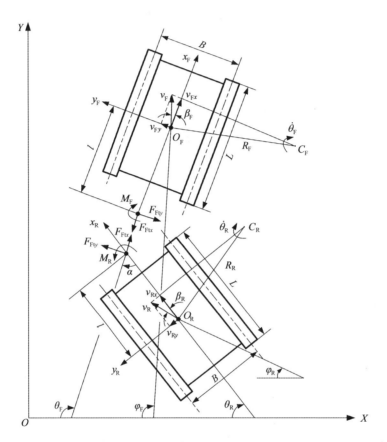

图 5.1　铰接式履带车辆转向坐标系

本书所建立的铰接式履带车辆模型中,前后车的参数完全相同,则有单车质量为 m;履带接地长度为 L;轨距为 B;履带板宽度为 b;铰接点距前后车几何中心点的距离为 l;铰接点偏转角度为 α。为了便于分析,在建立铰接式履带车辆平面运动的数学模型中做出以下假设:

(1)前后车的质心点与几何中心点重合;

(2)履带接地压力分布均匀,且履带板与地面接触良好;

(3)支重轮平均分配履带与地面间的垂向载荷;

(4)铰接点转向角度为转向输入;

（5）忽略空气阻力与铰接转向机构的旋转效应。

5.1.2　运动学分析

由图 5.1 可知，铰接式履带车辆前车质心点速度 v_F 以及沿坐标 x_F，y_F 方向加速度 a_{Fx}，a_{Fy} 分别表示为

$$v_F = \sqrt{v_{Fx}^2 + v_{Fy}^2} \tag{5.1}$$

$$\begin{cases} a_{Fx} = \dot{v}_{Fx} + v_{Fy}\dot{\theta}_F \\ a_{Fy} = \dot{v}_{Fy} - v_{Fx}\dot{\theta}_F \end{cases} \tag{5.2}$$

式中：v_{Fx}，v_{Fy} 分别为前车质心点合速度沿坐标 x_F，y_F 方向的分量；θ_F 表示 x_F 轴与 X 轴负方向的夹角，定义为前车的航偏角，则 $\dot{\theta}_F$ 为前车的航偏角速度。

对于后车有

$$v_R = \sqrt{v_{Rx}^2 + v_{Ry}^2} \tag{5.3}$$

$$\begin{cases} a_{Rx} = \dot{v}_{Rx} + v_{Ry}\dot{\theta}_R \\ a_{Ry} = \dot{v}_{Ry} - v_{Rx}\dot{\theta}_R \end{cases} \tag{5.4}$$

式中：v_{Rx}，v_{Ry} 分别为后车质心点合速度沿坐标 x_R，y_R 方向的分量；θ_R 为后车的航偏角，则 $\dot{\theta}_R$ 为后车的航偏角速度。

铰接式履带车辆是依靠前后车的相对偏转来实现转向的，对铰接式履带车辆的运动示意图进行简化，通过运动学分析如图 5.2 所示，后车的航偏角表示为

$$\theta_R = \theta_F - \alpha \tag{5.5}$$

后车质心点速度 v_R 沿 x_R，y_R 的速度分量 v_{Rx}，v_{Ry} 可以表示为

$$\begin{cases} v_{Rx} = v_{Fx}\cos\alpha + (v_{Fx} + l\dot{\theta}_F)\sin\alpha \\ v_{Ry} = l\dot{\theta}_R - v_{Fx}\sin\alpha + (v_{Fy} + l\dot{\theta}_F)\cos\alpha \end{cases} \tag{5.6}$$

式中：l 为前后车质心点与铰接点之间的距离。

将前车质心点合速度 v_F 的方向与 x_F 轴的夹角定义为前车的侧偏角，表示为 β_F，同理，后车的侧偏角可以表示为 β_R，则前后车质心点的侧偏角以及侧偏角速度 $\dot{\beta}_F$，$\dot{\beta}_B$ 可以分别表示为

前车：

$$\begin{cases} \beta_{\mathrm{F}} = \tan^{-1}\left(v_{\mathrm{F}y}/v_{\mathrm{F}x}\right) \\ \dot{\beta}_{\mathrm{F}} = \left(v_{\mathrm{F}x}\dot{v}_{\mathrm{F}y} - v_{\mathrm{F}y}\dot{v}_{\mathrm{F}x}\right)/v_{\mathrm{F}}^2 \end{cases} \tag{5.7}$$

后车：

$$\begin{cases} \beta_{\mathrm{R}} = \tan^{-1}\left(v_{\mathrm{R}y}/v_{\mathrm{R}x}\right) \\ \dot{\beta}_{\mathrm{R}} = \left(v_{\mathrm{R}x}\dot{v}_{\mathrm{R}y} - v_{\mathrm{R}y}\dot{v}_{\mathrm{R}x}\right)/v_{\mathrm{R}}^2 \end{cases} \tag{5.8}$$

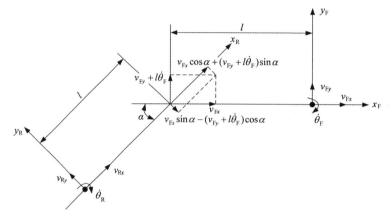

图 5.2　运动学分析

前车质心点 O_{F} 在坐标系 XOY 中的位置 $(X_{\mathrm{F}}, Y_{\mathrm{F}})$ 可以通过速度 v_{F} 对时间 t 的积分求得，即

$$\begin{cases} X_{\mathrm{F}} = X_{\mathrm{F0}} - \displaystyle\int_0^t v_{\mathrm{F}}\cos\varphi_{\mathrm{F}}\,\mathrm{d}t \\ Y_{\mathrm{F}} = Y_{\mathrm{F0}} - \displaystyle\int_0^t v_{\mathrm{F}}\sin\varphi_{\mathrm{F}}\,\mathrm{d}t \end{cases} \tag{5.9}$$

式中：X_{F0}，Y_{F0} 表示前车的初始位置；φ_{F} 为前车质心点合速度 v_{F} 的方向与 X 轴负方向的夹角，定义为前车的方向角，表示为

$$\varphi_{\mathrm{F}} = \theta_{\mathrm{F}} - \beta_{\mathrm{F}} \tag{5.10}$$

铰接式履带车辆履带接地面的滑移速度如图 5.3 所示，过前后车各条履带速度瞬心点的横坐标分别定义为 y_{Fs} 轴、y_{Rs} 轴，与过前后车质心点的横轴 y_{F} 轴、y_{R} 轴之间的距离分别为 D_{F}，D_{R}，即为前后车的履带速度瞬心的纵向偏移，分别表示为

前车：

$$D_{\mathrm{F}} = v_{\mathrm{F}y}/\dot{\theta}_{\mathrm{F}} \tag{5.11}$$

后车：

$$D_{\mathrm{R}} = v_{\mathrm{R}y}/\dot{\theta}_{\mathrm{R}} \qquad (5.12)$$

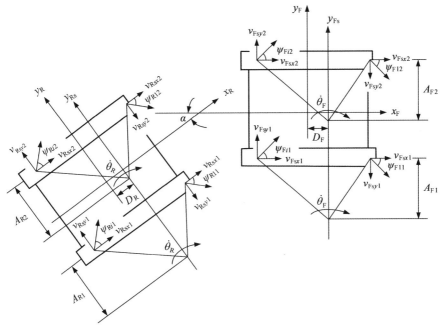

图 5.3　履带滑移运动

则铰接式履带车辆前后车质心点的转向半径 R_{Fz}，R_{Rz} 分别表示为

前车：

$$R_{\mathrm{Fz}} = v_{\mathrm{F}}/\dot{\varphi}_{\mathrm{F}} \qquad (5.13)$$

后车：

$$R_{\mathrm{Rz}} = v_{\mathrm{R}}/\dot{\varphi}_{\mathrm{R}} \qquad (5.14)$$

通过铰接式履带车辆转向行驶过程中履带产生的滑移速度和位移，可以得到履带接地面受到的摩擦力。令 v_{Ft1}，v_{Ft2} 分别表示为前车内外侧履带的行驶速度，v_{Rt1}，v_{Rt2} 分别表示为后车内外侧履带的行驶速度，则在支重轮 (i,j) 下履带板的滑移速度表示为

前车：

$$
\begin{cases}
v_{\mathrm{Fs}xj} = v_{\mathrm{F}x} \pm \dfrac{B}{2}\dot{\theta}_{\mathrm{F}} - v_{\mathrm{Ft}j} \\[3mm]
v_{\mathrm{Fs}yi} = v_{\mathrm{F}y} + \left(\dfrac{i-1}{n-1} - \dfrac{1}{2}\right)L\dot{\theta}_{\mathrm{F}}
\end{cases}
\qquad (5.15)
$$

后车：

$$\begin{cases} v_{\mathrm{Rs}xj} = v_{\mathrm{R}x} \pm \dfrac{B}{2}\dot{\theta}_{\mathrm{R}} - v_{\mathrm{Rt}j} \\[3mm] v_{\mathrm{Rs}yi} = v_{\mathrm{R}y} + \left(\dfrac{i-1}{n-1} - \dfrac{1}{2}\right)L\dot{\theta}_{\mathrm{R}} \end{cases} \tag{5.16}$$

式中：下脚标 i 表示车辆从前往后的支重轮顺序；$j=1$ 表示内侧履带，此时取 "$-$"，$j=2$ 表示外侧履带，此时取 "$+$"；n 表示单条履带支重轮个数。假设 $\psi_{\mathrm{F}ij}$ 表示在支重轮(i,j)下履带板相对 x_{F} 轴的滑移角，则履带滑移的几何关系可以表示为

前车：

$$\psi_{\mathrm{F}ij} = \cos^{-1}(v_{\mathrm{Fs}xj}/\sqrt{v_{\mathrm{Fs}xj}^2 + v_{\mathrm{Fs}yi}^2}) \tag{5.17}$$

后车：

$$\psi_{\mathrm{R}ij} = \cos^{-1}(v_{\mathrm{Rs}xj}/\sqrt{v_{\mathrm{Rs}xj}^2 + v_{\mathrm{Rs}yi}^2}) \tag{5.18}$$

履带的运动包括两个部分，一个是履带与履带架之间的相对运动，即卷绕运动；一个是履带链与车体共同的牵连运动或平动运动，即车辆绕转向中心的旋转运动。当卷绕速度大于牵连速度时，履带发生滑转；当卷绕速度小于牵连速度时，履带发生滑移。前后车两侧履带速度瞬心横向偏移 $A_{\mathrm{F}j}$，$A_{\mathrm{R}j}$ 表示为

前车：

$$A_{\mathrm{F}j} = v_{\mathrm{Fs}xj}/\dot{\theta}_{\mathrm{F}} \tag{5.19}$$

后车：

$$A_{\mathrm{R}j} = v_{\mathrm{Rs}xj}/\dot{\theta}_{\mathrm{R}} \tag{5.20}$$

5.1.3 履带载荷分布与地面摩擦力

为了得到履带与地面间的切应力，需要定义沿履带的正应力。如图 5.4 所示，作用于前车质心点处的纵向力、侧向力以及垂向力表示为 $ma_{\mathrm{F}x}$，$ma_{\mathrm{F}y}$ 以及 mg（后车表示为 $ma_{\mathrm{R}x}$，$ma_{\mathrm{R}y}$ 以及 mg）。作用于铰接点处的反作用力在 x,y 方向的分量分别表示为 F_{tx}，F_{ty}。

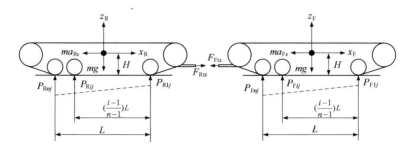

图 5.4　履带板上的载荷分布

在铰接式履带车辆转向过程中,对于前后车,作用于支重轮(i,j)下履带板的载荷分布 $P_{\mathrm{F}ij}$, $P_{\mathrm{R}ij}$ 分别表示为

前车:

$$P_{\mathrm{F}ij} = \frac{mg}{2n} \pm \frac{1}{nB}ma_{\mathrm{F}y}H - \frac{3(n+1-2i)}{n(n+1)L}ma_{\mathrm{F}x}H \tag{5.21}$$

后车:

$$P_{\mathrm{R}ij} = \frac{mg}{2n} \pm \frac{1}{nB}ma_{\mathrm{R}y}H - \frac{3(n+1-2i)}{n(n+1)L}ma_{\mathrm{R}x}H \tag{5.22}$$

式中:$j=1$ 时,取"$+$",$j=2$ 时,取"$-$";H 表示前后车质心点与地面之间的距离;g 表示重力加速度。

对于不同的土壤类型而言,其材料的剪切强度变化很大,而且还取决于封闭压力和加载时间率。履带板与地面之间的摩擦系数表示为

$$\mu = \mu_0(1 - \mathrm{e}^{-ks}) \tag{5.23}$$

式中:μ_0 是在滑移率 $s=1$ 时的最大摩擦系数;k 是取决于土壤黏着属性和摩擦属性的常数。

前后车支重轮(i,j)下履带板在 x,y 方向的摩擦力分量分别表示为

前车:

$$\begin{cases} Q_{\mathrm{F}xij} = P_{\mathrm{F}ij}\mu\cos(\psi_{\mathrm{F}ij} + \pi) \\ Q_{\mathrm{F}yij} = P_{\mathrm{F}ij}\mu\sin(\psi_{\mathrm{F}ij} + \pi) \end{cases} \tag{5.24}$$

后车:

$$\begin{cases} Q_{\mathrm{R}xij} = P_{\mathrm{R}ij}\mu\cos(\psi_{\mathrm{R}ij} + \pi) \\ Q_{\mathrm{R}yij} = P_{\mathrm{R}ij}\mu\sin(\psi_{\mathrm{R}ij} + \pi) \end{cases} \tag{5.25}$$

5.1.4　差速系统力的平衡

图 5.5 所示为铰接式履带车辆转向过程中的受力情况。通过电力控制的铰接式履带车辆,各条履带均为驱动履带,转向过程中前后车两侧履带的驱动力均相等。内摩擦力主要由随履带张紧力产生的驱动轮-履带接触面摩擦力造成的。

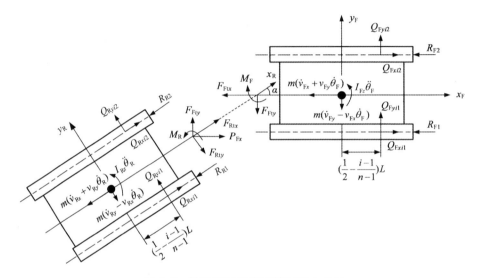

图 5.5　铰接式履带车辆转向受力分析

令 F_{f1} 和 F_{f2} 分别表示两侧履带的内摩擦力,则两侧驱动轮的切向力 F_1,F_2 可以表示为

前车:

$$\begin{cases} F_{F1} = F_{f1} + \sum_{i=1}^{n} Q_{Fxi1} \\ \\ F_{F2} = F_{f2} + \sum_{i=1}^{n} Q_{Fxi2} \end{cases} \tag{5.26}$$

后车:

$$\begin{cases} F_{R1} = F_{f1} + \sum_{i=1}^{n} Q_{Rxi1} \\ \\ F_{R2} = F_{f2} + \sum_{i=1}^{n} Q_{Rxi2} \end{cases} \tag{5.27}$$

则有

前车：

$$F_{f1} + \sum_{i=1}^{n} Q_{Fxi1} = F_{f2} + \sum_{i=1}^{n} Q_{Fxi2} \tag{5.28}$$

后车：

$$F_{f1} + \sum_{i=1}^{n} Q_{Rxi1} = F_{f2} + \sum_{i=1}^{n} Q_{Rxi2} \tag{5.29}$$

对于铰接式履带车辆行驶过程中的内摩擦力而言,通常认为两侧履带的内摩擦力是相等的,因此,两侧履带支重轮下履带的总摩擦力可以分别表示为

$$\begin{cases} \sum_{i=1}^{n} Q_{Fxi1} = \sum_{i=1}^{n} Q_{Fxi2} \\ \sum_{i=1}^{n} Q_{Rxi1} = \sum_{i=1}^{n} Q_{Rxi2} \end{cases} \tag{5.30}$$

5.1.5　铰接式履带车辆动力学模型

根据图 5.5 中对铰接式履带车辆转向过程的受力分析,可以将作用于铰接点的分力以及转向力矩表示为

$$\begin{cases} F_{Ftx} = F_{Rtx}\cos\alpha + F_{Fty}\sin\alpha \\ F_{Fty} = F_{Rtx}\sin\alpha - F_{Rty}\cos\alpha \\ M_F = M_R \end{cases} \tag{5.31}$$

式中：F_{Ftx},F_{Fty} 和 F_{Rtx},F_{Rty} 分别为前后车作用于铰接点力的分量；M_F,M_R 分别为铰接点推动前后车的转向力矩,且大小相等,方向相反。

通过作用于铰接式履带车辆前后车的所有力和力矩关于 z_F 和 z_R 轴上的动态平衡,可以列出铰接式履带车辆的动力学方程为

前车：

$$\begin{cases} m(\dot{v}_{Fx} + v_{Fy}\dot{\theta}_F) = \sum_{i=1}^{n}\sum_{j=1}^{2} Q_{Fxij} - F_{Ftx} - (R_{F1} + R_{F2}) \\ m(\dot{v}_{Fy} - v_{Fx}\dot{\theta}_F) = \sum_{i=1}^{n}\sum_{j=1}^{2} Q_{Fyij} - F_{Fty} \\ I_{Fz}\ddot{\theta}_F = \dfrac{B}{2}\sum_{i=1}^{n}(Q_{Fxi2} - Q_{Fxi1}) - \sum_{i=1}^{n}\sum_{j=1}^{2} Q_{Fyij}\left(\dfrac{1}{2} - \dfrac{i-1}{n-1}\right)L \\ \qquad - F_{Fty}l + \dfrac{B}{2}(R_{F1} - R_{F2}) + M_F \end{cases} \tag{5.32}$$

后车：

$$\begin{cases} m(\dot{v}_{Rx} + v_{Ry}\dot{\theta}_R) = \sum_{i=1}^{n}\sum_{j=1}^{2} Q_{Rxij} - F_{Rtx} - (R_{R1} + R_{R2}) \\[3mm] m(\dot{v}_{Ry} - v_{Rx}\dot{\theta}_R) = \sum_{i=1}^{n}\sum_{j=1}^{2} Q_{Ryij} - F_{Rty} \\[3mm] I_{Rz}\ddot{\theta}_R = \dfrac{B}{2}\sum_{i=1}^{n}(Q_{Rxi2} - Q_{Rxi1}) - \sum_{i=1}^{n}\sum_{j=1}^{2} Q_{Ryij}\left(\dfrac{1}{2} - \dfrac{i-1}{n-1}\right)L \\[3mm] \qquad\qquad + F_{Rty}l + \dfrac{B}{2}(R_{R1} - R_{R2}) - M_R \end{cases} \quad (5.33)$$

将铰接式履带车辆前后车进行整体分析,则铰接点处受到前后车的作用力属于内力,而推动前后车的转向力矩可以通过铰接点的偏转角加速度来表示。将式(5.1)至(5.31)代入到式(5.32),(5.33)中,则铰接式履带车辆的动力学方程可以直接用未知量 v_{Fx}, v_{Fy}, $\dot{\theta}_F$ 来表示:

$$\begin{bmatrix} -m(2 + \sin\alpha\cos\alpha) & m\sin\alpha\cos\alpha & ml\sin\alpha\cos\alpha \\ -m\sin^2\alpha & -m(1 + \cos^2\alpha) & ml \\ -ml\sin\alpha & ml(\cos\alpha - 1) & I_{Fz} + I_{Rz} + ml^2\cos\alpha \end{bmatrix} \begin{bmatrix} \dot{v}_{Fx} \\ \dot{v}_{Fy} \\ \ddot{\theta}_F \end{bmatrix} = \begin{bmatrix} F(1) \\ F(2) \\ F(3) \end{bmatrix}$$

$$(5.34)$$

式中:$F(1)$,$F(2)$ 以及 $F(3)$ 分别表示为

$$F(1) = f(1)\cos\alpha + f(2)\sin\alpha + f(3) \qquad (5.35)$$

$$F(2) = f(1)\sin\alpha - f(2)\cos\alpha + f(4) \qquad (5.36)$$

$$F(3) = lf(2) + f(4) + f(5) + f(6) + \ddot{\alpha}I_{Rz} \qquad (5.37)$$

式中:$f(1) \sim f(6)$ 分别表示为

$$f(1) = m[s(1) + s(2)] - \sum_{i=1}^{n}\sum_{j=1}^{2} Q_{Rxij} \qquad (5.38)$$

$$f(2) = -m[s(3) - s(4)] + \sum_{i=1}^{n}\sum_{j=1}^{2} Q_{Ryij} \qquad (5.39)$$

$$f(3) = mV_{Fy}\dot{\theta} - \sum_{i=1}^{n}\sum_{j=1}^{2} Q_{Fxij} \qquad (5.40)$$

$$f(4) = -mV_{Fx}\dot{\theta} - \sum_{i=1}^{n}\sum_{j=1}^{2} Q_{Fyij} \qquad (5.41)$$

$$f(5) = \frac{B}{2}(R_{F1} - R_{F2}) + \frac{B}{2}(R_{R1} - R_{R2}) \qquad (5.42)$$

$$f(6) = \frac{B}{2}s(5) - Ls(6) \qquad (5.43)$$

式中: $s(1) \sim s(6)$ 分别表示为

$$s(1) = v_{Fx}(\cos\alpha - \sin\alpha)\ddot{\alpha} + l\dot{\theta}_F \cos\alpha \cdot \dot{\alpha} \tag{5.44}$$

$$s(2) = \left[l\dot{\theta}_R - v_{Fx}\sin\alpha + (v_{Fy} + l\dot{\theta}_R)\cos\alpha \right]\dot{\theta}_R \tag{5.45}$$

$$s(3) = -v_{Fx}\cos\alpha \cdot \dot{\alpha} - v_{Fy}\sin\alpha \cdot \dot{\alpha} + l\dot{\theta}_R - l\dot{\theta}_F \sin\alpha \cdot \dot{\alpha} \tag{5.46}$$

$$s(4) = \left[v_{Fx}\cos\alpha + (v_{Fx} + l\dot{\theta}_F)\cos\alpha \right]\dot{\theta}_R \tag{5.47}$$

$$s(5) = \sum_{i=1}^{n}(Q_{Fxi2} - Q_{Fxi1}) + \sum_{i=1}^{n}(Q_{Rxi2} - Q_{Rxi1}) \tag{5.48}$$

$$s(6) = \sum_{i=1}^{n}\sum_{j=1}^{2} Q_{Ryij}\left(\frac{1}{2} - \frac{i-1}{n-1}\right) - \sum_{i=1}^{n}\sum_{j=1}^{2} Q_{Ryij}\left(\frac{1}{2} - \frac{i-1}{n-1}\right) \tag{5.49}$$

铰接式履带车辆中铰接点偏转角度 α 表示为

$$\alpha = K \cdot t \tag{5.50}$$

式中: K 为铰接点偏转角速度。

5.2　铰接式履带车辆机电耦合建模

5.2.1　直行工况机电耦合建模

铰接式履带车辆直行工况下,前后车左右两侧履带的行驶速度相等,则前后车质心点的行驶速度相等,即 $v_F = v_R = v_C$,因此,前后车两侧履带具有相同的机电耦合性能,结合直行工况下对铰接式履带车辆的动力学分析,以及履带机电系统的动力学方程,直行工况下感应电机的电磁转矩可以表示为

$$T_d = \left(F_d + \frac{m}{2}\frac{\mathrm{d}v_C}{\mathrm{d}t}\right)\frac{r}{i_L} + \frac{J}{n_p}\frac{\mathrm{d}\omega_d}{\mathrm{d}t} \tag{5.51}$$

式中: F_d 表示单条履带的负载转矩; $v_C = r\omega_d / i_L$,则有

$$T_d = \left(F_d + \frac{mr}{2i_L}\frac{\mathrm{d}\omega_d}{\mathrm{d}t}\right)\frac{r}{i_L} + \frac{J}{n_p}\frac{\mathrm{d}\omega_d}{\mathrm{d}t} \tag{5.52}$$

对式(5.52)进行整理,得到转子转动角速度对时间的导数为

$$\frac{\mathrm{d}\omega_d}{\mathrm{d}t} = \frac{2i_L^2 n_p T_d - 2i_L m_p F_d}{mr^2 n_p + 2i_L^2 J} \tag{5.53}$$

结合式(5.53),可以得到铰接式履带车辆在直行工况下的机电耦合动态方程为

$$\begin{cases}\dfrac{\mathrm{d}\omega_{\mathrm d}}{\mathrm dt}=\dfrac{2n_{\mathrm p}^2 i_{\mathrm L}^2 L_{\mathrm m}(i_{\mathrm{qs}}\psi_{\mathrm{dr}}-i_{\mathrm{ds}}\psi_{\mathrm{qr}})-2n_{\mathrm p}i_{\mathrm L}rF_{\mathrm d}L_{\mathrm r}}{(mr^2 n_{\mathrm p}+2i_{\mathrm L}^2 J)L_{\mathrm r}}\\[2mm]
\dfrac{\mathrm d\psi_{\mathrm{dr}}}{\mathrm dt}=-\dfrac{1}{T_{\mathrm r}}\psi_{\mathrm{dr}}+(\omega_{\mathrm n}-\omega_{\mathrm d})\psi_{\mathrm{qr}}+\dfrac{L_{\mathrm m}}{T_{\mathrm r}}i_{\mathrm{ds}}\\[2mm]
\dfrac{\mathrm d\psi_{\mathrm{qr}}}{\mathrm dt}=-\dfrac{1}{T_{\mathrm r}}\psi_{\mathrm{qr}}-(\omega_{\mathrm n}-\omega_{\mathrm d})\psi_{\mathrm{dr}}+\dfrac{L_{\mathrm m}}{T_{\mathrm r}}i_{\mathrm{qs}}\\[2mm]
\dfrac{\mathrm di_{\mathrm{ds}}}{\mathrm dt}=\dfrac{L_{\mathrm m}}{\sigma L_{\mathrm s}L_{\mathrm r}T_{\mathrm r}}\psi_{\mathrm{dr}}+\dfrac{L_{\mathrm m}}{\sigma L_{\mathrm s}L_{\mathrm r}}\omega_{\mathrm d}\psi_{\mathrm{qr}}-\dfrac{R_{\mathrm s}L_{\mathrm r}^2+R_{\mathrm r}L_{\mathrm m}^2}{\sigma L_{\mathrm s}L_{\mathrm r}^2}i_{\mathrm{ds}}+\omega_{\mathrm n}i_{\mathrm{qs}}+\dfrac{u_{\mathrm{ds}}}{\sigma L_{\mathrm s}}\\[2mm]
\dfrac{\mathrm di_{\mathrm{qs}}}{\mathrm dt}=\dfrac{L_{\mathrm m}}{\sigma L_{\mathrm s}L_{\mathrm r}T_{\mathrm r}}\psi_{\mathrm{qr}}+\dfrac{L_{\mathrm m}}{\sigma L_{\mathrm s}L_{\mathrm r}}\omega_{\mathrm d}\psi_{\mathrm{dr}}-\dfrac{R_{\mathrm s}L_{\mathrm r}^2+R_{\mathrm r}L_{\mathrm m}^2}{\sigma L_{\mathrm s}L_{\mathrm r}^2}i_{\mathrm{qs}}-\omega_{\mathrm n}i_{\mathrm{ds}}+\dfrac{u_{\mathrm{qs}}}{\sigma L_{\mathrm s}}\end{cases} \tag{5.54}$$

5.2.2 转向工况机电耦合建模

由于铰接式履带车辆的四条履带分别由四个电机独立驱动,因此在转向过程中,四条履带驱动轮的速度在一定约束范围内相对独立,令前车两侧履带速度分别为 $v_{\mathrm{F1}},v_{\mathrm{F2}}$;后车两侧履带速度分别为 $v_{\mathrm{R1}},v_{\mathrm{R2}}$。根据履带车辆的运动学原理并做一定的简化,可以得到前后车质心点的速度为

$$\begin{cases}v_{\mathrm F}=\dfrac{1}{2}(v_{\mathrm{F1}}+v_{\mathrm{F2}})\\[2mm]\omega_{\mathrm F}=\dfrac{1}{B}(v_{\mathrm{F2}}-v_{\mathrm{F1}})\\[2mm]v_{\mathrm R}=\dfrac{1}{2}(v_{\mathrm{R1}}+v_{\mathrm{R2}})\\[2mm]\omega_{\mathrm R}=\dfrac{1}{B}(v_{\mathrm{R2}}-v_{\mathrm{R1}})\end{cases} \tag{5.55}$$

式(5.55)对时间的一阶导数,即前后车质心点的加速度可以表示为

$$\begin{cases}\dfrac{\mathrm dv_{\mathrm F}}{\mathrm dt}=\dfrac{1}{2}\left(\dfrac{\mathrm dv_{\mathrm{F1}}}{\mathrm dt}+\dfrac{\mathrm dv_{\mathrm{F2}}}{\mathrm dt}\right)\\[2mm]\dfrac{\mathrm d\omega_{\mathrm F}}{\mathrm dt}=\dfrac{1}{B}\left(\dfrac{\mathrm dv_{\mathrm{F2}}}{\mathrm dt}-\dfrac{\mathrm dv_{\mathrm{F1}}}{\mathrm dt}\right)\\[2mm]\dfrac{\mathrm dv_{\mathrm R}}{\mathrm dt}=\dfrac{1}{2}\left(\dfrac{\mathrm dv_{\mathrm{R1}}}{\mathrm dt}+\dfrac{\mathrm dv_{\mathrm{R2}}}{\mathrm dt}\right)\\[2mm]\dfrac{\mathrm d\omega_{\mathrm R}}{\mathrm dt}=\dfrac{1}{B}\left(\dfrac{\mathrm dv_{\mathrm{R2}}}{\mathrm dt}-\dfrac{\mathrm dv_{\mathrm{R1}}}{\mathrm dt}\right)\end{cases} \tag{5.56}$$

　　铰接式履带车辆前后车两侧履带的加速度可以表示为速度对时间的一阶导数,即表示为

$$\begin{cases} \dfrac{\mathrm{d}v_{\mathrm{F1}}}{\mathrm{d}t} = \dfrac{\mathrm{d}\omega_{\mathrm{dF1}}}{\mathrm{d}t}\dfrac{r}{i_{\mathrm{L}}} \\[2mm] \dfrac{\mathrm{d}v_{\mathrm{F2}}}{\mathrm{d}t} = \dfrac{\mathrm{d}\omega_{\mathrm{dF2}}}{\mathrm{d}t}\dfrac{r}{i_{\mathrm{L}}} \\[2mm] \dfrac{\mathrm{d}v_{\mathrm{R1}}}{\mathrm{d}t} = \dfrac{\mathrm{d}\omega_{\mathrm{dR1}}}{\mathrm{d}t}\dfrac{r}{i_{\mathrm{L}}} \\[2mm] \dfrac{\mathrm{d}v_{\mathrm{R2}}}{\mathrm{d}t} = \dfrac{\mathrm{d}\omega_{\mathrm{dR2}}}{\mathrm{d}t}\dfrac{r}{i_{\mathrm{L}}} \end{cases} \tag{5.57}$$

　　将转向工况下铰接式履带车辆的动力学方程与感应电机模型结合,可以得到转向工况下前后车的感应电机电磁转矩,表示为

$$\begin{cases} T_{\mathrm{dF1}} = \dfrac{J}{n_{\mathrm{p}}}\dfrac{\mathrm{d}\omega_{\mathrm{dF1}}}{\mathrm{d}t} + \dfrac{r}{i_{\mathrm{L}}}\left(R_{\mathrm{F1}} + \dfrac{m}{2}\dfrac{\mathrm{d}v_{\mathrm{CF}}}{\mathrm{d}t} - \dfrac{M_{\mathrm{FO1}}}{B} - \dfrac{J_{\mathrm{CF}}}{B}\dfrac{\mathrm{d}\omega_{\mathrm{CF}}}{\mathrm{d}t}\right) \\[3mm] T_{\mathrm{dF2}} = \dfrac{J}{n_{\mathrm{p}}}\dfrac{\mathrm{d}\omega_{\mathrm{dF2}}}{\mathrm{d}t} + \dfrac{r}{i_{\mathrm{L}}}\left(R_{\mathrm{F2}} + \dfrac{m}{2}\dfrac{\mathrm{d}v_{\mathrm{CF}}}{\mathrm{d}t} - \dfrac{M_{\mathrm{FO2}}}{B} + \dfrac{J_{\mathrm{CF}}}{B}\dfrac{\mathrm{d}\omega_{\mathrm{CF}}}{\mathrm{d}t}\right) \\[3mm] T_{\mathrm{dR1}} = \dfrac{J}{n_{\mathrm{p}}}\dfrac{\mathrm{d}\omega_{\mathrm{dR1}}}{\mathrm{d}t} + \dfrac{r}{i_{\mathrm{L}}}\left(R_{\mathrm{R1}} + \dfrac{m}{2}\dfrac{\mathrm{d}v_{\mathrm{CR}}}{\mathrm{d}t} - \dfrac{M_{\mathrm{RO1}}}{B} - \dfrac{J_{\mathrm{CR}}}{B}\dfrac{\mathrm{d}\omega_{\mathrm{CR}}}{\mathrm{d}t}\right) \\[3mm] T_{\mathrm{dR2}} = \dfrac{J}{n_{\mathrm{p}}}\dfrac{\mathrm{d}\omega_{\mathrm{dR2}}}{\mathrm{d}t} + \dfrac{r}{i_{\mathrm{L}}}\left(R_{\mathrm{R2}} + \dfrac{m}{2}\dfrac{\mathrm{d}v_{\mathrm{CR}}}{\mathrm{d}t} - \dfrac{M_{\mathrm{RO2}}}{B} + \dfrac{J_{\mathrm{CR}}}{B}\dfrac{\mathrm{d}\omega_{\mathrm{CR}}}{\mathrm{d}t}\right) \end{cases} \tag{5.91}$$

将式(5.56),(5.57)代入到式(5.58)中,得到

$$\begin{cases} T_{\mathrm{dF1}} = \dfrac{J}{n_{\mathrm{p}}}\dfrac{\mathrm{d}\omega_{\mathrm{dF1}}}{\mathrm{d}t} + \dfrac{r}{i_{\mathrm{L}}}\left[R_{\mathrm{F1}} + \dfrac{mr}{4i_{\mathrm{L}}}\left(\dfrac{\mathrm{d}\omega_{\mathrm{dF1}}}{\mathrm{d}t} + \dfrac{\mathrm{d}\omega_{\mathrm{dF2}}}{\mathrm{d}t}\right) - \dfrac{M_{\mathrm{FO1}}}{B} - \dfrac{J_{\mathrm{CF}}r}{B^2 i_{\mathrm{L}}}\left(\dfrac{\mathrm{d}\omega_{\mathrm{dF2}}}{\mathrm{d}t} - \dfrac{\mathrm{d}\omega_{\mathrm{dF1}}}{\mathrm{d}t}\right)\right] \\[3mm] T_{\mathrm{dF2}} = \dfrac{J}{n_{\mathrm{p}}}\dfrac{\mathrm{d}\omega_{\mathrm{dF2}}}{\mathrm{d}t} + \dfrac{r}{i_{\mathrm{L}}}\left[R_{\mathrm{F2}} + \dfrac{mr}{4i_{\mathrm{L}}}\left(\dfrac{\mathrm{d}\omega_{\mathrm{dF1}}}{\mathrm{d}t} + \dfrac{\mathrm{d}\omega_{\mathrm{dF2}}}{\mathrm{d}t}\right) - \dfrac{M_{\mathrm{FO2}}}{B} - \dfrac{J_{\mathrm{CF}}r}{B^2 i_{\mathrm{L}}}\left(\dfrac{\mathrm{d}\omega_{\mathrm{dF2}}}{\mathrm{d}t} - \dfrac{\mathrm{d}\omega_{\mathrm{dF1}}}{\mathrm{d}t}\right)\right] \\[3mm] T_{\mathrm{dR1}} = \dfrac{J}{n_{\mathrm{p}}}\dfrac{\mathrm{d}\omega_{\mathrm{dR1}}}{\mathrm{d}t} + \dfrac{r}{i_{\mathrm{L}}}\left[R_{\mathrm{R1}} + \dfrac{mr}{4i_{\mathrm{L}}}\left(\dfrac{\mathrm{d}\omega_{\mathrm{dR1}}}{\mathrm{d}t} + \dfrac{\mathrm{d}\omega_{\mathrm{dR2}}}{\mathrm{d}t}\right) - \dfrac{M_{\mathrm{RO1}}}{B} - \dfrac{J_{\mathrm{CR}}r}{B^2 i_{\mathrm{L}}}\left(\dfrac{\mathrm{d}\omega_{\mathrm{dR2}}}{\mathrm{d}t} - \dfrac{\mathrm{d}\omega_{\mathrm{dR1}}}{\mathrm{d}t}\right)\right] \\[3mm] T_{\mathrm{dR2}} = \dfrac{J}{n_{\mathrm{p}}}\dfrac{\mathrm{d}\omega_{\mathrm{dR2}}}{\mathrm{d}t} + \dfrac{r}{i_{\mathrm{L}}}\left[R_{\mathrm{R2}} + \dfrac{mr}{4i_{\mathrm{L}}}\left(\dfrac{\mathrm{d}\omega_{\mathrm{dR1}}}{\mathrm{d}t} + \dfrac{\mathrm{d}\omega_{\mathrm{dR2}}}{\mathrm{d}t}\right) - \dfrac{M_{\mathrm{RO2}}}{B} - \dfrac{J_{\mathrm{CR}}r}{B^2 i_{\mathrm{L}}}\left(\dfrac{\mathrm{d}\omega_{\mathrm{dR2}}}{\mathrm{d}t} - \dfrac{\mathrm{d}\omega_{\mathrm{dR1}}}{\mathrm{d}t}\right)\right] \end{cases} \tag{5.59}$$

对式(5.59)进行整理,得到前后车两侧履带电机的转动角加速度为

$$\begin{cases}
\dfrac{\mathrm{d}\omega_{\mathrm{dF1}}}{\mathrm{d}t} = \dfrac{\left(\dfrac{J_{\mathrm{CF}}r^2}{B^2 i_{\mathrm{L}}^2} + \dfrac{mr^2}{4i_{\mathrm{L}}^2} + \dfrac{J}{n_{\mathrm{p}}}\right)\left[T_{\mathrm{dF1}} - \left(F_{\mathrm{F\xi1}} - \dfrac{M_{\mathrm{FO1}}}{B}\right)\dfrac{r}{i_{\mathrm{L}}}\right]}{\left(\dfrac{J_{\mathrm{CF}}r^2}{B^2 i_{\mathrm{L}}^2} + \dfrac{mr^2}{4i_{\mathrm{L}}^2} + \dfrac{J}{n_{\mathrm{p}}}\right)^2 - \left(\dfrac{mr^2}{4i_{\mathrm{L}}^2} - \dfrac{J_{\mathrm{CF}}r^2}{B^2 i_{\mathrm{L}}^2}\right)^2} \\[20pt]
\qquad\quad - \dfrac{\left(\dfrac{mr^2}{4i_{\mathrm{L}}^2} - \dfrac{J_{\mathrm{CF}}r^2}{B^2 i_{\mathrm{L}}^2}\right)\left[T_{\mathrm{dF2}} - \left(F_{\mathrm{F\xi2}} - \dfrac{M_{\mathrm{FO2}}}{B}\right)\dfrac{r}{i_{\mathrm{L}}}\right]}{\left(\dfrac{J_{\mathrm{CF}}r^2}{B^2 i_{\mathrm{L}}^2} + \dfrac{mr^2}{4i_{\mathrm{L}}^2} + \dfrac{J}{n_{\mathrm{p}}}\right)^2 - \left(\dfrac{mr^2}{4i_{\mathrm{L}}^2} - \dfrac{J_{\mathrm{CF}}r^2}{B^2 i_{\mathrm{L}}^2}\right)^2} \\[20pt]
\dfrac{\mathrm{d}\omega_{\mathrm{dF2}}}{\mathrm{d}t} = \dfrac{\left(\dfrac{mr^2}{4i_{\mathrm{L}}^2} - \dfrac{J_{\mathrm{CF}}r^2}{B^2 i_{\mathrm{L}}^2}\right)\left[T_{\mathrm{dF1}} - \left(R_{\mathrm{F1}} - \dfrac{M_{\mathrm{FO1}}}{B}\right)\dfrac{r}{i_{\mathrm{L}}}\right]}{\left(\dfrac{mr^2}{4i_{\mathrm{L}}^2} - \dfrac{J_{\mathrm{CF}}r^2}{B^2 i_{\mathrm{L}}^2}\right)^2 - \left(\dfrac{J_{\mathrm{CF}}r^2}{B^2 i_{\mathrm{L}}^2} + \dfrac{mr^2}{4i_{\mathrm{L}}^2} + \dfrac{J}{n_{\mathrm{p}}}\right)^2} \\[20pt]
\qquad\quad - \dfrac{\left(\dfrac{J_{\mathrm{CF}}r^2}{B^2 i_{\mathrm{L}}^2} + \dfrac{mr^2}{4i_{\mathrm{L}}^2} + \dfrac{J}{n_{\mathrm{p}}}\right)\left[T_{\mathrm{dF2}} - \left(R_{\mathrm{F2}} - \dfrac{M_{\mathrm{FO2}}}{B}\right)\dfrac{r}{i_{\mathrm{L}}}\right]}{\left(\dfrac{mr^2}{4i_{\mathrm{L}}^2} - \dfrac{J_{\mathrm{CF}}r^2}{B^2 i_{\mathrm{L}}^2}\right)^2 - \left(\dfrac{J_{\mathrm{CF}}r^2}{B^2 i_{\mathrm{L}}^2} + \dfrac{mr^2}{4i_{\mathrm{L}}^2} + \dfrac{J}{n_{\mathrm{p}}}\right)^2} \\[20pt]
\dfrac{\mathrm{d}\omega_{\mathrm{dR1}}}{\mathrm{d}t} = \dfrac{\left(\dfrac{J_{\mathrm{CR}}r^2}{B^2 i_{\mathrm{L}}^2} + \dfrac{mr^2}{4i_{\mathrm{L}}^2} + \dfrac{J}{n_{\mathrm{p}}}\right)\left[T_{\mathrm{dR1}} - \left(R_{\mathrm{R1}} - \dfrac{M_{\mathrm{RO1}}}{B}\right)\dfrac{r}{i_{\mathrm{L}}}\right]}{\left(\dfrac{J_{\mathrm{CR}}r^2}{B^2 i_{\mathrm{L}}^2} + \dfrac{mr^2}{4i_{\mathrm{L}}^2} + \dfrac{J}{n_{\mathrm{p}}}\right)^2 - \left(\dfrac{mr^2}{4i_{\mathrm{L}}^2} - \dfrac{J_{\mathrm{CR}}r^2}{B^2 i_{\mathrm{L}}^2}\right)^2} \\[20pt]
\qquad\quad - \dfrac{\left(\dfrac{mr^2}{4i_{\mathrm{L}}^2} - \dfrac{J_{\mathrm{CR}}r^2}{B^2 i_{\mathrm{L}}^2}\right)\left[T_{\mathrm{dR2}} - \left(R_{\mathrm{R2}} - \dfrac{M_{\mathrm{RO2}}}{B}\right)\dfrac{r}{i_{\mathrm{L}}}\right]}{\left(\dfrac{J_{\mathrm{CR}}r^2}{B^2 i_{\mathrm{L}}^2} + \dfrac{mr^2}{4i_{\mathrm{L}}^2} + \dfrac{J}{n_{\mathrm{p}}}\right)^2 - \left(\dfrac{mr^2}{4i_{\mathrm{L}}^2} - \dfrac{J_{\mathrm{CR}}r^2}{B^2 i_{\mathrm{L}}^2}\right)^2} \\[20pt]
\dfrac{\mathrm{d}\omega_{\mathrm{dR2}}}{\mathrm{d}t} = \dfrac{\left(\dfrac{mr^2}{4i_{\mathrm{L}}^2} - \dfrac{J_{\mathrm{CR}}r^2}{B^2 i_{\mathrm{L}}^2}\right)\left[T_{\mathrm{dR2}} - \left(R_{\mathrm{R1}} - \dfrac{M_{\mathrm{RO1}}}{B}\right)\dfrac{r}{i_{\mathrm{L}}}\right]}{\left(\dfrac{mr^2}{4i_{\mathrm{L}}^2} - \dfrac{J_{\mathrm{CR}}r^2}{B^2 i_{\mathrm{L}}^2}\right)^2 - \left(\dfrac{J_{\mathrm{CR}}r^2}{B^2 i_{\mathrm{L}}^2} + \dfrac{mr^2}{4i_{\mathrm{L}}^2} + \dfrac{J}{n_{\mathrm{p}}}\right)^2} \\[20pt]
\qquad\quad - \dfrac{\left(\dfrac{J_{\mathrm{CR}}r^2}{B^2 i_{\mathrm{L}}^2} + \dfrac{mr^2}{4i_{\mathrm{L}}^2} + \dfrac{J}{n_{\mathrm{p}}}\right)\left[T_{\mathrm{dR2}} - \left(R_{\mathrm{R2}} - \dfrac{M_{\mathrm{RO2}}}{B}\right)\dfrac{r}{i_{\mathrm{L}}}\right]}{\left(\dfrac{mr^2}{4i_{\mathrm{L}}^2} - \dfrac{J_{\mathrm{CR}}r^2}{B^2 i_{\mathrm{L}}^2}\right)^2 - \left(\dfrac{J_{\mathrm{CR}}r^2}{B^2 i_{\mathrm{L}}^2} + \dfrac{mr^2}{4i_{\mathrm{L}}^2} + \dfrac{J}{n_{\mathrm{p}}}\right)^2}
\end{cases} \tag{5.60}$$

由此可以得到铰接式履带车辆转向工况下的机电耦合动态方程,由式(5.61)表示。式中,$\omega_{n\mathrm{F1}}$,$\omega_{n\mathrm{F2}}$ 与 $\omega_{n\mathrm{R1}}$,$\omega_{n\mathrm{R2}}$ 分别为前后车两侧履带驱动电机的供电频率;$u_{d\mathrm{sF1}}$,$u_{q\mathrm{sF1}}$ 与 $u_{d\mathrm{sF2}}$,$u_{q\mathrm{sF2}}$ 分别为前车两侧履带驱动电机的 dq 两相电压;$u_{d\mathrm{sR1}}$,$u_{q\mathrm{sR1}}$ 与 $u_{d\mathrm{sR2}}$,$u_{q\mathrm{sR2}}$ 分别为后车两侧履带驱动电机的 dq 两相电压;$i_{d\mathrm{sF1}}$,$i_{q\mathrm{sF1}}$ 与 $i_{d\mathrm{sF2}}$,$i_{q\mathrm{sF2}}$ 分别为前车两侧履带驱动电机的 dq 两相电流;$i_{d\mathrm{sR1}}$,$i_{q\mathrm{sR1}}$ 与 $i_{d\mathrm{sR2}}$,$i_{q\mathrm{sR2}}$ 分别为

后车两侧履带驱动电机的 dq 两相电流；ψ_{dsF1}，ψ_{qsF1} 与 ψ_{dsF2}，ψ_{qsF2} 分别为前车两侧履带驱动电机转子的 dq 两相磁链；ψ_{dsR1}，ψ_{qsR1} 与 ψ_{dsR2}，ψ_{qsR2} 分别为后车两侧履带驱动电机转子的 dq 两相磁链。

$$
\begin{cases}
\dfrac{\mathrm{d}\omega_{\mathrm{dF1}}}{\mathrm{d}t} = \dfrac{\left(\dfrac{J_{\mathrm{CF}}r^2}{B^2 i_{\mathrm{L}}^2} + \dfrac{mr^2}{4 i_{\mathrm{L}}^2} + \dfrac{J}{n_{\mathrm{p}}}\right)\left[\dfrac{n_{\mathrm{p}}L_{\mathrm{m}}}{L_{\mathrm{r}}}(i_{qsF1}\psi_{drF1} - i_{dsF1}\psi_{qrF1}) - \left(R_{\mathrm{F1}} - \dfrac{M_{\mathrm{FO1}}}{B}\right)\dfrac{r}{i_{\mathrm{L}}}\right]}{\left(\dfrac{J_{\mathrm{CF}}r^2}{B^2 i_{\mathrm{L}}^2} + \dfrac{mr^2}{4 i_{\mathrm{L}}^2} + \dfrac{J}{n_{\mathrm{p}}}\right)^2 - \left(\dfrac{mr^2}{4 i_{\mathrm{L}}^2} - \dfrac{J_{\mathrm{CF}}r^2}{B^2 i_{\mathrm{L}}^2}\right)^2} \\[2em]
\qquad\quad - \dfrac{\left(\dfrac{mr^2}{4 i_{\mathrm{L}}^2} - \dfrac{J_{\mathrm{CF}}r^2}{B^2 i_{\mathrm{L}}^2}\right)\left[\dfrac{n_{\mathrm{p}}L_{\mathrm{m}}}{L_{\mathrm{r}}}(i_{qsF2}\psi_{drF2} - i_{dsF2}\psi_{qrF2}) - \left(R_{\mathrm{F2}} - \dfrac{M_{\mathrm{FO2}}}{B}\right)\dfrac{r}{i_{\mathrm{L}}}\right]}{\left(\dfrac{J_{\mathrm{CF}}r^2}{B^2 i_{\mathrm{L}}^2} + \dfrac{mr^2}{4 i_{\mathrm{L}}^2} + \dfrac{J}{n_{\mathrm{p}}}\right)^2 - \left(\dfrac{mr^2}{4 i_{\mathrm{L}}^2} - \dfrac{J_{\mathrm{CF}}r^2}{B^2 i_{\mathrm{L}}^2}\right)^2} \\[2em]
\dfrac{\mathrm{d}\psi_{drF1}}{\mathrm{d}t} = -\dfrac{1}{T_{\mathrm{r}}}\psi_{drF1} + (\omega_{nF1} - \omega_{\mathrm{dF1}})\psi_{qrF1} + \dfrac{L_{\mathrm{m}}}{T_{\mathrm{r}}}i_{dsF1} \\[1em]
\dfrac{\mathrm{d}\psi_{qrF1}}{\mathrm{d}t} = -\dfrac{1}{T_{\mathrm{r}}}\psi_{qrF1} - (\omega_{nF1} - \omega_{\mathrm{dF1}})\psi_{drF1} + \dfrac{L_{\mathrm{m}}}{T_{\mathrm{r}}}i_{qsF1} \\[1em]
\dfrac{\mathrm{d}i_{dsF1}}{\mathrm{d}t} = \dfrac{L_{\mathrm{m}}}{\sigma L_{\mathrm{s}} L_{\mathrm{r}} T_{\mathrm{r}}}\psi_{drF1} + \dfrac{L_{\mathrm{m}}}{\sigma L_{\mathrm{s}} L_{\mathrm{r}}}\omega_{\mathrm{dF1}}\psi_{qrF1} - \dfrac{R_{\mathrm{s}} L_{\mathrm{r}}^2 + R_{\mathrm{r}} L_{\mathrm{m}}^2}{\sigma L_{\mathrm{s}} L_{\mathrm{r}}^2}i_{dsF1} + \omega_{nF1} i_{qsF1} + \dfrac{u_{dsF1}}{\sigma L_{\mathrm{s}}} \\[1em]
\dfrac{\mathrm{d}i_{qsF1}}{\mathrm{d}t} = \dfrac{L_{\mathrm{m}}}{\sigma L_{\mathrm{s}} L_{\mathrm{r}} T_{\mathrm{r}}}\psi_{qrF1} + \dfrac{L_{\mathrm{m}}}{\sigma L_{\mathrm{s}} L_{\mathrm{r}}}\omega_{\mathrm{dF1}}\psi_{drF1} - \dfrac{R_{\mathrm{s}} L_{\mathrm{r}}^2 + R_{\mathrm{r}} L_{\mathrm{m}}^2}{\sigma L_{\mathrm{s}} L_{\mathrm{r}}^2}i_{qsF1} - \omega_{nF1} i_{dsF1} + \dfrac{u_{qsF1}}{\sigma L_{\mathrm{s}}} \\[1em]
\dfrac{\mathrm{d}\omega_{\mathrm{dF2}}}{\mathrm{d}t} = \dfrac{\left(\dfrac{mr^2}{4 i_{\mathrm{L}}^2} - \dfrac{J_{\mathrm{CF}}r^2}{B^2 i_{\mathrm{L}}^2}\right)\left[\dfrac{n_{\mathrm{p}}L_{\mathrm{m}}}{L_{\mathrm{r}}}(i_{qsF1}\psi_{drF1} - i_{dsF1}\psi_{qrF1}) - \left(R_{\mathrm{F1}} - \dfrac{M_{\mathrm{FO1}}}{B}\right)\dfrac{r}{i_{\mathrm{L}}}\right]}{\left(\dfrac{mr^2}{4 i_{\mathrm{L}}^2} - \dfrac{J_{\mathrm{CF}}r^2}{B^2 i_{\mathrm{L}}^2}\right)^2 - \left(\dfrac{J_{\mathrm{CF}}r^2}{B^2 i_{\mathrm{L}}^2} + \dfrac{mr^2}{4 i_{\mathrm{L}}^2} + \dfrac{J}{n_{\mathrm{p}}}\right)^2} \\[2em]
\qquad\quad - \dfrac{\left(\dfrac{J_{\mathrm{CF}}r^2}{B^2 i_{\mathrm{L}}^2} + \dfrac{mr^2}{4 i_{\mathrm{L}}^2} + \dfrac{J}{n_{\mathrm{p}}}\right)\left[\dfrac{n_{\mathrm{p}}L_{\mathrm{m}}}{L_{\mathrm{r}}}(i_{qsF2}\psi_{drF2} - i_{dsF2}\psi_{qrF2}) - \left(R_{\mathrm{F2}} - \dfrac{M_{\mathrm{FO2}}}{B}\right)\dfrac{r}{i_{\mathrm{L}}}\right]}{\left(\dfrac{mr^2}{4 i_{\mathrm{L}}^2} - \dfrac{J_{\mathrm{CF}}r^2}{B^2 i_{\mathrm{L}}^2}\right)^2 - \left(\dfrac{J_{\mathrm{CF}}r^2}{B^2 i_{\mathrm{L}}^2} + \dfrac{mr^2}{4 i_{\mathrm{L}}^2} + \dfrac{J}{n_{\mathrm{p}}}\right)^2} \\[2em]
\dfrac{\mathrm{d}\psi_{drF2}}{\mathrm{d}t} = -\dfrac{1}{T_{\mathrm{r}}}\psi_{drF2} + (\omega_{nF2} - \omega_{\mathrm{dF2}})\psi_{qrF2} + \dfrac{L_{\mathrm{m}}}{T_{\mathrm{r}}}i_{dsF2} \\[1em]
\dfrac{\mathrm{d}\psi_{qrF2}}{\mathrm{d}t} = -\dfrac{1}{T_{\mathrm{r}}}\psi_{qrF2} - (\omega_{nF2} - \omega_{\mathrm{dF2}})\psi_{drF2} + \dfrac{L_{\mathrm{m}}}{T_{\mathrm{r}}}i_{qsF2} \\[1em]
\dfrac{\mathrm{d}i_{dsF2}}{\mathrm{d}t} = \dfrac{L_{\mathrm{m}}}{\sigma L_{\mathrm{s}} L_{\mathrm{r}} T_{\mathrm{r}}}\psi_{drF2} + \dfrac{L_{\mathrm{m}}}{\sigma L_{\mathrm{s}} L_{\mathrm{r}}}\omega_{\mathrm{dF2}}\psi_{qrF2} - \dfrac{R_{\mathrm{s}} L_{\mathrm{r}}^2 + R_{\mathrm{r}} L_{\mathrm{m}}^2}{\sigma L_{\mathrm{s}} L_{\mathrm{r}}^2}i_{dsF2} + \omega_{nF2} i_{qsF2} + \dfrac{u_{dsF2}}{\sigma L_{\mathrm{s}}} \\[1em]
\dfrac{\mathrm{d}i_{qsF2}}{\mathrm{d}t} = \dfrac{L_{\mathrm{m}}}{\sigma L_{\mathrm{s}} L_{\mathrm{r}} T_{\mathrm{r}}}\psi_{qrF2} + \dfrac{L_{\mathrm{m}}}{\sigma L_{\mathrm{s}} L_{\mathrm{r}}}\omega_{\mathrm{dF2}}\psi_{drF2} - \dfrac{R_{\mathrm{s}} L_{\mathrm{r}}^2 + R_{\mathrm{r}} L_{\mathrm{m}}^2}{\sigma L_{\mathrm{s}} L_{\mathrm{r}}^2}i_{qsF2} - \omega_{nF2} i_{dsF2} + \dfrac{u_{qsF2}}{\sigma L_{\mathrm{s}}}
\end{cases}
$$

$$
\left\{
\begin{aligned}
\frac{\mathrm{d}\omega_{d\mathrm{R}1}}{\mathrm{d}t} &= \frac{\left(\dfrac{J_{\mathrm{CR}}r^2}{B^2 i_{\mathrm{L}}^2} + \dfrac{mr^2}{4i_{\mathrm{L}}^2} + \dfrac{J}{n_{\mathrm{p}}}\right)\left[\dfrac{n_{\mathrm{p}}L_{\mathrm{m}}}{L_{\mathrm{r}}}(i_{qs\mathrm{R}1}\psi_{dr\mathrm{R}1} - i_{ds\mathrm{R}1}\psi_{qr\mathrm{R}1}) - \left(R_{\mathrm{R}1} - \dfrac{M_{\mathrm{RO1}}}{B}\right)\dfrac{r}{i_{\mathrm{L}}}\right]}{\left(\dfrac{J_{\mathrm{CR}}r^2}{B^2 i_{\mathrm{L}}^2} + \dfrac{mr^2}{4i_{\mathrm{L}}^2} + \dfrac{J}{n_{\mathrm{p}}}\right)^2 - \left(\dfrac{mr^2}{4i_{\mathrm{L}}^2} - \dfrac{J_{\mathrm{CR}}r^2}{B^2 i_{\mathrm{L}}^2}\right)^2} \\[2ex]
&\quad - \frac{\left(\dfrac{mr^2}{4i_{\mathrm{L}}^2} - \dfrac{J_{\mathrm{CR}}r^2}{B^2 i_{\mathrm{L}}^2}\right)\left[\dfrac{n_{\mathrm{p}}L_{\mathrm{m}}}{L_{\mathrm{r}}}(i_{qs\mathrm{R}2}\psi_{dr\mathrm{R}2} - i_{ds\mathrm{R}2}\psi_{qr\mathrm{R}2}) - \left(R_{\mathrm{R}2} - \dfrac{M_{\mathrm{RO2}}}{B}\right)\dfrac{r}{i_{\mathrm{L}}}\right]}{\left(\dfrac{J_{\mathrm{CR}}r^2}{B^2 i_{\mathrm{L}}^2} + \dfrac{mr^2}{4i_{\mathrm{L}}^2} + \dfrac{J}{n_{\mathrm{p}}}\right)^2 - \left(\dfrac{mr^2}{4i_{\mathrm{L}}^2} - \dfrac{J_{\mathrm{CR}}r^2}{B^2 i_{\mathrm{L}}^2}\right)^2} \\[2ex]
\frac{\mathrm{d}\psi_{dr\mathrm{R}1}}{\mathrm{d}t} &= -\frac{1}{T_{\mathrm{r}}}\psi_{dr\mathrm{R}1} + (\omega_{n\mathrm{R}1} - \omega_{d\mathrm{R}1})\psi_{qr\mathrm{R}1} + \frac{L_{\mathrm{m}}}{T_{\mathrm{r}}}i_{ds\mathrm{R}1} \\[1ex]
\frac{\mathrm{d}\psi_{qr\mathrm{R}1}}{\mathrm{d}t} &= -\frac{1}{T_{\mathrm{r}}}\psi_{qr\mathrm{R}1} - (\omega_{n\mathrm{R}1} - \omega_{d\mathrm{R}1})\psi_{dr\mathrm{R}1} + \frac{L_{\mathrm{m}}}{T_{\mathrm{r}}}i_{qs\mathrm{R}1} \\[1ex]
\frac{\mathrm{d}i_{ds\mathrm{R}1}}{\mathrm{d}t} &= \frac{L_{\mathrm{m}}}{\sigma L_{\mathrm{s}}L_{\mathrm{r}}T_{\mathrm{r}}}\psi_{dr\mathrm{R}1} + \frac{L_{\mathrm{m}}}{\sigma L_{\mathrm{s}}L_{\mathrm{r}}}\omega_{d\mathrm{R}1}\psi_{qr\mathrm{R}1} - \frac{R_{\mathrm{s}}L_{\mathrm{r}}^2 + R_{\mathrm{r}}L_{\mathrm{m}}^2}{\sigma L_{\mathrm{s}}L_{\mathrm{r}}^2}i_{ds\mathrm{R}1} + \omega_{n\mathrm{R}1}i_{qs\mathrm{R}1} + \frac{u_{ds\mathrm{R}1}}{\sigma L_{\mathrm{s}}} \\[1ex]
\frac{\mathrm{d}i_{qs\mathrm{R}1}}{\mathrm{d}t} &= \frac{L_{\mathrm{m}}}{\sigma L_{\mathrm{s}}L_{\mathrm{r}}T_{\mathrm{r}}}\psi_{qr\mathrm{R}1} + \frac{L_{\mathrm{m}}}{\sigma L_{\mathrm{s}}L_{\mathrm{r}}}\omega_{d\mathrm{R}1}\psi_{dr\mathrm{R}1} - \frac{R_{\mathrm{s}}L_{\mathrm{r}}^2 + R_{\mathrm{r}}L_{\mathrm{m}}^2}{\sigma L_{\mathrm{s}}L_{\mathrm{r}}^2}i_{qs\mathrm{R}1} - \omega_{n\mathrm{R}1}i_{ds\mathrm{R}1} + \frac{u_{qs\mathrm{R}1}}{\sigma L_{\mathrm{s}}} \\[2ex]
\frac{\mathrm{d}\omega_{d\mathrm{R}2}}{\mathrm{d}t} &= \frac{\left(\dfrac{mr^2}{4i_{\mathrm{L}}^2} - \dfrac{J_{\mathrm{CR}}r^2}{B^2 i_{\mathrm{L}}^2}\right)\left[\dfrac{n_{\mathrm{p}}L_{\mathrm{m}}}{L_{\mathrm{r}}}(i_{qs\mathrm{R}1}\psi_{dr\mathrm{R}1} - i_{ds\mathrm{R}1}\psi_{qr\mathrm{R}1}) - \left(R_{\mathrm{R}1} - \dfrac{M_{\mathrm{RO1}}}{B}\right)\dfrac{r}{i_{\mathrm{L}}}\right]}{\left(\dfrac{mr^2}{4i_{\mathrm{L}}^2} - \dfrac{J_{\mathrm{CR}}r^2}{B^2 i_{\mathrm{L}}^2}\right)^2 - \left(\dfrac{J_{\mathrm{CR}}r^2}{B^2 i_{\mathrm{L}}^2} + \dfrac{mr^2}{4i_{\mathrm{L}}^2} + \dfrac{J}{n_{\mathrm{p}}}\right)^2} \\[2ex]
&\quad - \frac{\left(\dfrac{J_{\mathrm{CR}}r^2}{B^2 i_{\mathrm{L}}^2} + \dfrac{mr^2}{4i_{\mathrm{L}}^2} + \dfrac{J}{n_{\mathrm{p}}}\right)\left[\dfrac{n_{\mathrm{p}}L_{\mathrm{m}}}{L_{\mathrm{r}}}(i_{qs\mathrm{R}2}\psi_{dr\mathrm{R}2} - i_{ds\mathrm{R}2}\psi_{qr\mathrm{R}2}) - \left(R_{\mathrm{R}2} - \dfrac{M_{\mathrm{RO2}}}{B}\right)\dfrac{r}{i_{\mathrm{L}}}\right]}{\left(\dfrac{mr^2}{4i_{\mathrm{L}}^2} - \dfrac{J_{\mathrm{CR}}r^2}{B^2 i_{\mathrm{L}}^2}\right)^2 - \left(\dfrac{J_{\mathrm{CR}}r^2}{B^2 i_{\mathrm{L}}^2} + \dfrac{mr^2}{4i_{\mathrm{L}}^2} + \dfrac{J}{n_{\mathrm{p}}}\right)^2} \\[2ex]
\frac{\mathrm{d}\psi_{dr\mathrm{R}2}}{\mathrm{d}t} &= -\frac{1}{T_{\mathrm{r}}}\psi_{dr\mathrm{R}2} + (\omega_{n\mathrm{R}2} - \omega_{d\mathrm{R}2})\psi_{qr\mathrm{R}2} + \frac{L_{\mathrm{m}}}{T_{\mathrm{r}}}i_{ds\mathrm{R}2} \\[1ex]
\frac{\mathrm{d}\psi_{qr\mathrm{R}2}}{\mathrm{d}t} &= -\frac{1}{T_{\mathrm{r}}}\psi_{qr\mathrm{R}2} - (\omega_{n\mathrm{R}2} - \omega_{d\mathrm{R}2})\psi_{dr\mathrm{R}2} + \frac{L_{\mathrm{m}}}{T_{\mathrm{r}}}i_{qs\mathrm{R}2} \\[1ex]
\frac{\mathrm{d}i_{ds\mathrm{R}2}}{\mathrm{d}t} &= \frac{L_{\mathrm{m}}}{\sigma L_{\mathrm{s}}L_{\mathrm{r}}T_{\mathrm{r}}}\psi_{dr\mathrm{R}2} + \frac{L_{\mathrm{m}}}{\sigma L_{\mathrm{s}}L_{\mathrm{r}}}\omega_{d\mathrm{R}2}\psi_{qr\mathrm{R}2} - \frac{R_{\mathrm{s}}L_{\mathrm{r}}^2 + R_{\mathrm{r}}L_{\mathrm{m}}^2}{\sigma L_{\mathrm{s}}L_{\mathrm{r}}^2}i_{ds\mathrm{R}2} + \omega_{n\mathrm{R}2}i_{qs\mathrm{R}2} + \frac{u_{ds\mathrm{R}2}}{\sigma L_{\mathrm{s}}} \\[1ex]
\frac{\mathrm{d}i_{qs\mathrm{R}2}}{\mathrm{d}t} &= \frac{L_{\mathrm{m}}}{\sigma L_{\mathrm{s}}L_{\mathrm{r}}T_{\mathrm{r}}}\psi_{qr\mathrm{R}2} + \frac{L_{\mathrm{m}}}{\sigma L_{\mathrm{s}}L_{\mathrm{r}}}\omega_{d\mathrm{R}2}\psi_{dr\mathrm{R}2} - \frac{R_{\mathrm{s}}L_{\mathrm{r}}^2 + R_{\mathrm{r}}L_{\mathrm{m}}^2}{\sigma L_{\mathrm{s}}L_{\mathrm{r}}^2}i_{qs\mathrm{R}2} - \omega_{n\mathrm{R}2}i_{ds\mathrm{R}2} + \frac{u_{qs\mathrm{R}2}}{\sigma L_{\mathrm{s}}}
\end{aligned}
\right.
$$

$$(5.61)$$

5.3　机电耦合性能仿真

根据上一节中建立的铰接式履带车辆机电耦合系统的动态方程,可以利用 Matlab/Simulink 对模型进行数值仿真。铰接式履带车辆与感应电机的相关参数如表 5.1 和表 5.2 所示。

表 5.1　铰接式履带车辆参数

参数名称	数值	参数名称	数值
履带底盘质量 $m=m'$	450 kg	驱动轮半径 $r=r'$	152 mm
履带板宽度 $b=b'$	300 mm	前后车几何中心与铰接点距离 $l=l'$	788 mm
接地长度 $L=L'$	1 200 mm	铰接点转动角度范围 α	$\pm20°$
接地比压 $P=P'$	6.125 kPa	滚动摩擦系数 f_g	0.1
轨距 $B=B'$	930 mm	最大转向阻力系数 μ_{max}	0.6

表 5.2　感应电机参数

参数名称	数值	参数名称	数值
额定功率 P_N	0.75 kW	额定转速 n_N	1 390 r/min
额定电压 U_N	380 V	额定功率因数 $\cos\varphi$	0.8
额定电流 I_N	2 A	电机转动惯量 J	0.002 1 kg·m²
额定频率 f_N	50 Hz	极对数 n_p	2

根据表 5.2 中相关参数建立的感应电机模型的机械特性曲线如图 5.6 所示。

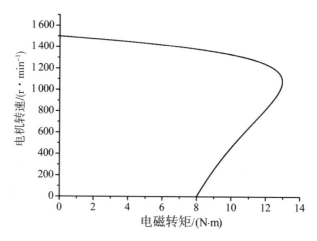

图 5.6　感应电机机械特性曲线

基于 Matlab/Simulink 中建立的铰接式履带车辆的机电耦合动态模型,分别对直行工况和转向工况下车辆的机电耦合性能进行数值仿真分析。本章针对感应电机的调速采用 V/F 变频控制,通过改变驱动电机的频率来控制驱动轮转速,进而控制铰接式履带车辆的行驶速度。

5.3.1　直行工况

铰接式履带车辆在水平路面直行时,各条履带的行驶速度相同,且铰接机构无偏转,保持前后车的行驶方向一致。在针对直行工况下的车辆机电耦合性能研究中,主要分析其启动阶段的动态特性。设定铰接式履带车辆各条履带的行驶速度均为 0.2 m/s,铰接点偏转角度为 0。得到其机电耦合的性能参数变化如图 5.7 至图 5.9 所示。

图 5.7 为感应电机的转动角速度变化曲线,在 0.2 s 的启动时间内从 0 逐渐增大至 130 rad/s,即对应履带直行时的行驶速度为 0.2 m/s,随后保持稳定。图 5.8 与图 5.9 分别为感应电机的电磁转矩与履带的负载转矩变化曲线,在启动阶段,由于感应电机的电流波动和铰接式履带车辆的惯性,导致电机电磁转矩与履带负载转矩的波动较大,当平稳运行时,电机电磁转矩和履带负载转矩均趋于平稳。

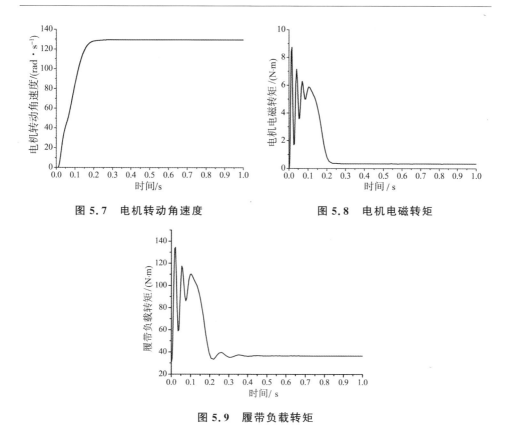

图 5.7　电机转动角速度　　　　　图 5.8　电机电磁转矩

图 5.9　履带负载转矩

　　在直行工况下,铰接式履带车辆各条履带表现出相同的机电耦合特性。从图中可以看出,在时间为 1 s 的数值仿真计算中,电机启动时间为 0.2 s,然后车辆进入稳定直行,在此过程中,电机转动角速度逐渐增大;电机的三相电压和三相电流在启动阶段波动较为剧烈,在平稳运行阶段的波动较小;电机电磁转矩与履带负载转矩的变化趋势相同。

5.3.2　转向工况

　　设定铰接式履带车辆在水平路面上先以 0.15 m/s 的速度直线行驶,在进入转向阶段时,为保持前后车质心点速度不变,内侧履带速度降为 0.13 m/s,外侧履带速度增至 0.17 m/s,铰接点偏转角度为 20°。在此行驶过程中,铰接机构推动前后车相对偏转的动态过程是一个非稳态转向过程,因此,针对此非稳态转向过程中铰接式履带车辆机电耦合性能进行分析。

图 5.10 所示为铰接式履带车辆转向工况下铰接点偏转角度的变化曲线。在直线段铰接点偏转角度为 0。在 13 s 时铰接点以 0.03 rad/s 的转动角速度开始推动前后车相对偏转,在 25 s 时铰接点偏转至 20°;25 s 后铰接点偏转角度保持 20°不变,车辆进入稳定转向行驶阶段。

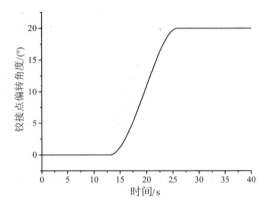

图 5.10　铰接点偏转角度

图 5.11 所示为前后车两侧履带驱动电机转动角速度变化曲线,图 5.12 所示为两侧履带行驶速度变化曲线。图中可以看出,各驱动电机转动角速度与相应的履带行驶速度变化趋势相同,履带的行驶速度受驱动电机转速控制,驱动轮转速与电机转速之间的比例关系由电机减速器的传动比决定。

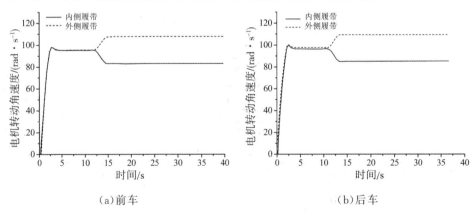

（a）前车　　　　　　　　　　　（b）后车

图 5.11　电机转动角速度

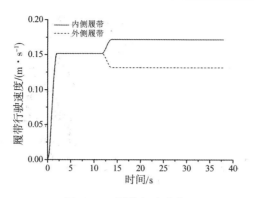

图 5.12　履带行驶速度

为了便于分析铰接式履带车辆非稳态转向过程中各条履带驱动电机电磁转矩的变化情况,截取 13 s 至 25 s 车辆非稳态转向阶段的电磁转矩变化曲线,如图 5.13 所示。车辆进入非稳态转向初期,由于外侧履带速度增大,内侧履带速度减小,两侧履带产生速度差,导致前后车外侧履带电机电磁转矩增大,内侧履带电机电磁转矩减小;在两侧履带行驶速度稳定时,铰接机构继续推动前后车绕铰接点转动,产生的转向力矩推动前车转向的同时阻碍后车转向,因此,前车外侧履带电机电磁转矩减小,内侧履带电机电磁转矩增大,而后车内外侧履带电机电磁转矩继续分别呈减小和增大的趋势;随着铰接点偏转角度的逐渐增大,车辆转向半径逐渐减小,与两侧履带速度差的匹配程度提高,铰接式履带车辆各条履带所需的电机电磁转矩近似相同,因此,车辆外侧履带电机电磁转矩减小,内侧履带电机电磁转矩增大;在进入稳定转向行驶阶段,各条履带电机电磁转矩基本保持恒定,且前后车外侧履带电机电磁转矩稍大于内侧。

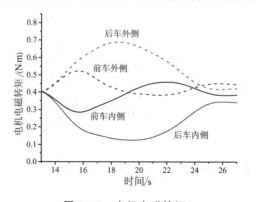

图 5.13　电机电磁转矩

通过以上分析可以看出,在铰接式履带车辆非稳态转向过程中,两侧履带受驱动电机控制产生速度差,履带接地面的速度瞬心发生偏移,导致履带与地面之间的摩擦力增大;同时,铰接机构推动前后车绕铰接点相对偏转,为前车提供了转向驱动力矩,但对后车则产生转向阻力矩,导致前后车的负载转矩变化不同,且克服负载转矩并驱动履带行驶的动力来源于感应电机的电磁转矩,因此,虽然前后车同侧履带在转向过程中具有相同的行驶速度,但在铰接机构的偏转作用下,使各条履带的驱动电机的电压、电流以及电磁转矩在非稳态转向过程中呈现不同的机电耦合性能。

5.4 物理样机试验

为了验证铰接式履带车辆机电耦合动力学模型和虚拟样机模型的正确性,需要通过试验对二者进行验证。本节将依据所设计的铰接式履带车辆的参数搭建与虚拟样机模型等比例的物理样机模型,测量车辆实际行驶过程中机械部分与电气部分的相关参数的变化,与数值分析、虚拟样机仿真结果进行对比验证。

5.4.1 物理样机设计

所设计的铰接式履带车辆的物理样机模型主要包括两个部分:第一部分是履带车辆部分,由前后两组双履带车辆和中间铰接机构组成;第二部分是性能测试部分,主要用来采集感应电机的电流、频率以及驱动转矩。铰接式履带车辆的物理样机模型如图 5.14 所示。

图 5.14 铰接履带车辆物理样机模型

本铰接式履带车辆的物理样机模型由两组纵向排列的双履带构成,二者的参数相同,具体参数如表 5.1 所示。各条履带均采用感应电机驱动,最高行驶速度为 0.4 m/s。

5.4.2　仿真及试验结果分析

为了验证铰接式履带车辆机电耦合数值分析与虚拟样机仿真分析结果的正确性,需要通过试验与分析结果进行对比。主要针对铰接式履带车辆行驶过程中感应电机的电流、履带驱动转矩和驱动功率,以及行驶轨迹进行对比验证。

在铰接式履带车辆绕铰接点偏转 20°,前后车质心点行驶速度为 0.15 m/s,两侧履带速度差分别为 0,0.02,0.04,0.06 m/s 的情况下,对比数值计算和物理样机试验所得到的稳态转向行驶过程,各条履带驱动转矩均值、驱动功率均值、驱动电机的电流有效值。图 5.15 所示为各条履带驱动转矩均值的对比结果,从图中可以看出,同侧履带的驱动转矩变化趋势相同,左侧履带驱动转矩随速度差的增大而减小,右侧履带驱动转矩随速度差的增大而增大;随着两侧履带速度差的增大,左侧履带驱动转矩由大于右侧逐渐变为小于右侧,在速度差为 0.03 m/s 左右时,两侧履带驱动转矩相近;同侧的前后两条履带,前车履带的驱动转矩略大于后车。铰接式履带车辆各条履带的驱动功率变化趋势与驱动转矩相同,如图 5.16 所示。由于驱动功率是由驱动转矩与驱动轮转速换算

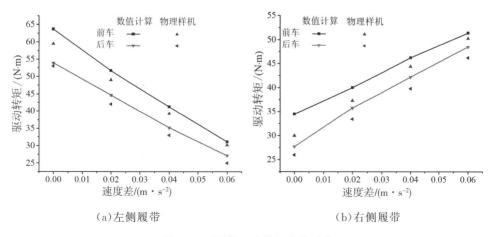

（a）左侧履带　　　　　　　　　（b）右侧履带

图 5.15　履带驱动转矩均值对比

得到的,试验中的驱动轮转速是通过改变电机频率控制的,二者数值接近,因此得到的驱动功率的变化趋势与驱动转矩相同。

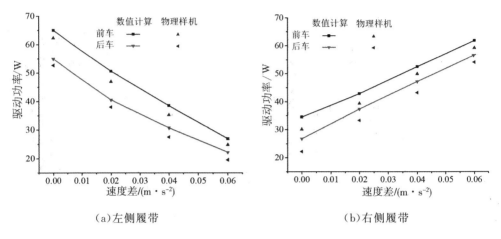

（a）左侧履带　　　　　　　　　　（b）右侧履带

图 5.16　履带驱动功率均值对比

图 5.17 所示为稳态行驶状态下铰接式履带车辆前后车两侧履带驱动电机定子端电流的有效值在不同速度差情况下的结果对比。从图中可以看出,各条履带驱动电机定子端电流的变化趋势与驱动功率相同,且数值计算及试验结果对比误差均在较为合理的范围内。

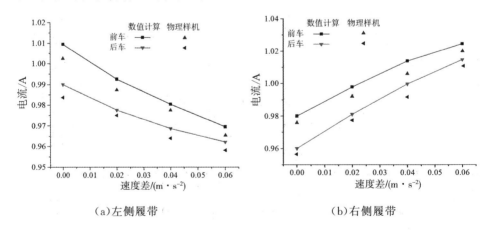

（a）左侧履带　　　　　　　　　　（b）右侧履带

图 5.17　电机定子端电流有效值对比

使铰接式履带车辆在硬路面上先以 0.15 m/s 的速度直行 30 s;然后,左侧（内侧）的两条履带速度降为 0.13 m/s,右侧（外侧）的两条履带速度升至 0.17 m/s,同时电动推杆以 5 mm/s 的速度伸长,推动铰接点偏转,使履带车辆向左转向,直至稳定行驶。

　　当铰接点偏转 20°时,前车质心点运动轨迹的仿真与试验结果对比如图5.18所示。铰接式履带车辆在转向行驶过程中存在一定的侧向滑移,导致图5.18(a)仿真结果中行驶轨迹的第二圈与第一圈相比稍向外侧偏出;而在图5.18(b)试验结果中,由于描绘轨迹装置的精度问题,履带行驶两圈轨迹的偏差不明显,但从履带行驶全过程的轨迹结果来看,对比结果的吻合程度是可以接受的。

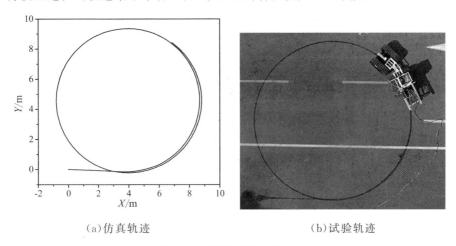

(a)仿真轨迹　　　　　　　　　　　(b)试验轨迹

图 5.18　偏转 20°轨迹对比

　　当铰接点偏转 10°时,前车质心点运动轨迹的仿真与试验结果对比如图5.19所示。从图中可以看出,铰接式履带车辆行驶轨迹中第二圈轨迹与第一圈轨迹的重合度较好,且仿真轨迹与试验轨迹的吻合度较好。

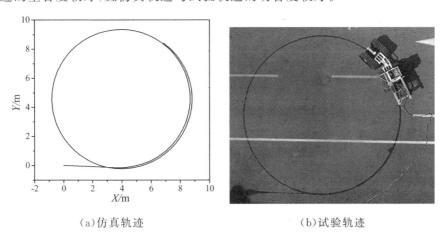

(a)仿真轨迹　　　　　　　　　　　(b)试验轨迹

图 5.19　偏转 10°轨迹对比

表 5.3 所示为铰接式履带车辆在铰接点偏转 10°和 20°情况下,仿真轨迹半径与试验轨迹半径的结果对比。造成误差的原因主要是实测时零部件内部存在被忽略的摩擦、路面平整度较低以及测量误差等,但误差在合理的范围内。在铰接点偏转 10°和 20°情况下,通过表 5.3 可以看出,仿真轨迹半径与试验轨迹半径的相对误差较小,吻合度较高。

表 5.3 前车质心点轨迹半径结果

偏转角度	仿真轨迹半径	试验轨迹半径	相对误差
10°	7.65 m	7.40 m	5.38%
20°	4.89 m	4.65 m	5.16%

第6章 基于机器视觉的履带车辆轨迹跟踪控制

本章阐述基于机器视觉的履带车辆轨迹跟踪控制方法,首先基于线性系统的状态空间模型给出了基本的预测控制算法,讨论了相关参数的影响以及对预测控制算法的稳定性进行了分析。基于履带的线性化运动学方程设计了运动学和动力学轨迹跟踪控制算法,对直线、圆弧、螺线轨迹跟踪进行了仿真及模型试验,结果表明预测控制算法可实现轨迹跟踪任务。

6.1 基本预测控制算法

6.1.1 基于状态空间的预测控制

6.1.1.1 预测模型

线性系统的离散时间状态空间模型可表述为

$$\begin{cases} x(k+1) = Ax(k) + Bu(k) \\ y(k) = Cx(k) \end{cases} \tag{6.1}$$

其中,系统的状态向量为 $x(k)$;控制输入为 $u(k)$;输出为 $y(k)$;A,B,C 分别为状态矩阵、控制矩阵和输出矩阵。

如果状态 x 可测,且系统无扰动,设预测时域为 P,控制时域为 M,其中 $P \geqslant M$,在第 k 采样时刻,系统控制输入为 $u(k)$,设预测控制量 $u(k)$ 仅在未来 M

步(即控制时域 $k,k+1,\cdots,k+M-1$ 时刻)变化,控制时域之外保持不变,则未来 P 步($k+1,k+2,\cdots,k+P-1$ 时刻)的状态预测如下:

$$x(k+1) = Ax(k) + Bu(k)$$

$$x(k+2) = Ax(k+1) + Bu(k+1)$$

$$= A^2 x(k) + ABu(k) + Bu(k+1)$$

$$\vdots$$

$$x(k+M) = Ax(k+M-1) + Bu(k+M-1)$$

$$= A^M x(k) + A^{M-1}Bu(k) + \cdots + Bu(k+M-1)$$

$$x(k+M+1) = Ax(k+M) + Bu(k+M) \tag{6.2}$$

$$= A^{M+1}x(k) + A^M Bu(k) + \cdots$$

$$+ (AB + B)u(k+M-1)$$

$$\vdots$$

$$x(k+P) = Ax(k+P-1) + Bu(k+P-1)$$

$$= A^P x(k) + A^{P-1}Bu(k) + \cdots$$

$$+ (A^{P-M}B + \cdots + B)u(k+M-1)$$

或者表示为矩阵形式:

$$X(k+j) = A_x x(k) + B_x U(k) \tag{6.3}$$

其中:

$$X(k+j) = \begin{bmatrix} x(k+1) \\ \vdots \\ x(k+M) \\ \vdots \\ x(k+P) \end{bmatrix}, A_x = \begin{bmatrix} A \\ \vdots \\ A^M \\ \vdots \\ A^P \end{bmatrix}, U(k) = \begin{bmatrix} u(k) \\ u(k+1) \\ u(k+2) \\ \vdots \\ u(k+M-1) \end{bmatrix} \tag{6.4}$$

$$B_x = \begin{bmatrix} B & 0 & \cdots & 0 \\ \vdots & \vdots & \cdots & \vdots \\ A^{M-1}B & A^{M-2}B & \cdots & B \\ \vdots & \vdots & \ddots & \vdots \\ A^{P-1}B & A^{P-2}B & \cdots & \sum_{i=0}^{P-M} A^i B \end{bmatrix} \tag{6.5}$$

由式 (6.1)~(6.5),基于 k 时刻的状态,以及未来 P 步的控制输入,则可获得未来 $k+1,k+2,\cdots,k+P-1$ 时刻的系统输出为

$$
\begin{aligned}
\boldsymbol{y}(k+1) &= \boldsymbol{C}\boldsymbol{x}(k+1) \\
&= \boldsymbol{C}\boldsymbol{A}\boldsymbol{x}(k) + \boldsymbol{C}\boldsymbol{B}\boldsymbol{u}(k) \\
\boldsymbol{y}(k+2) &= \boldsymbol{C}\boldsymbol{x}(k+2) \\
&= \boldsymbol{C}\boldsymbol{A}^2\boldsymbol{x}(k) + \boldsymbol{C}\boldsymbol{A}\boldsymbol{B}\boldsymbol{u}(k) + \boldsymbol{C}\boldsymbol{B}\boldsymbol{u}(k) \\
&\quad\vdots \\
\boldsymbol{y}(k+P) &= \boldsymbol{C}\boldsymbol{x}(k+P) \\
&= \boldsymbol{C}\boldsymbol{A}^P\boldsymbol{x}(k) + \boldsymbol{C}\boldsymbol{A}^{P-1}\boldsymbol{B}\boldsymbol{u}(k) + \cdots + \\
&\quad \boldsymbol{C}(\boldsymbol{A}^{P-M}\boldsymbol{B} + \cdots + \boldsymbol{B})\boldsymbol{u}(k+M-1)
\end{aligned} \tag{6.6}
$$

或者表示为矩阵形式:

$$
\boldsymbol{Y}(k+j) = \boldsymbol{A}_y \boldsymbol{x}(k) + \boldsymbol{B}_y \boldsymbol{U}(k) \tag{6.7}
$$

式中

$$
\boldsymbol{Y}(k+j) = \begin{bmatrix} \boldsymbol{y}(k+1) \\ \vdots \\ \boldsymbol{y}(k+M) \\ \vdots \\ \boldsymbol{y}(k+P) \end{bmatrix}, \boldsymbol{A}_y = \begin{bmatrix} \boldsymbol{CA} \\ \vdots \\ \boldsymbol{CA}^M \\ \vdots \\ \boldsymbol{CA}^P \end{bmatrix} = \boldsymbol{CA}_x \tag{6.8}
$$

$$
\boldsymbol{B}_y = \begin{bmatrix} \boldsymbol{CB} & 0 & \cdots & 0 \\ \vdots & \vdots & \cdots & \vdots \\ \boldsymbol{CA}^{M-1}\boldsymbol{B} & \boldsymbol{CA}^{M-2}\boldsymbol{B} & \cdots & \boldsymbol{CB} \\ \vdots & \vdots & \ddots & \vdots \\ \boldsymbol{CA}^{P-1}\boldsymbol{B} & \boldsymbol{CA}^{P-2}\boldsymbol{B} & \cdots & \boldsymbol{C}\displaystyle\sum_{i=0}^{P-M}\boldsymbol{A}^i\boldsymbol{B} \end{bmatrix} = \boldsymbol{CB}_x \tag{6.9}
$$

对于采用增量控制的系统,设 $k-1$ 时刻的控制量为 $\boldsymbol{u}(k-1)$,则未来 P 步 $(k+1,\cdots,k+P-1$ 时刻)的状态预测式 (6.7) 可改写为

$$
\boldsymbol{X}(k+j) = \boldsymbol{A}_x \boldsymbol{x}(k) + \boldsymbol{B}_1 \boldsymbol{u}(k-1) + \bar{\boldsymbol{B}}_x \Delta \boldsymbol{U}(k) \tag{6.10}
$$

其中:

$$X(k+j) = \begin{bmatrix} x(k+1) \\ \vdots \\ x(k+M) \\ x(k+M+1) \\ \vdots \\ y(k+P) \end{bmatrix}, A_x = \begin{bmatrix} A \\ \vdots \\ A^M \\ A^{M+1} \\ \vdots \\ A^P \end{bmatrix}, \Delta U(k) = \begin{bmatrix} \Delta u(k) \\ \Delta u(k+1) \\ \Delta u(k+2) \\ \vdots \\ \Delta u(k+M-1) \end{bmatrix}$$

$$(6.11)$$

$$B_1 = \begin{bmatrix} B \\ \vdots \\ \sum_{i=0}^{M-1} A^i B \\ \sum_{i=0}^{M} A^i B \\ \vdots \\ \sum_{i=0}^{P-1} A^i B \end{bmatrix}, \bar{B}_x = \begin{bmatrix} B & 0 & \cdots & 0 \\ AB+B & B & \cdots & 0 \\ \vdots & \vdots & \cdots & \vdots \\ \sum_{i=0}^{M-1} A^i B & \sum_{i=0}^{M-2} A^i B & \cdots & B \\ \sum_{i=0}^{M} A^i B & \sum_{i=0}^{M-1} A^i B & \cdots & AB+B \\ \vdots & \vdots & \ddots & \vdots \\ \sum_{i=0}^{P-1} A^i B & \sum_{i=0}^{P-2} A^i B & \cdots & \sum_{i=0}^{P-M} A^i B \end{bmatrix}$$

$$(6.12)$$

因此,未来 P 步的输出预测为

$$Y(k+j) = A_y x(k) + B_2 u(k-1) + \bar{B}_y \Delta U(k) \qquad (6.13)$$

其中: $A_y = CA_x$, $B_2 = CB_1$, $\bar{B}_y = C\bar{B}_x$, 其他参数同上文。

6.1.1.2 滚动优化

预测控制需要在每一个采样时刻求解一个优化问题,需预先设定一个性能指标函数,通过优化控制量,使性能指标函数达到最小(最大)。通常的控制目标是使被控对象的状态或输出预测值尽可能接近目标值,性能指标函数通常采用二次型函数,对于输出最优控制问题,性能指标函数可表述为

$$J = \left[Y(k+j) - Y_r(k+j)\right]^T Q \left[Y(k+j) - Y_r(k+j)\right] + U^T(k) R U(k)$$

或

$$J = \left[Y(k+j) - Y_r(k+j)\right]^T Q \left[Y(k+j) - Y_r(k+j)\right] + \Delta U^T(k) R \Delta U(k)$$

$$(6.14)$$

其中:$\boldsymbol{Y}_r(k+j)=[\boldsymbol{y}_r(k+1),\cdots,\boldsymbol{y}_r(k+M),\cdots,\boldsymbol{y}_r(k+P)]^{\mathrm{T}}$ 为目标输出;$\boldsymbol{Q},\boldsymbol{R}$ 分别为状态加权矩阵和控制加权矩阵,一般为对角矩阵。

因此,优化控制问题可以描述为:寻找一个控制序列 $\boldsymbol{U}^*(k)$,使得

$$\boldsymbol{U}^*(k) = \arg\min_{U(k)}J \tag{6.15}$$

得到最优控制序列后一般只执行第一个控制量,即实际执行控制量:

$$\boldsymbol{u}(k) = (1,0,\cdots,0)\boldsymbol{U}^*(k) \tag{6.16}$$

6.1.1.3　反馈校正

前文假设了状态向量 $\boldsymbol{x}(k)$ 可测,因此每次求解的优化问题均是以当前实测的状态为初始值,即每次都直接利用了系统的反馈信息,不需要额外的反馈。

6.1.1.4　具有约束的预测控制

式(6.15)所示的优化属于无约束优化,虽然可以通过加权矩阵 $\boldsymbol{Q},\boldsymbol{R}$ 对预测输出和控制输入波动达到一定的抑制作用,但无法对控制量进行精确约束。在实际过程中,如果施加的控制信号幅值或其增量过大,会对系统造成较大冲击,造成执行器饱和甚至影响系统的稳定。并且实际的执行器对输入信号有幅值或增量的限制,如果输入超出范围,执行器会输出临界值,此时的优化就失去其意义了。因此一般对控制量或其幅值有强制性约束,如

$$\begin{cases} \boldsymbol{u}_{\min} \leqslant \boldsymbol{u}(k+i) \leqslant \boldsymbol{u}_{\max} \\ \Delta\boldsymbol{u}_{\min} \leqslant \Delta\boldsymbol{u}(k+i) \leqslant \Delta\boldsymbol{u}_{\max} \end{cases} \tag{6.17}$$

6.1.1.5　优化求解方法

预测控制性能指标函数一般为二次型函数,因此优化问题式(6.15)可表示为二次规划(QP)问题。标准二次规划问题可表述为

$$\begin{aligned} &\min_{x}f(\boldsymbol{x}) = \left(\frac{1}{2}\boldsymbol{x}^{\mathrm{T}}\boldsymbol{H}\boldsymbol{x} + \boldsymbol{f}^{\mathrm{T}}\boldsymbol{x}\right) \\ &\text{s.t.}\quad \boldsymbol{A}_1\boldsymbol{x} \geqslant \boldsymbol{b}_1 \\ &\qquad\quad \boldsymbol{A}_2\boldsymbol{x} = \boldsymbol{b}_2 \\ &\qquad\quad \boldsymbol{x}_{\min} \leqslant \boldsymbol{x} \leqslant \boldsymbol{x}_{\max} \end{aligned} \tag{6.18}$$

式中:$\boldsymbol{x}$ 为优化向量,$\boldsymbol{H}$ 为正定矩阵。

二次规划是比较经典的优化问题,以二次实函数为优化目标,带有线性或非线性约束,常用的两种解法为有效集法和内点法。两种求解算法均属于迭代

法。有效集法是在每次迭代中,以当前可行点为起点,以有效的约束构成等式约束寻求最优解,若该解可行,则以新解为新的起点,继续寻优,直至获得最优解;若该解不可行,则沿约束边界下降方向寻求新的可行解,直至达到最优解。内点法是利用一个罚函数来描述凸集,通过遍历内部可行域来搜索最优解。近年来,粒子群算法、遗传算法、蚁群算法等启发式随机优化算法在求解多变量多约束非线性优化问题方面取得了很大的成功,这些算法也可用于求解带约束的二次规划问题。

6.1.2 预测控制参数分析

6.1.2.1 预测时域长度 P

由式(6.14)可知,预测时域长度 P 表示要用未来多少步的输出 $y_p(k+i)$ $(i=1,2,\cdots,P)$ 来跟踪期望输出 $y_r(k+i)(i=1,2,\cdots,P)$,即优化控制问题是短期优化还是长远优化。P 的大小会直接影响系统的稳定性和快速性。如果预测时域较小,如 $P=1$ 即单步预测控制,则控制问题变为选择适当的当前输出 $\Delta u(k)$ 或 $u(k)$,使得下一步输出 $y_p(k+1)$ 跟踪 $y_r(k+1)$。单步预测控制的优点是可以紧密跟踪目标输出,但会导致系统输出波动较大,如果模型失配或者干扰较大,可能会导致系统不稳定。假定控制时域 M 不变,如果 P 取得很大,即考虑得比较长远,则局部优化接近全局优化,稳定性好,但是计算量大,实时性变差。实际中要权衡稳定性和快速性。

6.1.2.2 控制时域长度 M

同样由式(6.14)可知,控制时域 M 表示要用多少个控制量使得未来 P 步的预测输出来跟踪期望输出,M 决定了优化变量的数目,反映了系统的自由度和控制能力。如果 M 选得较小,则只能通过较少的几个控制变量来跟踪期望输出,难以保证紧密跟踪各个目标点,性能指标较差。若 $M=1$,则只能通过一个控制量 $\Delta u(k)$ 或 $u(k)$ 来实现未来 P 步的跟踪,动态性能比较差,但系统比较稳定。如果 M 选得较大,则系统的控制变量多,自由度大,控制能力提高,性能指标较好,但系统稳定性变差,且增加了优化问题的规模,复杂度高,计算量大,难以保证收敛到最优解。实际中应兼顾控制性能、稳定性和计算量。

一般情况下，M 和 P 的变化方向有相反的控制效果，即增大 M 和减小 P 有相似的效果，减小 M 和增大 P 也有相似的效果。实际控制中可根据动态性能和复杂度要求先选定 M，再整定 P。一般简单控制，M 可取 $1\sim2$，复杂控制，M 可取 $4\sim8$，M 和 P 可以通过仿真确定。

6.1.2.3　误差加权矩阵 Q 和控制加权矩阵 R

误差加权矩阵 Q 一般取为对角阵，即 $Q=\mathrm{diag}(q_1,q_2,\cdots,q_p)$。每个元素 q_i 表示控制目标对不同时刻的跟踪误差的重视程度，若系统为多变量输出，q_i 也为对角矩阵，表示不同输出量跟踪误差的重要程度。q_i 也对系统的稳定性有直接影响，可根据控制需求进行调整。

控制加权矩阵 R 一般也取为对角阵，$R=\mathrm{diag}(r_1,r_2,\cdots,r_M)$，可对控制量或者控制量的增量波动实现一定程度的抑制，减小系统冲击，一定程度上提高系统的稳定性。如果 r_i 选得较大，则对应控制分量的控制作用就会比较小，系统的快速性变差。一般情况下，r_i 不宜取得过大，一般先取 $r_i=0$，再逐渐增大 r_i 的值，直到合适为止。

6.1.3　预测控制稳定性分析

由于预测控制，在每个采样时刻都在线求解一个有限时域开环最优控制问题，实施第一个控制量，并通过滚动循环来实现反馈控制。由于实时性的要求，预测控制每次只能求解一个局部开环最优控制问题，因为如果每次优化时都求解无穷时域的最优控制，计算量大，难以实现实时控制。同时每次的优化问题都是不同的，相邻两次的优化的性能指标函数之间没有联系。因此预测控制不是全局最优控制，因而难以保证系统的全局稳定性。为了保证系统的全局稳定，有必要考虑将有限时域的局部最优控制扩展为无穷时域的全局最优控制，同时构造适当的性能指标函数将相邻两步的性能指标函数联系起来。

6.1.3.1　无穷时域的拓展

将有限时域预测拓展为无穷时域预测，需要补充有限时域之后的部分，考虑输出控制，则系统的状态方程为

$$\begin{cases} x(k+1)=f[x(k),u(k)] \\ y(k)=Cx(k) \end{cases} \tag{6.19}$$

式中:$f(\cdot)$为非线性函数且 $f(\mathbf{0},\mathbf{0})=0$,输入 $\mathbf{u}\in\Omega_u$,状态 $\mathbf{x}\in\Omega_x$;$\mathbf{C}$ 为系统输出矩阵。

有限时域含约束的最优控制问题可表示为

$$\min_{u(k+i|k),0\leqslant i\leqslant N-1} J_N(k)=\sum_{i=0}^{N-1}V\big[\mathbf{y}(k+i),\mathbf{u}(k+i)\big]$$

$$\text{s.t.}\quad \mathbf{y}(k+i)=\mathbf{C}\mathbf{x}(k+i)$$
$$\mathbf{x}(k+i+1)=f\big[\mathbf{x}(k+i),\mathbf{u}(k+i)\big] \tag{6.20}$$
$$\mathbf{u}(k+i)\in\Omega_u$$
$$\mathbf{x}(k+i)\in\Omega_x$$

式中:$V[\mathbf{x},\mathbf{u}]$为非线性函数,$V[\mathbf{x},\mathbf{u}]\geqslant 0$,当且仅当 $V[\mathbf{0},\mathbf{0}]=0$。

采用与式(6.20)相同的约束条件,则无穷时域优化目标函数为

$$\min_{u(k+i|k),i\geqslant 0} J_\infty(k)=\sum_{i=0}^{\infty}V\big[\mathbf{y}(k+i),\mathbf{u}(k+i)\big] \tag{6.21}$$

比较式(6.20)和式(6.21),从有限时域优化向无穷时域性优化扩展需要补充有限时域后面的部分 $J_{N,\infty}(k)$,即

$$J_{N,\infty}(k)=\sum_{i=N}^{\infty}V\big[\mathbf{y}(k+i),\mathbf{u}(k+i)\big] \tag{6.22}$$

根据系统状态方程和性能函数可以有不同的补充方式,一般有三种方式。

1.终端零约束

在式(6.20)中,强制加入末端条件 $\mathbf{x}(k+N)=0$,且有 $\mathbf{u}(k+i)\equiv 0,i\geqslant N$。根据式(6.20),(6.22),加入末端条件后,当 $i\geqslant N$ 时,有 $f[\mathbf{0},\mathbf{0}]=0$,$V[\mathbf{0},\mathbf{0}]=0$,则 $J_{N,\infty}(k)=0$。于是有限时域的优化直接等价于无穷时域优化,如图6.1(a)所示。

2.终端代价函数

一般情况下,1)中的条件不容易满足,$J_{N,\infty}(k)$是以状态向量 $\mathbf{x}(k+N)$ 为初始状态的性能指标函数,虽然 $J_{N,\infty}(k)$ 求解较为困难,但如果能够找到某个已知的有界终端代价函数 $E_p[\mathbf{x}(k+N)]$ 为其上界,则式(6.22)可用终端代价函数 $E_p[\mathbf{x}(k+N)]$ 来代替,于是式(6.21)实现了向无穷时域的近似扩展,如图6.1(b)所示。

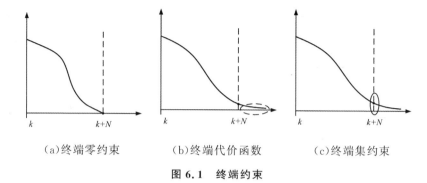

| (a)终端零约束 | (b)终端代价函数 | (c)终端集约束 |

图 6.1 终端约束

3.终端集约束

在式(6.20)中,如果引入约束终端集 E_x,使得 $x(k+N) \in E_x$,设系统状态进入 E_x 后,可通过其他的控制律获得 $J_{N,\infty}(k)$ 的一个上界,则式(6.21)可增加终端集约束实现向无穷时域的近似扩展。

6.1.3.2 相邻周期之间性能函数的比较

采用前面补充方式,使用式(6.20)的约束条件,则式(6.21)的性能指标函数可改写统一的形式:

$$\min_{u(k+i|k),0 \leqslant i \leqslant N-1} J_N(k) = \sum_{i=0}^{N-1} V[x(k+i), u(k+i)] + E_p[x(k+N)]$$

(6.23)

设在 k 时刻,求得最优控制序列 $U^*(k)$、最优性能函数值 $J_N^*(k)$ 和最优状态轨迹 $X^*(k)$。同样的,在 $k+1$ 时刻也可以获得最优控制序列 $U^*(k+1)$、最优性能函数值 $J_N^*(k+1)$ 和最优状态轨迹 $X^*(k+1)$。

在无穷时域最优控制理论中,通常将值函数取为 Lyapunov 函数对控制系统进行分析设计。若将预测控制的性能指标函数取为 Lyapunov 函数,则每一步的性能指标函数 $J_N^*(k)$ 均取为 Lyapunov 函数,但是由于相邻两步优化之间是无关联的,因此无法直接比较 $J_N^*(k)$ 和 $J_N^*(k+1)$ 的关系。相关的研究给出了一个解决该问题的可行的方法,主要思路如下:设 k 时刻的最优控制为 $U^*(k) = \{u^k(k), u^k(k+1), \cdots, u^k(k+N-1)\}$,$k+1$ 时刻的最优控制为 $U^*(k+1) = \{u^{k+1}(k+1), u^{k+1}(k+2), \cdots, u^{k+1}(k+N)\}$,取过渡控制 $U(k+1) = \{u^k(k+1), \cdots, u^k(k+N-1), u(k+N)\}$,对应的控制指标为 $J_N(k+1)$,显然有

$$J_N^*(k+1) \leqslant J_N(k+1)$$

(6.24)

进一步地，通过合理地选择末尾项 $u(k+N)$，使得

$$J_N^*(k+1) \leqslant J_N(k+1) \tag{6.25}$$

因此有

$$J_N^*(k+1) \leqslant J_N^*(k+1) \leqslant J_N(k+1) \tag{6.26}$$

且当且仅当 $x(k)=0, u(k|k)=\mathbf{0}$ 时，等号才成立。因此选 $J_N^*(k)$ 作为 Lya-punov 函数可以确保预测控制系统的稳定性。

6.2 基于线性模型的运动学轨迹跟踪

6.2.1 运动学轨迹跟踪控制方法

对于自动控制系统来说，实时性是非常重要的，基于线性时变模型的预测控制计算简单，实时性好，是目前研究最多应用最广泛的一种预测控制形式。

根据第 2 章的分析，履带的运动学状态方程为

$$\begin{bmatrix} \dot{x} \\ \dot{y} \\ \dot{\varphi} \end{bmatrix} = \begin{bmatrix} \frac{1}{2}\cos\varphi & \frac{1}{2}\cos\varphi \\ \frac{1}{2}\sin\varphi & \frac{1}{2}\sin\varphi \\ \frac{1}{B} & -\frac{1}{B} \end{bmatrix} \cdot \begin{bmatrix} v_R \\ v_L \end{bmatrix} \tag{6.27}$$

或者简写为一般形式

$$\dot{x} = f(x,u) \tag{6.28}$$

式(6.27)为非线性系统，需要进行线性化处理。假设目标轨迹为一参考车辆的运行轨迹，参考车辆任意时刻的状态量和控制量均给定，则可以通过被控车辆与参考车辆的偏差来跟踪目标轨迹。目标轨迹上每个点满足式(6.27)，即

$$\dot{x}_r = f(x_r,u_r) \tag{6.29}$$

其中，$x_r=(x_r,y_r,z_r)^T, u_r=(v_{Rr},v_{Lr})^T$ 分别为参考状态可参考控制量。

将式(6.27)在参考轨迹点处采用泰勒级数展开只保留一次项,有

$$\dot{\boldsymbol{x}}_r = \boldsymbol{f}(\boldsymbol{x}_r,\boldsymbol{u}_r) + \frac{\partial \boldsymbol{f}(\boldsymbol{x},\boldsymbol{u})}{\partial x}\bigg|_{\substack{x=x_r\\u=u_r}}(\boldsymbol{x}-\boldsymbol{x}_r) + \frac{\partial \boldsymbol{f}(\boldsymbol{x},\boldsymbol{u})}{\partial u}\bigg|_{\substack{x=x_r\\u=u_r}}(\boldsymbol{u}-\boldsymbol{u}_r) \quad (6.30)$$

或简写为

$$\dot{\boldsymbol{x}}_r = \boldsymbol{f}(\boldsymbol{x}_r,\boldsymbol{u}_r) + \boldsymbol{f}_{x,r}(\boldsymbol{x}-\boldsymbol{x}_r) + \boldsymbol{f}_{u,r}(\boldsymbol{u}-\boldsymbol{u}_r) \quad (6.31)$$

其中,$\boldsymbol{f}_{x,r}$ 和 $\boldsymbol{f}_{u,r}$ 分别为 f 相对于 x 和 u 的雅克比矩阵,式(6.30)、(6.31)相减得

$$\dot{\tilde{\boldsymbol{x}}} = \boldsymbol{A}(t)\,\tilde{\boldsymbol{x}} + \boldsymbol{B}(t)\,\tilde{\boldsymbol{u}} \quad (6.32)$$

其中:$\tilde{\boldsymbol{x}}=\boldsymbol{x}-\boldsymbol{x}_r$,$\tilde{\boldsymbol{u}}=\boldsymbol{u}-\boldsymbol{u}_r$ 为偏差向量,$\boldsymbol{A}(t)=\boldsymbol{f}_{x,r}$,$\boldsymbol{B}(t)=\boldsymbol{f}_{u,r}$。

式(6.32)为连续时间系统,需将其进行离散化才能得到式(6.1)的预测控制一般形式,采用向前差分法进行离散化,得

$$\tilde{\boldsymbol{x}}(k+1) = \boldsymbol{A}(k)\,\tilde{\boldsymbol{x}}(k) + \boldsymbol{B}(k)\,\tilde{\boldsymbol{u}}(k) \quad (6.33)$$

其中:

$$\boldsymbol{A}(k) = \boldsymbol{I} + T\boldsymbol{A}(t) = \begin{bmatrix} 1 & 0 & -\dfrac{1}{2}(v_R + v_L)\sin\varphi \cdot T \\[2mm] 0 & 1 & -\dfrac{1}{2}(v_R + v_L)\cos\varphi \cdot T \\[2mm] 0 & 0 & 1 \end{bmatrix} \quad (6.34)$$

$$\boldsymbol{B}(k) = T\boldsymbol{B}(t) = T\begin{bmatrix} \dfrac{\cos\varphi}{2} & \dfrac{\cos\varphi}{2} \\[3mm] \dfrac{\sin\varphi}{2} & \dfrac{\sin\varphi}{2} \\[3mm] \dfrac{1}{B} & -\dfrac{1}{B} \end{bmatrix} \quad (6.35)$$

轨迹跟踪的预测控制的每一步要求解如下优化问题:

$$\begin{aligned} &\min J = \boldsymbol{X}^T(k+j)\boldsymbol{Q}\boldsymbol{X}(k+j) + \boldsymbol{U}^T(k)\boldsymbol{R}\boldsymbol{U}(k) \\ &\text{s. t.} \quad \boldsymbol{U}_{\min}(k) \leqslant \boldsymbol{U}(k) \leqslant \boldsymbol{U}_{\max}(k) \end{aligned} \quad (6.36)$$

其中:$\boldsymbol{X}(k+j)=[\tilde{\boldsymbol{x}}(k+1),\cdots\tilde{\boldsymbol{x}}(k+N)]^T$;$\boldsymbol{U}(k)=[\tilde{\boldsymbol{u}}(k),\cdots\tilde{\boldsymbol{u}}(k+N-1)]^T$;$N$ 为预测时域,此处预测时域等于控制时域。

根据 6.1 节,式(6.36)的性能指标可写成二次规划的标准形式:

$$J = \frac{1}{2}\boldsymbol{U}^T(k)\boldsymbol{H}(k)\boldsymbol{U}(k) + \boldsymbol{f}^T(k)\boldsymbol{U}(k) + d(k) \quad (6.37)$$

其中:

$$H(k) = 2(\boldsymbol{B}^{\mathrm{T}}(k)\boldsymbol{Q}\boldsymbol{B}(k) + \boldsymbol{R}_x)$$

$$f(k) = 2\boldsymbol{B}^{\mathrm{T}}(k)\boldsymbol{Q}\boldsymbol{A}(k)\,\tilde{\boldsymbol{u}}(k \mid k) \tag{6.38}$$

$$d(k) = \tilde{\boldsymbol{u}}^{\mathrm{T}}(k \mid k)\boldsymbol{A}^{\mathrm{T}}(k)\boldsymbol{Q}\boldsymbol{A}(k)\,\tilde{\boldsymbol{u}}(k \mid k)$$

式中:$\boldsymbol{H}$ 为 Hessian 阵,对称正定,描述了目标函数的二次项部分;f 向量描述了目标函数的线性部分;d 是与 $\boldsymbol{U}(k)$ 无关项,也不影响优化结果。

由于优化变量 $\tilde{\boldsymbol{u}}$ 为被控对象与参考对象偏差,考虑控制量的边界约束,则式(6.36)的约束条件为

$$\begin{cases} \boldsymbol{U}_{\min}(k) = \boldsymbol{U}_{\min} - \boldsymbol{U}_{\mathrm{r}} \\ \boldsymbol{U}_{\max}(k) = \boldsymbol{U}_{\max} - \boldsymbol{U}_{\mathrm{r}} \end{cases} \tag{6.39}$$

其中:$\boldsymbol{U}_{\min}$,$\boldsymbol{U}_{\max}$ 为控制量约束;$\boldsymbol{U}_{\mathrm{r}} = [\boldsymbol{u}_{\mathrm{r}}(k),\cdots\boldsymbol{u}_{\mathrm{r}}(k+N-1)]^{\mathrm{T}}$ 为参考控制序列。

采用求解算法在每个控制周期内对式(6.36)完成求解,得到一个控制序列 $\boldsymbol{U}^*(k) = \{\boldsymbol{u}^k(k),\boldsymbol{u}^k(k+1),\cdots,\boldsymbol{u}^k(k+N-1)\}$,并将该控制序列的第一个控制量 $\boldsymbol{u}^k(k)$ 作用于系统,如此不断循环,即可实现履带车辆轨迹跟踪。MPC 轨迹跟踪控制的算法流程如图 6.2 所示。

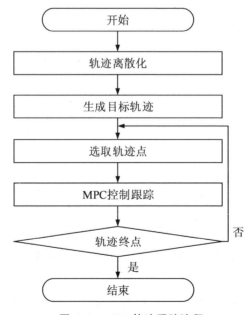

图 6.2 MPC 轨迹跟踪流程

6.2.2　运动学轨迹跟踪仿真

以下对线性化运动学模型预测控制轨迹跟踪能力进行仿真分析,在每个采样时刻得到优化控制序列后,利用式(6.27)计算下一时刻的实际位置,并将其作为下一次优化的起点,如此不断循环直至控制过程完成。

仿真实例 1:匀速直线跟踪

参考轨迹方程

$$\begin{cases} x(t) = 0.15t \\ y(t) = 1 \\ \varphi(t) = 0 \end{cases} \tag{6.40}$$

参考控制量为

$$v_{rr}(t) = v_{rl}(t) = 0.15 \tag{6.41}$$

设采样时间 $T=1$ s,预测时域 $N=10$,仿真时间为 50 s。状态加权矩阵 $\boldsymbol{q}_i = \mathrm{diag}(1,1,0.1) \times \mathrm{e}^{i/10}$,$\boldsymbol{Q} = \mathrm{diag}(q_1, q_2, \cdots, q_n)$,$\boldsymbol{R} = 0.1\boldsymbol{I}$,初始条件为 $x = (0,0,0)^{\mathrm{T}}$,利用 Matlab 的 quadprog 函数求解二次规划问题,优化方法选为"interior point convex"。仿真结果如图 6.3 所示。约束条件 $v_{\max} = 0.23$,$v_{\min} = 0$。

由图 6.3 可知,被控车辆在 25 s 左右实现准确跟踪,跟踪过程无超调,跟踪后误差一直为 0。

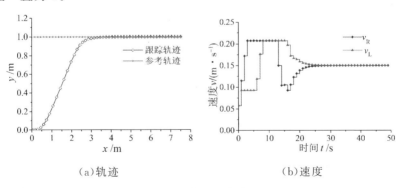

(a)轨迹　　　　　　　　　　　(b)速度

图 6.3　直线跟踪结果

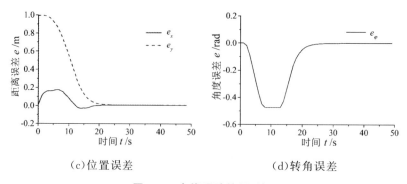

（c）位置误差　　　　　　　　　　　　（d）转角误差

图 6.3　直线跟踪结果（续）

仿真实例 2:匀速圆周运动跟踪

参考轨迹为半径为 6 m 的圆,参考角速度为 $\dfrac{1}{40}$ rad/s,其方程为

$$\begin{cases} x(t) = 6\cos\left(\dfrac{t}{40} - \dfrac{\pi}{2}\right) \\[2mm] y(t) = 8 + 6\sin\left(\dfrac{t}{40} - \dfrac{\pi}{2}\right) \\[2mm] \varphi(t) = \dfrac{t}{40} \end{cases} \tag{6.42}$$

参考控制量为

$$v_{rR}(t) = 0.165$$
$$v_{rL}(t) = 0.135 \tag{6.43}$$

仿真时间为 200 s,其他条件与实例 1 同,仿真结果如图 6.4 所示。

由图 6.4 可知,被控车辆在 50 s 左右实现准确跟踪,跟踪过程有一定的超调量,可以通过增大预测时域降低超调量,跟踪后误差一直为 0。

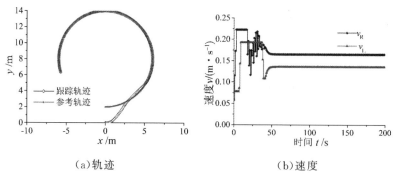

（a）轨迹　　　　　　　　　　　　　　（b）速度

图 6.4　圆弧跟踪结果

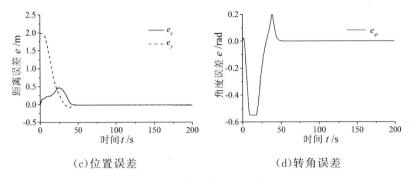

（c）位置误差　　　　　　　　　（d）转角误差

图 6.4　圆弧跟踪结果（续）

仿真实例 3：螺线轨迹跟踪

假设参考车辆在目标螺线轨迹上匀速行驶，则螺线轨迹可表示为

$$\begin{cases} s = v_C t \\ x = \int_0^t \cos\dfrac{5\pi}{144}s^2 \mathrm{d}s \\ y = \int_0^t \sin\dfrac{5\pi}{144}s^2 \mathrm{d}s + 0.5 \end{cases} \tag{6.44}$$

参考控制量

$$\begin{cases} c = \dfrac{5\pi}{144}s \\ \omega = v_C c \\ v_{R,L} = v_C \pm \dfrac{\omega B}{2} \end{cases} \tag{6.45}$$

其中：v_C 为参考车辆的质心速度 $v_C = 0.12$ m/s。仿真时间为 100 s，初始条件为 $\boldsymbol{x} = (-1, 0, \pi/4)^{\mathrm{T}}$，其他参数与上面相同，仿真结果如图 6.5 所示。

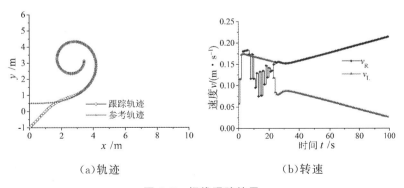

（a）轨迹　　　　　　　　　　（b）转速

图 6.5　螺线跟踪结果

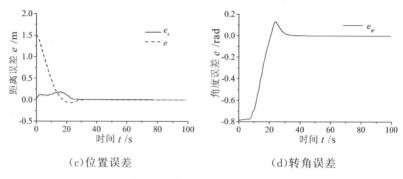

(c)位置误差　　　　　　　　　　　(d)转角误差

图 6.5　螺线跟踪结果(续)

由图 6.5 可知,被控车辆在 35 s 左右实现准确跟踪,跟踪过程有一定的超调量,跟踪后误差一直为 0。

6.3　基于线性模型的动力学轨迹跟踪

根据第 2 章的分析,完整的机电耦合动力学模型为 15 阶非线性微分方程组,其线性化非常困难。若采用非线性模型其求解需要用数值方法,势必导致求解困难、计算时间长、实时性差。因此需对预测模型进行简化。

6.3.1　动力学轨迹跟踪控制方法

为了简化模型,保证系统的实时性,本节的动力学预测模型仍然采用线性运动学模型。在每个采样时刻,通过优化可得到两侧电机的速度,根据变频器电机的 T-n 特性曲线计算出两侧电机的电压和频率作为当前最优控制量,基于线性运动学模型的动力学预测控制系统如图 6.6 所示。

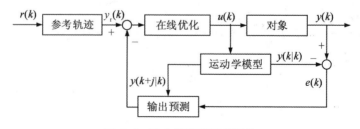

图 6.6　动力学预测控制系统

根据以上所述,动力学预测控制的计算流程为:

(1)设在 k 时刻,求得最优控制序列 $\boldsymbol{U}^*(k)=\{\boldsymbol{u}(k),\boldsymbol{u}(k+1),\cdots,\boldsymbol{u}(k+N-1)\}$,根据第一项 $\boldsymbol{u}(k)$ 可计算出左右两侧电机的转速 n_{pR},n_{pL};

(2)根据当前两侧电机转速 n_{lR},n_{lL} 计算两侧电机负载转矩;

(3)根据 $T\text{-}n$ 特性曲线计算两侧电压和频率;

(4)根据机电耦合动力学方程计算下一采样时刻履带位置,并作为下次优化的起点。

6.3.2　动力学轨迹跟踪仿真

以下对线性化动力学模型预测控制轨迹跟踪能力进行仿真分析,预测模型和优化算法与上节相同,实际轨迹采用机电耦合动力学模型计算。

仿真实例 1:匀速直线跟踪

其中频率比变化范围为 0~1,其他仿真参数与上节参数均相同,以下两种情况也一致,结果如图 6.7 所示。

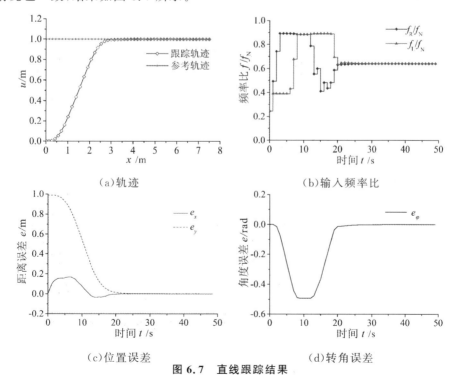

　　(a)轨迹　　　　　　　　　　　　(b)输入频率比

　　(c)位置误差　　　　　　　　　　(d)转角误差

图 6.7　直线跟踪结果

由图 6.7 可知,被控车辆在 25 s 左右实现准确跟踪,跟踪过程无超调,跟踪后误差一直为 0,与运动学轨迹跟踪结果相差不大。

仿真实例 2:匀速圆周运动跟踪

由图 6.8 可知,被控车辆在 50 s 左右实现准确跟踪,跟踪过程有超调,跟踪后误差一直为 0,与运动学轨迹跟踪结果相差不大。

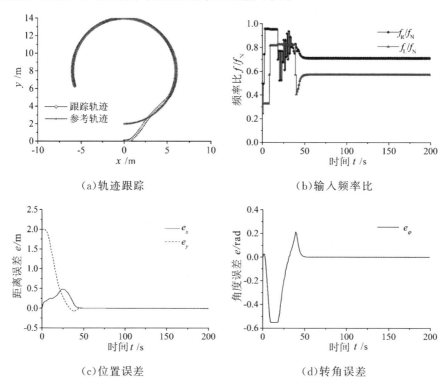

（a）轨迹跟踪   （b）输入频率比

（c）位置误差   （d）转角误差

图 6.8　圆弧跟踪结果

仿真实例 3:螺线轨迹跟踪

由图 6.9 可知,被控车辆在 35 s 左右实现准确跟踪,跟踪过程有一定超调,跟踪后误差一直为 0,与运动学轨迹跟踪结果相差不大。

由图 6.7～图 6.9 可以看出,基于线性运动学模型的动力学轨迹跟踪器可以实现跟踪性能,虽然预测模型有较大误差,但预测控制的反馈机制可以使被控对象实现控制目标。同时线性模型计算量小,计算速度快,适合在线实时控制。

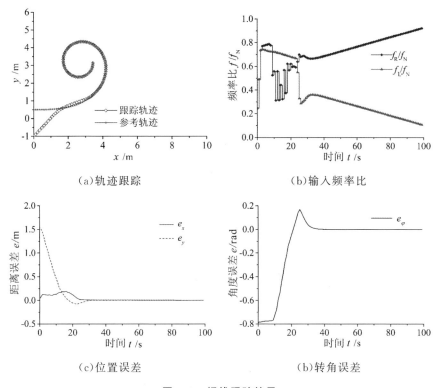

（a）轨迹跟踪　　　　　　　　　　　（b）输入频率比

（c）位置误差　　　　　　　　　　　（b）转角误差

图 6.9　螺线跟踪结果

6.4　轨迹跟踪控制算法试验验证

　　为了验证履带车辆轨迹跟踪控制算法的性能,设计了小型履带试验装置以及基于视觉识别和卡尔曼滤波的轨迹跟踪预测控制系统。对两条不同目标速度、初始位置偏差、初始角度偏差的轨迹进行了跟踪试验,验证了轨迹跟踪控制算法的有效性。

6.4.1　履带试验系统

　　实验装置如图 6.10 所示,包括 1—驱动器、2—cRIO 9030 控制器、3—摄像头、4—步进电机、5—履带底盘、6—纸带、7—稳压电源、8—PC 机(图中未画出)

以及 LabView,Matlab 软件。

1—驱动器 2—cRIO 3—摄像头 4—步进电机 5—履带底盘 6—纸带 7—稳压电源

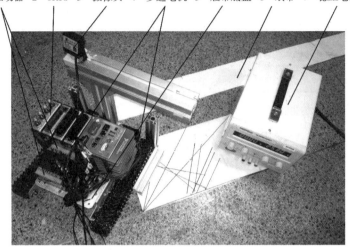

图 6.10 履带车辆试验系统

履带底盘参数如表 6.1 所示。

表 6.1 履带底盘参数

参数	数值	参数	数值
中心距 B/mm	220	驱动轮周长/mm	124
履带板宽度 b/mm	40	履带接地长度/mm	140
总长/mm	280	总高/mm	90

步进电机型号为 42BYG34-401A,参数如表 6.2 所示。

表 6.2 步进电机参数

参数	数值	参数	数值
电流 I/A	1.5	电压 U/V	24
输出扭矩 T/(N·m)	0.28	相数	2
步矩角/(°)	1.8	步矩角精度	±5%

驱动器采用 TB6600 型,其主要参数如表 6.3 所示。

表 6.3 驱动器参数

参数	数值	参数	数值	参数	数值
电流 I/A	0.5~4	电压 U/V	9~42	最大细分数	32

摄像头的分辨率为 1 920×1 080。

预测控制系统通过摄像头拍摄地面标记纸带的目标轨迹,图像通过 Lab-View 处理后输入到 Matlab,Matlab 结合履带运动学模型运用卡尔曼滤波计算出当前横向偏差和角偏差进行优化,并在每个采样时刻给出所有控制量输入到 LabView,LabView 将 Matlab 给出的控制量通过串口输入到 NI cRIO,cRIO 转化成相应的电信号输入到步进电机驱动器,进而驱动履带车辆前进。控制系统的结构如图 6.11 所示。

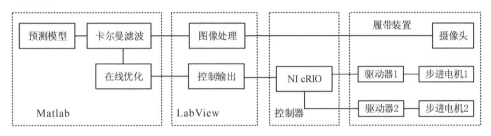

图 6.11　预测控制系统结构图

6.4.2　基于视觉识别偏差计算

试验中采用单目视觉测距,在履带行走过程中,摄像头定时拍摄地面标志轨迹,通过 LabView 将图片转化为黑白二值图像,如图 6.12 所示。

图 6.12　二值图像

在摄像头视野中,预设一条横线(图 6.12 中直线 L 和图 6.13 直线 $A'B'$),对应地面一条虚拟直线(图 6.13(b)直线 AB)。通过测量预设直线与拟合直线的夹角 β 和视野中新线与拟合直线 m 在预设直线 $A'B'$ 上的像素距离 d',即可得出视野中的横向偏差和角偏差。根据相似原理和三角形关系,可推算出横向

偏差 l 和角偏差 β。

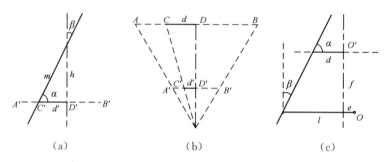

图 6.13 偏差计算

假设摄像头横向无畸变,横向偏差 l 的计算方法如下:

$$\begin{cases} \alpha = \dfrac{\pi}{2} - \beta \\[2mm] d = d' \cdot \dfrac{AB}{A'B'} \\[2mm] l = \dfrac{d\tan\alpha + f}{\tan\alpha} + e \end{cases} \qquad (6.46)$$

其中,β 为拟合角偏差也即计算角偏差;d' 为拟合像素距离;$A'B'$ 为预设直线像素距离;AB 为设定直线像素距离,f 为虚拟直线距履带中心距离,AB 和 f 可以通过标定测得;d 为虚拟偏差距离;e 为摄像头安装位置距履带中心横向偏差;l 为履带横向偏差。根据(6.46),即可计算出实时横向偏差和角偏差。

6.4.3 基于卡尔曼滤波的预测控制算法

在履带车辆运动过程中,采用摄像头单目测量横向偏差和角偏差,由于运动过程中振动产生的误差、直线拟合误差以及摄像头夹杂有随机噪声,难以准确得到系统状态变量,只能通过观测信号进行估计。卡尔曼滤波器能够有效降低噪声,对系统状态给出准确的估计。卡尔曼滤波本质是通过迭代计算出最优加权矩阵,对观测信号和状态估计进行加权,得到最优状态估计。对于线性系统,卡尔曼滤波器是最优滤波器。随着计算机性能的提升,卡尔曼滤波的实时性得到了很大的提高,目前卡尔曼滤波理论已经在诸多领域得到了广泛应用。

基于式(6.46),采用摄像头单目测量难以测量纵向距离,只能测量横向偏

差和角度偏差。采用 6.2.1 节的基于线性化运动学模型的预测控制，系统的状态方程为

$$\begin{cases} \boldsymbol{x}_k = \boldsymbol{A}_k\boldsymbol{x}_{k-1} + \boldsymbol{B}_k\boldsymbol{u}_{k-1} \\ \boldsymbol{y}_k = \boldsymbol{C}\boldsymbol{x}_k \end{cases} \tag{6.47}$$

其中，$\boldsymbol{y}_k$ 为输出；$\boldsymbol{C} = \mathrm{diag}(0,1,1)$。

设系统有输入噪声 $\boldsymbol{w}_{k-1}$ 和观测噪声 $\boldsymbol{v}_k$，系统状态方程为

$$\begin{cases} \boldsymbol{x}_k = \boldsymbol{A}_k\boldsymbol{x}_{k-1} + \boldsymbol{B}_k\boldsymbol{u}_{k-1} + \boldsymbol{w}_{k-1} \\ \boldsymbol{y}_k = \boldsymbol{C}_k\boldsymbol{x}_k + \boldsymbol{v}_k \end{cases} \tag{6.48}$$

卡尔曼滤波利用状态方程递推法寻找最小均方误差下的状态量的估计值。其递推方程式为

$$\begin{cases} \boldsymbol{P'}_k = \boldsymbol{A}_k\boldsymbol{P}_{k-1}\boldsymbol{A}_k^{\mathrm{T}} + \boldsymbol{Q}_{k-1} \\ \boldsymbol{H}_k = \boldsymbol{P'}_k\boldsymbol{C}_k^{\mathrm{T}}(\boldsymbol{C}_k\boldsymbol{P'}_k\boldsymbol{C}_k^{\mathrm{T}} + \boldsymbol{R}_k)^{-1} \\ \hat{\boldsymbol{x}}_k = \boldsymbol{A}_k\hat{\boldsymbol{x}}_{k-1} + \boldsymbol{B}_k u_{k-1} + \boldsymbol{H}_k(\boldsymbol{y}_k - \boldsymbol{C}_k\boldsymbol{A}_k\hat{\boldsymbol{x}}_{k-1}) \\ \boldsymbol{P}_k = (\boldsymbol{I} - \boldsymbol{H}_k\boldsymbol{C}_k)\boldsymbol{P'}_k \end{cases} \tag{6.49}$$

其中，$\boldsymbol{Q}_{k-1}$，$\boldsymbol{R}_k$ 分别为输入噪声 $\boldsymbol{w}_{k-1}$ 和观测噪声 $\boldsymbol{v}_k$ 的方差矩阵；$\boldsymbol{H}_k$ 为增益矩阵；$\boldsymbol{H}_k$ 本质为加权矩阵。$\boldsymbol{P'}_k$ 和 $\boldsymbol{P}_k$ 分别为未经校正后经过校正后的状态变量误差估计均方值。

迭代更新过程如图 6.14 所示。

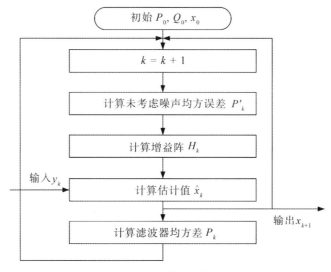

图 6.14　卡尔曼滤波计算流程

6.4.4　预测控制试验结果分析

为了验证预测控制性能,本节以两条匀速直线运动轨迹为目标轨迹进行跟踪。根据 6.1 和 6.2 节,编写相应的 Matlab 和 LabView 程序。

轨迹跟踪试验 1:

参考车速为 0.03 m/s,初始横向误差为 -0.3 m,初始角度误差为 $\pi/3$,跟踪时间为 30 s,结果如图 6.15 所示。

由图 6.15 可知,被控小车在 20 s 左右实现轨迹跟踪,之后横向偏差和角偏差基本为零。由于车身振动、地面干扰以及摄像头自身误差,所以跟踪误差有一定的波动。

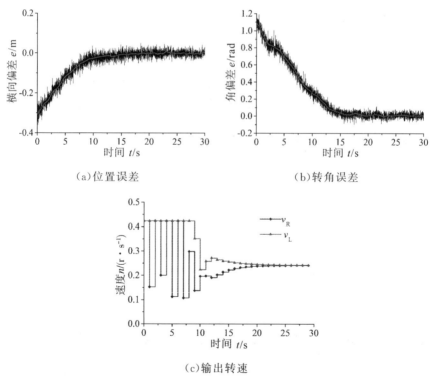

（a）位置误差　　　　　　　　　　（b）转角误差

（c）输出转速

图 6.15　直线跟踪结果

轨迹跟踪试验 2:

参考车速为 0.06 m/s,初始横向误差为 -0.5 m,初始角度误差为 $\pi/4$,跟踪时间为 30 s,跟踪结果如图 6.16 所示。

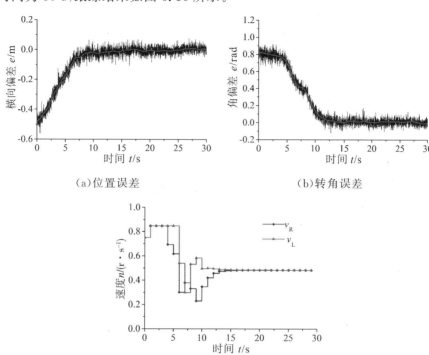

（a）位置误差　　　　　　　　（b）转角误差

（c）输出转速

图 6.16　直线跟踪结果

由图 6.16 可知,被控小车约在 15 s 左右实现轨迹跟踪,之后横向偏差和角偏差基本为零。综合图 6.15,图 6.16,可见基于视觉识别和卡尔曼滤波算法的预测控制器可以实现轨迹跟踪。

第 7 章　基于 RTK-GPS 的六履带车辆导航控制

为了实现六履带车辆的导航控制,本章对六履带车辆路径跟踪控制系统进行研究。六履带车辆在转向过程中,主要依靠转向机构偏转转向履带组角度与各条履带的差速协同配合,因此可以通过设计具有高效控制性能的控制器对这几个参量进行共同调控,进而控制六履带车辆的位置和姿态。本章将采用模糊PID 算法对六履带车辆基于 RTK-GPS 的导航控制系统进行设计,建立六履带车辆的虚拟样机模型和模糊 PID 控制器,通过联合仿真,对导航性能进行分析。

7.1　基于 RTK-GPS 技术的导航原理

7.1.1　GNSS(global navigation satellite system)

全球卫星导航系统是基于人造卫星技术广泛应用于地面移动装备定位与导航的集成系统。其基本工作原理可简单描述三星定位,即理论上获得空间定位信息至少需要三颗卫星。通常,GNSS 系统由空间组网星群、用户终端和地面站系统三个主要子系统所组成。

空间组网星群的主要功能可概括为:接收地面站指令、接收星历和发送卫星信号。地面站系统的作用可概括为:卫星跟踪、星历编制、卫星姿态监控。用户终端的核心是接收机,其主要功能是接收卫星报文,获取定位、海拔、方位等信息。

GPS 系统在 2.02 万千米高度呈 55°倾角存在 6 个轨道面,每个轨道面可以安置 6 颗卫星,采用双频播发技术"L_1:1575.42MHz,L_2:1227.60MHz"发送卫星信号。

在 GPS 系统的早期服役阶段,其服务仅限于提供伪距观测值的导航单点定位信息。特别是在 2000 年之前,由于 GPS 系统中添加了 SA 干扰,其定位精度受多路径效应和伪距观测值噪声影响,定位精度较差,定位误差甚至达到百米级,很难将其投入到实际工程应用中。

随着技术的不断发展,基于伪距差分定位技术出现使得 GPS 系统定位精度从十米级提高到亚米级,其精度基本满足米级精度的定位导航以及资源调查等应用,但仍无法满足厘米级测量的应用需求,高精度测量仍需要采用静态的相对定位方式,才能达到厘米级精度的定位需求。

RTK(Real-Time Kinematic)测量系统又称实时动态定位系统,在 20 世纪90 年代出现,达到了实时厘米级测量。伴随着越来越广泛的工程应用,借助RTK 技术实现了高精度的局部定位与导航,推动了矿山开采、海洋开发、交通工程等诸多领域的技术进步。

7.1.2　RTK 工作原理

RTK 测量系统主要由三个部分组成:GPS 接收装置、实时动态测量系统和数据传输系统,为用户提供具有厘米级精度的三维定位结果。RTK 测量技术以载波相位的观测量为基础,其工作原理可概括为:首先将一台接收机安置于基准站,基准站位置固定;同时,将若干台接收机置于移动站,移动站一般即为需要使用精确位姿信息的地面移动装备;基准站和移动站同时接收在相同授时、由同颗 GPS 卫星发送的信息;通过比较基准站观测值与基准站真值,获得GPS 卫星信号的差分修正值。进一步将差分修正值及时传递给移动站,经过一定的数据处理过程,得到经差分改正后的实时位置。图 7.1 所示为 RTK 工作原理图。

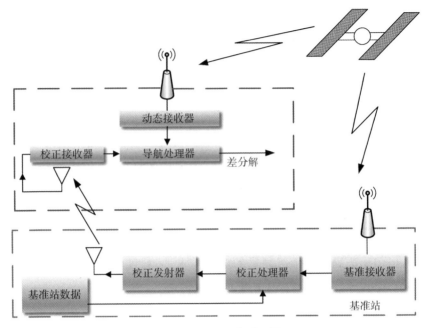

图 7.1　RTK 工作原理图

7.1.3　误差分析

由于 RTK 测量系统中存在多个连续运行的参考站,涉及主次设置的问题,通常,将主参考站设置为与虚拟参考站之间直线距离最短的参考站。完成设置后,先将各参考站之间和距离相关与虚拟参考站的误差进行修正,随后发送至选定的主参考站;在此基础上,可以得出虚拟参考站中的相关修正偏差。图 7.2 所示为虚拟参考站法原理图。

p 为虚拟参考站,n 为距离虚拟参考站最近的主参考站,u 为流动站,主参考站 n 的载波相位观测方程(在只考虑电离层和对流层延迟影响时)为

$$\lambda \varphi_n^i = \rho_n^i + c \cdot (\delta t_n - \delta t^i) - I_n^i + T_n^i - \lambda N_n^i \tag{7.1}$$

其中:λ 为载波相位波长;φ 为载波相位观测值;ρ 为星站间几何距离;I 为电离层延迟;T 为对流层延迟;c 为光速;δt_n 为接收机钟差;δt^i 为卫星钟差;N 为整周模糊度。

同理,可求得虚拟参考站 p 的载波相位观测方程:

$$\lambda\varphi_{\mathrm{p}}^{i} = \rho_{\mathrm{p}}^{i} + c \cdot (\delta t_{\mathrm{p}} - \delta t^{i}) - I_{\mathrm{p}}^{i} + T_{\mathrm{p}}^{i} - \lambda N_{\mathrm{p}}^{i} \tag{7.2}$$

则 n 与 p 的星间单差方程分别为

$$\lambda\Delta\varphi_{\mathrm{n}}^{ij} = \Delta\rho_{\mathrm{n}}^{ij} - c \cdot \Delta\delta t^{ij} - \Delta I_{\mathrm{n}}^{ij} + \Delta T_{\mathrm{n}}^{ij} - \lambda\Delta N_{\mathrm{n}}^{ij} \tag{7.3}$$

$$\lambda\Delta\varphi_{\mathrm{p}}^{ij} = \Delta\rho_{\mathrm{p}}^{ij} - c \cdot \Delta\delta t^{ij} - \Delta I_{\mathrm{p}}^{ij} + \Delta T_{\mathrm{p}}^{ij} - \lambda\Delta N_{\mathrm{p}}^{ij} \tag{7.4}$$

在站间再次差分,则主参考站和虚拟参考站的双差方程为

$$\lambda(\Delta\varphi_{\mathrm{n}}^{ij} - \Delta\varphi_{\mathrm{p}}^{ij}) = \nabla\Delta\rho_{\mathrm{np}}^{ij} - \nabla\Delta I_{\mathrm{np}}^{ij} + \nabla\Delta T_{\mathrm{np}}^{ij} - \lambda\,\nabla\Delta N_{\mathrm{np}}^{ij} \tag{7.5}$$

由式(7.5)可推导出虚拟参考站载波相位星间单差观测方程:

$$\Delta\varphi_{\mathrm{p}}^{ij} = \lambda^{-1}(\Delta\varphi_{\mathrm{n}}^{ij} + \nabla\Delta\rho_{\mathrm{np}}^{ij} - \nabla\Delta I_{\mathrm{np}}^{ij} + \nabla\Delta T_{\mathrm{np}}^{ij}) - \nabla\Delta N_{\mathrm{np}}^{ij} \tag{7.6}$$

同样可求得虚拟参考站与流动站之间的双差方程为

$$\lambda(\Delta\varphi_{\mathrm{u}}^{ij} - \Delta\varphi_{\mathrm{p}}^{ij}) = \nabla\Delta\rho_{\mathrm{up}}^{ij} - \nabla\Delta I_{\mathrm{up}}^{ij} + \nabla\Delta T_{\mathrm{up}}^{ij} - \lambda\,\nabla\Delta N_{\mathrm{up}}^{ij} \tag{7.7}$$

由于虚拟参考站客观上距离流动站较近,与之相对应,可以近似认为此处距离的单差值在数值上相等,即电离层延迟双差 $\nabla\Delta I_{\mathrm{np}}^{ij}$ 和对流层延迟双差 $\nabla\Delta T_{\mathrm{np}}^{ij}$ 为 0,所以式(7.7)可简化为

$$\lambda\Delta\varphi_{u}^{ij} = \nabla\Delta\rho_{\mathrm{up}}^{ij} - \lambda\,\nabla\Delta N_{\mathrm{up}}^{ij} \tag{7.8}$$

由式(7.8)可知,经过双差计算之后,对流层延迟和电离层延迟已经消除。所以流动站具有很高的定位精度。

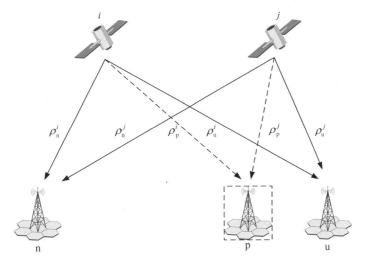

图 7.2　虚拟参考站法原理图

7.2 六履带车辆卫星导航控制技术

为了实现六履带车辆自动控制跟踪预设轨迹,准确到达指定的目标位置,六履带车辆自适应控制系统主要包括 RTK 测量系统、轨迹识别以及跟踪过程的数据处理程序和六履带车辆模糊 PID 控制算法。

7.2.1 卫星导航控制系统方案设计

在空间环境中规划出一条预设路径,为了实现六履带车辆自动识别并且跟踪规划路径达到自适应控制,需要对六履带车辆的转向履带前后车实现偏转角度控制,同时对各条履带的行驶速度进行控制,将六履带车辆的实际行驶路径与预设路径之间的距离偏差和角度偏差控制在较小的范围之内,从而实现六履带车辆的路径跟踪行驶。

六履带车辆路径跟踪控制系统主要包括三个部分:①监测区,监测六履带车辆实时坐标位置和行驶方向与规划轨迹的航向角偏差,以及驱动系统和转向系统的状态;②控制区,将通过计算得到的规划路径与实际路径之间的路径偏差作为控制器的输入,用来控制六履带车辆;③执行区,通过传感信息获取当前的行驶状态,输入至控制器,并将驱动系统中的各条履带速度、转向臂偏转角度作为输出,不断调整六履带车辆的运行。以给定的预设路径为目标,使六履带车辆对预设路径进行识别、跟踪,通过不断调整自身行驶姿态与预设路径之间的距离偏差和角度偏差从而行驶至目标位置。图 7.3 所示为六履带车辆的控制系统结构图。

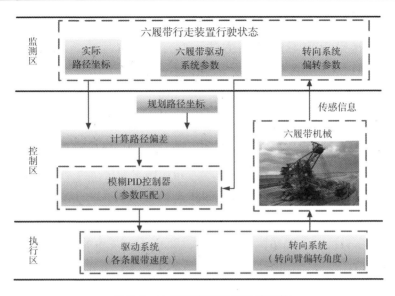

图 7.3　六履带车辆控制系统结构

控制系统的输入变量为实际路径坐标与预设路径坐标之间的距离偏差和航向角偏差,输出变量为各条履带驱动电机频率和液压油缸进给量。基于模糊 PID 算法设计的控制器可以对六履带车辆当前行驶状态和期望状态之间的偏差进行分析,通过实时调整各条履带驱动电机频率以及液压油缸进给量,使六履带车辆快速回归至预设路径,提高路径跟踪的准确性。图 7.4 所示为六履带车辆自适应控制的技术流程图。

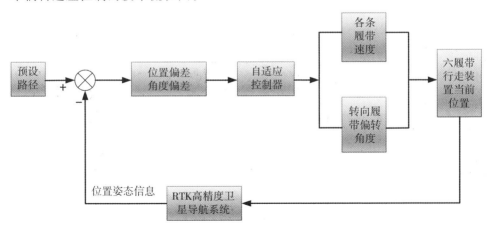

图 7.4　六履带车辆自适应控制的技术流程

7.2.2　六履带卫星导航控制方法

六履带车辆在地面沿预设轨迹进行机动的过程中,由于操作失误、驾驶疲劳等主观因素以及设备惯量、地面条件等外界因素的影响,容易导致六履带车辆偏离原规划路径。为提高六履带车辆行驶过程中对路径追踪的准确性,需要对其行驶速度和行驶姿态进行实时调整。路径偏差如图 7.5 所示,图中 S 为规划行走路径的起点,A 为终点,预设六履带车辆沿弧线 SA 行驶。但经过 t s 的行驶之后,在行驶过程中产生了位置偏差。六履带车辆预计到达的是 R 点而实际到达位置却为 C 点。用矩阵 $W_C=[x_C,y_C,\theta_C]^{\mathrm{T}}$ 表示当前六履带车辆的行驶位姿,用矩阵 $U_C=[v_C,\omega_C]$ 表示 t 时刻履带的质心运动速度,v_C 为实际线速度,ω_C 为其实际转向角速度。类似地,对于规划位置 R 点,用 $W_R=[x_R,y_R,\theta_R]^{\mathrm{T}}$ 表示六履带车辆应具备的理论位姿,对应的履带质心速度矩阵为 $U_R=[v_R,\omega_R]$,v_R 为理论线速度,ω_R 为其理论转向角速度。t 时刻存在的理论行驶轨迹与实际行驶轨迹之间的差异需要通过六履带车辆控制系统对其行进速度和行驶姿态做出相应的调整,最终使得六履带车辆能够回归到预设路径上进行稳态行驶,即对六履带车辆输入合适的 $U=[v,\omega]$,使得 $\lim\limits_{t\to\infty}(W_C-W_R)=0$。

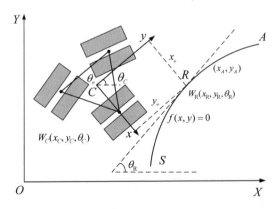

图 7.5　路径跟踪示意图

六履带车辆自适应控制系统包括:虚拟目标移动位置检测模块、姿态计算模块和实际履带行驶状态控制模块。通过识别给定虚拟目标,使得六履带车辆可以对其进行跟踪行驶,并准确到达指定目的地。自适应导航控制方法以基于偏差的控制方法为基础,控制的偏差是履带实时位置坐标和理论轨迹的偏差。实时位置坐标通过对行走装置和基准站的卫星信号差分解计算获得,卫星信号需要进行坐标变换,将卫星信号的高斯-克吕格(Gauss-Kruger)坐标转化为和理论轨迹统一的大地直角坐标系,在确定六履带车辆路径跟踪行驶过程中所产生的偏差来源后,以其与预设路径之间的距离偏差和航向角偏差作为控制系统的两个输入参数。随后将参数输入至模糊控制器,根据针对六履带车辆行驶参数所编辑的模糊规则,调整模糊控制器的三个输出参数(KP,KI,KD)。PID 控制器根据六履带车辆行驶过程中的总偏差和三个参数的实时变化情况,对其执行机构输出相应的控制指令,控制各条履带驱动电机的频率和转向履带偏转角度,进而控制六履带车辆行驶的位置和姿态。

7.3　六履带车辆导航控制虚拟样机联合仿真

7.3.1　创建六履带车辆虚拟样机

本章以 SRs1602 斗轮挖掘机进行虚拟样机研究,主要技术参数参见表4.1。以 Parasolid 数据格式将三维模型导入 RecurDyn 中。由于 RecurDyn 软件中的履带模块不能识别导入的驱动轮等部件,因此需要将这些部件进行等效处理,用其模块内的部件代替。在 Track/LM 低速履带模块下,在相应位置上建立六履带车辆的关键零部件:导向轮、驱动轮、支重轮和履带链。在完成模型的建立后,添加各零部件之间的约束,如表 7.1 所示。

表 7.1　各零部件之间的约束关系

零部件 1	零部件 2	约束
履带架	驱动轮	转动副
履带架	支重轮	转动副
履带架	张紧装置	平动副

零部件 1	零部件 2	约束
履带架	转向臂	固定副
履带架	回转台	转动副
张紧装置	导向轮	转动副
转向组前车	转向组后车	平动副、转动副
液压油缸	转向组中心	转动副
液压油缸	非转向组	转动副

然后,再添加相应静摩擦系数和动摩擦系数。摩擦系数与相对速度之间的关系如图 7.6 所示。摩擦系数与速度的关系如图 7.7 所示。

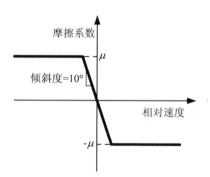

图 7.6　摩擦系数和相对速度关系图

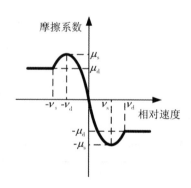

图 7.7　包含静摩擦系数时的摩擦系数和相对速度关系

履带板和地面之间的接触分为两种:硬路面接触、软路面接触。创建地面模型后履带板与地面之间会自动产生接触关系。硬路面接触的参数主要为:刚

度、阻尼和摩擦系数。其力学模型为

$$f_n = k\delta^{m_1} + c \frac{\dot{\delta}}{|\dot{\delta}|} |\dot{\delta}|^{m_2} \delta^{m_3} \tag{7.9}$$

其中，k 为接触刚度；c 为接触阻尼；δ 和 $\dot{\delta}$ 分别为地面变形量和变形量的导数；m_1, m_2, m_3 为非线性指数。

在 Track/LM 低速履带模块中建立六履带车辆的虚拟样机模型，如图 7.8 所示。六履带车辆的最高行驶速度为 0.1 m/s，转向组四履带前后通过滑块销轴连接，非转向组两履带的履带架上设置液压油缸与转向组后车架的转向臂通过销轴连接，六履带车辆的转向由液压油缸推动转向组与各条履带差速共同完成，其中，偏转角度范围为 ±20°。

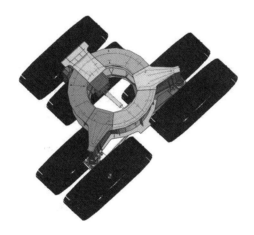

图 7.8 六履带车辆虚拟样机模型

7.3.2 模糊控制原理

模糊控制文件是在 Matlab 软件中进行编译的，在创建模糊 PID 控制程序之前，需要先编译模糊控制的文件。随后在 RecurDyn 软件中的 Colink 模块下创建六履带车辆虚拟样机的自适应控制程序。

航向角偏差和距离偏差是六履带车辆实际行驶过程中的两个主要偏差来源，其几何定义如图 7.9 所示。具体来说，以六履带几何中心位置为原点建立如图 7.9 所示的坐标系，以六履带车辆的前进方向为坐标系 y 轴正方向，以垂直于前进方向且指向非转向履带组方向为坐标系 x 轴正方向,设置当前时刻六履带车辆的中心与下一时刻整机预瞄点之间的 y 向距离为 h,过 y 轴上 $(0,h)$ 点作预设行走轨迹的垂线交预设路径于点 $A(x,y)$,垂线段的长度即为距离偏差;进一步过 A 点作预设行走轨迹的切线,切线方向与 y 方向之间夹角即为航向角偏差。因此,可将自适应控制系统的目的概括为在动态行驶过程中,将距离偏差和航向角度偏差减小至 0,使得六履带车辆预瞄点与预设路径重合,此时,六履带车辆将沿着预设路径行驶。图 7.10 所示为六履带车辆的控制原理。

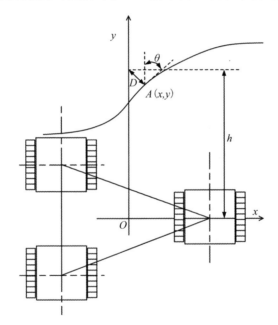

图 7.9 六履带车辆行驶偏差来源

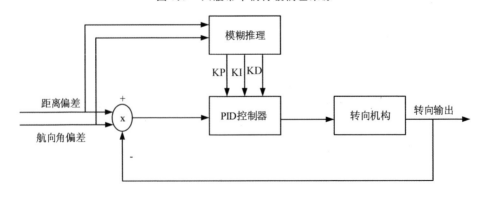

图 7.10 六履带车辆控制原理图

7.3.3　模糊文件的创建

由于在 Recur Dyn 软件中没有模糊控制器,所以需要在 Matlab 软件中编辑好模糊控制文件,加载到 Colink 中。

六履带车辆的模糊 PID 控制器有两个输入变量(行驶路径的距离偏差和航向角偏差)和三个输出变量(控制参数 KP,KI,KD)。需要对各输出输入变量的隶属度函数关系进行建立。根据六履带车辆运动特性,其位置和姿态的调整是依靠六条履带间的差速与液压油缸推动转向机构形成偏转角度共同作用,当调整至适当的姿态后,再继续进行较小范围内的调控,以提高六履带车辆路径跟踪行驶的精度。因此,首先需要对六履带车辆的距离偏差和航向角偏差的模糊论域进行设定。其中,距离偏差的模糊论域为$[-2,2]$,单位为 m;航向角偏差的模糊论域为$[-50,50]$,单位为(°)。将这两个输入偏差分为五个等级,即NB,NM,ZO,PM,PB,当距离偏差和航向角偏差超出设定的相应调节范围时,六履带车辆的六条履带速度差与转向机构偏转履带转角度将以最小转向半径进行匹配,达到使车辆在最短时间内行驶至预设路径。距离偏差与航向角偏差的隶属度函数如图 7.11 所示。

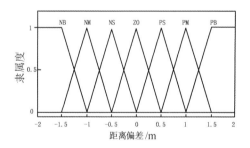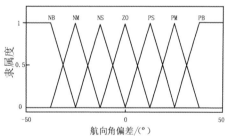

图 7.11　距离偏差与航向角偏差隶属度函数

模糊控制器包含三个输出变量,分别控制 PID 控制器的三个参数 KP,KI和 KD。通过调试匹配控制参数,选取合理的范围,以达到对六履带车辆控制的精度要求。其中,比例增益系数 KP 可以加快系统的响应速度、提高调节精度,其隶属度调节范围为$[1,3]$,KP 分为五个等级:KP1,KP2,KP3,KP4,KP5;积分调节系数 KI 可以消除系统残差,隶属度调节范围为$[0.01,0.05]$,KI 分为五个等级:KI1,KI2,KI3,KI4,KI5;微分调节系数 KD 可以改善系统的动态性能,

隶属度调节范围为 $[0.005, 0.025]$，KD 分为五个等级 KD1，KD2，KD3，KD4，KD5。图 7.12 所示为 KP，KI 和 KD 隶属度函数。

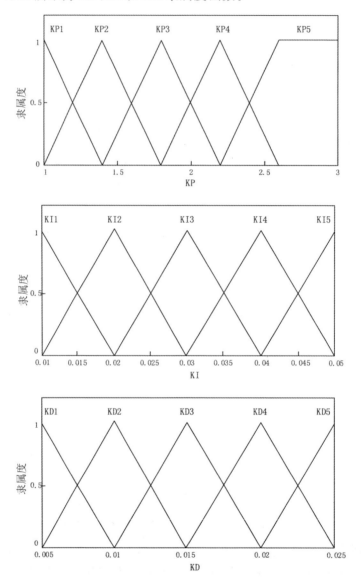

图 7.12 PID 控制器参数隶属度函数

六履带车辆的运动是位置偏差和航向角偏差共同作用的结果，能否实现对预设路径的准确跟踪的关键是设置合理的控制规则，即针对不同的运行偏差状态需要对应施加不同的控制参数从而确保六履带车辆能够快速地消除路径偏

差并回归预定轨迹。为实现上述控制目标,对应的六履带车辆的控制思想可具体描述如下:

(1)KP 主要用来调节系统的响应速度,以纠正轨迹偏差的速度。换言之,当距离偏差和航向角偏差较大时,KP 取较大值,使六履带车辆能够快速接近规划轨迹;而当轨迹偏差减小时,应同时减小 KP 值从而保持六履带车辆当前逼近方向;当六履带车辆的距离偏差进一步减小时,航向角偏差变为主要偏差时,应增大 KP 值,使其能够快速调整自身姿态,与预设位姿相匹配,同时减小调姿震荡。

(2)KI 主要用来提高系统的控制精度,提高对误差的敏感度。但是 KI 也能够使系统对偏差反应过于频繁,引起较大的震荡。当初始位置与预设路径偏差较大时,KI 则取较小值,避免系统出现震荡;随着纠偏的进程,距离偏差逐渐变小,应相应地增大 KI 值,从而提高系统的精度,使实际轨迹与预设轨迹呈现出更高的吻合度。一旦出现驶过预设路径的情况,应调大 KI 取值,加快系统响应速度,使得六履带车辆尽快回归预设路径中。

(3)KD 可以用来对系统的动态特性进行调节。当偏差较大时,KD 也取较大值,可以有效抑制系统的震荡。当六履带车辆与预设路径之间的偏差较小时,KD 取较小值,以增加路径追踪系统的控制精度。

表 7.3 所示为本章对六履带车辆自适应控制系统创建的模糊规则。

表 7.3　模糊控制规则表

	NB	NM	NS	ZO	PS	PM	PB
NB	KP5/ KI5/ KD1	KP5/ KI5/ KD1	KP5/ KI5/ KD1	KP5/ KI5/ KD1	KP5/ KI5/ KD1	KP5/ KI5/ KD1	KP5/ KI5/ KD1
NM	KP5/ KI5/ KD1	KP4/ KI4/ KD2	KP4/ KI4/ KD2	KP4/ KI4/ KD2	KP4/ KI4/ KD2	KP4/ KI4/ KD2	KP4/ KI4/ KD2
NS	KP5/ KI5/ KD1	KP4/ KI4/ KD2	KP4/ KI4/ KD2	KP4/ KI4/ KD2	KP4/ KI4/ KD2	KP4/ KI4/ KD2	KP4/ KI4/ KD2
ZO	KP5/ KI5/ KD1	KP4/ KI4/ KD2	KP4/ KI4/ KD2	KP3/ KI3/ KD3	KP3/ KI3/ KD3	KP3/ KI3/ KD3	KP3/ KI3/ KD3

续表

	NB	NM	NS	ZO	PS	PM	PB
PS	KP5/ KI5/ KD1	KP4/ KI4/ KD2	KP4/ KI4/ KD2	KP3/ KI3/ KD3	KP2/ KI2/ KD4	KP2/ KI2/ KD4	KP2/ KI2/ KD4
PM	KP5/ KI5/ KD1	KP4/ KI4/ KD2	KP4/ KI4/ KD2	KP3/ KI3/ KD3	KP2/ KI2/ KD4	KP2/ KI2/ KD4	KP1/ KI1/ KD4
PB	KP4/ KI5/ KD1	KP4/ KI3/ KD2	KP4/ KI4/ KD2	KP3/ KI4/ KD3	KP3/ KI2/ KD4	KP1/ KI2/ KD4	KP2/ KI1/ KD5

　　根据表 7.3 中创建的六履带车辆模糊控制规则,在 Matlab 中建立 PID 控制器参数 KP,KI,KD 关于六履带车辆路径跟踪行驶过程中距离偏差输入和航向角偏差输入之间关系,如图 7.13 所示。

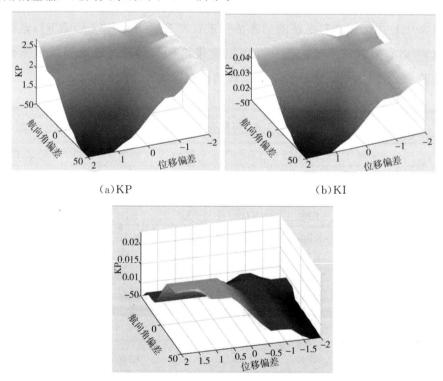

(a)KP　　　　　　　　　　　　(b)KI

(c)KD

图 7.13　模糊控制输入变量与输出变量关系

基于创建的模糊 PID 控制方法的模糊规则,可以建立六履带车辆的路径跟踪系统模糊控制器,以距离偏差和航向角偏差为输入变量,对 PID 控制器中的三个参数按照相应的调节策略进行调控。

7.4　六履带车辆路径跟踪控制仿真分析

在确定六履带车辆控制系统的输入和输出变量后,根据上文创建的模糊 PID 的模糊规则,在 Maltab 中对模糊控制文件进行编辑,然后加载到六履带车辆控制系统的模型中,并与 PID 控制器相结合,搭建出完整的六履带行走控制系统模型。

针对六履带车辆典型工况下的直线行驶工况和曲线行驶工况,利用虚拟样机联合仿真技术对六履带车辆行驶过程中的实际行驶轨迹与预设路径之间的距离偏差、航向角偏差、转向角度变化及其驱动轮转速变化进行分析,以此来验证路径跟踪控制系统的有效性。

7.4.1　直线行驶

在直线行驶工况下,六履带车辆质心与预设路径的初始距离偏差设置为 10 m,初始航向角偏差设置为 0°。六履带车辆直线行驶工况下的仿真行驶轨迹与预设轨迹对比如图 7.14 所示。从图中可以看出,六履带车辆在第一次行驶至预设路径时,由于自身行驶姿态的调整,会与预设路径产生偏移,但随着调整过程的逐渐完善,最终能够与预设路径重合。

六履带车辆直线行驶工况下的距离偏差和航向角偏差如图 7.15 所示。从图中可以看出,六履带车辆在 160 s 时,航向角偏差调整至 40°;260 s 时,行驶至预设路径;运行至 600 s 时,六履带车辆的行驶轨迹与预设路径基本一致,此时已进入稳定行驶阶段。

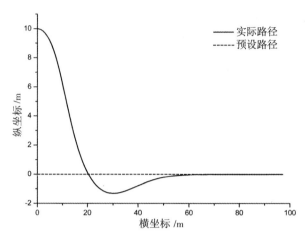

图 7.14　行驶轨迹对比图

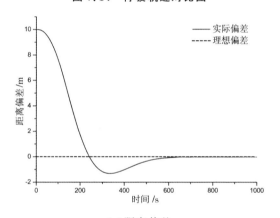

（a）距离偏差

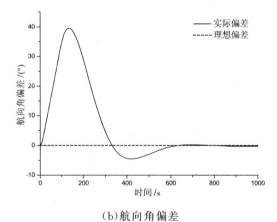

（b）航向角偏差

图 7.15　直线行驶工况的偏差

六履带车辆转向角度如图 7.16 所示。在起始阶段,转向组履带迅速偏转至 10°,使六履带车辆能够快速接近预设路径。当六履带车辆接近预设路径时,此时转向组履带偏转角度逐渐减小,使其行驶姿态回正。

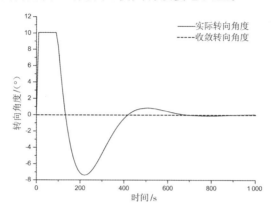

图 7.16　六履带车辆转向角度

六履带车辆履带驱动轮转速如图 7.17 所示。六履带车辆在转向行驶过程中,驱动轮转速可分为四组,分别是:转向组履带外侧、转向组履带内侧、非转向组履带内侧和非转向组履带外侧。从图中可以看出,在初始阶段,非转向组履带外侧速度为 0.29 rad/s,转向组履带外侧速度为 0.26 rad/s,此时六履带车辆能够按照理想角度快速接近预设路径。当 220 s 左右时,转向组履带与非转向组履带转速差约为 0.09 rad/s,六履带车辆迅速调整行驶姿态。在 400 s 时,各驱动轮转速逐渐稳定在 0.27 rad/s,六履带车辆进入沿预设轨迹稳定行驶阶段。

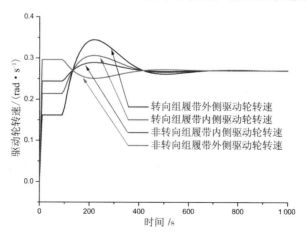

图 7.17　履带驱动轮转速

7.4.2 曲线行驶

曲线行驶工况下,初始距离偏差为 10 m,初始角度偏差为 0°,所设定的预设轨迹为半径 50 m 的圆弧。六履带车辆最小转弯半径为 50 m,通过联合仿真可以求得六履带车辆在极限转弯半径的条件下对预设路径的追踪速度以及贴合程度。六履带车辆直线行驶工况下的仿真行驶轨迹与预设轨迹对比如图 7.18 所示。从图中可以看出,六履带车辆能够准确识别出预设路径,其实际行驶路径与预设路径贴合度较高。

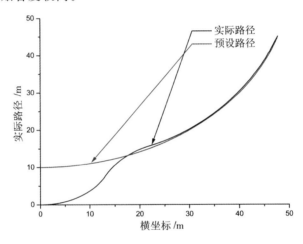

图 7.18 行驶轨迹对比图

六履带车辆曲线行驶工况下的距离偏差和航向角偏差如图 7.19 所示。从图中可看出,六履带车辆从起始阶段开始调整行驶姿态,在 240 s 左右行走装置质心点经过预设路径,同时角度偏差开始逐渐接近理想偏差值。由于预设轨迹是一条曲线,六履带车辆在转弯追踪预设轨迹时曲率较大,使行走装置在 300 s 左右的航向角偏差逐渐增大。在控制器对六履带车辆的控制作用下,航向角偏差逐渐减小,在 500 s 左右,行走装置能够按照预设路径稳定行驶。

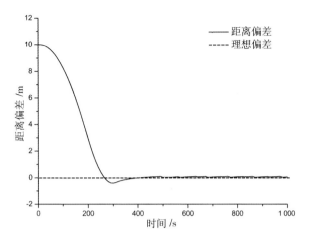

（a）距离偏差

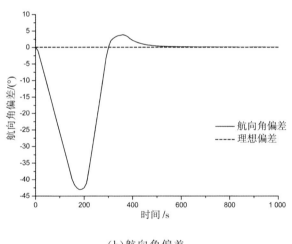

（b）航向角偏差

图 7.19　曲线行驶工况的偏差

六履带车辆转向角度如图 7.20 所示。在起始阶段,六履带车辆通过控制器的调节,将转向角度调节至偏转 10°并维持一段时间,此时行走装置在短时间内迅速接近预设路径。在 230 s 左右,控制器对行走装置的转向角度做出反向调整。在 530 s 左右时,六履带车辆稳定在收敛转向角度 3.3°。

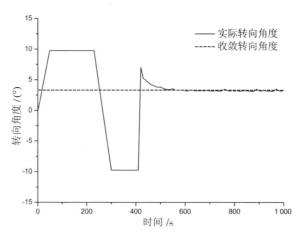

图 7.20 六履带车辆转向角度

六履带车辆履带驱动轮转速如图 7.21 所示。六履带车辆在行驶过程中的初始阶段,非转向履带组外侧履带驱动轮转速与转向履带组内侧驱动轮转速差为 0.14 rad/s,此时行走装置行驶状态为靠近预设路径行驶。在 280 s 左右,转向履带组内侧驱动轮转速增大至 0.375 rad/s 左右,行走装置对行驶姿态迅速调整至预设路径的方向。在 370 s 左右,各驱动轮转速趋于稳定,此时非转向履带组外侧履带驱动轮转速与转向履带组内侧驱动轮转速差约为 0.05 rad/s。

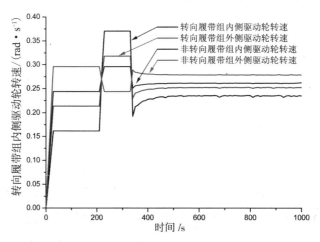

图 7.21 履带驱动轮转速

7.5　六履带车辆物理样机导航试验

在虚拟样机联合仿真对六履带车辆模型的路径跟踪控制系统进行研究基础上,为了进一步验证所设计的模糊 PID 控制器,利用基于 RTK 卫星导航系统的六履带试验样机对路径跟踪控制系统的控制性能进行试验研究。

由于在大型矿山作业的六履带车辆,整车体积和质量都过于庞大,基于目前试验条件,难以实现在矿区作业现场对大型矿用设备进行物理样机路径跟踪试验。因此,为验证跟踪控制原理,本书设计并搭建了基于缩比六履带试验样机的试验系统,用以进行对控制算法的试验验证。所设计的缩比模型基于 RTK 卫星导航系统路径跟踪控制试验平台系统的总体设计方案,如图 7.22 所示。

试验平台可分为以下子系统:①基于 LabView 与 cRIO9030 开发的跟踪控制系统;②基于 RTK 的位姿信息采集系统;③I/O 模块;④数据采集与分析系统;⑤驱动和转向执行与调节结构等。六履带行走模型的控制指令由机载电脑发出,RTK 测向天线及定位天线分别布置于六履带行走模型的车身前后,用以获取实时位置信息和航向信息,计算机通过串口与 cRIO9030 之间进行数据读取与交换,cRIO9030 根据计算机发出的控制指令,实时调控 9264AO 模拟量输出板卡,从而输出对应的控制信号。驱动器接收到控制信号后,按照设定转速分别驱动六个驱动轮以实现缩比六履带模型的运动;而六履带行走模型运动中的转向则通过控制电动推杆来实现。六履带行走模型在行进过程中的实时参数如驱动轮转速、转向角度、距离偏差和航向角偏差等数据通过编写的 Lab-View 上位机 VI 文件进行分析计算,最终得到六履带行走模型实时运动状态参数,通过数据采集系统保存在计算机用于后续查看与分析。图 7.23 所示为六履带控制原理验证样机和 RTK 基站。

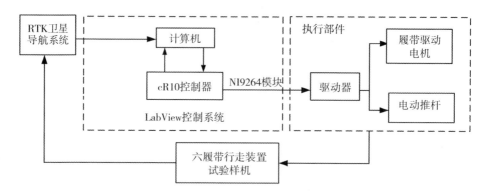

图 7.22　试验平台系统框图

图 7.23　六履带试验样机及 RTK 卫星导航基站

7.5.1　RTK 卫星导航数据提取及坐标转换

使用 LabView 软件中的 VISA 编写程序读取串口数据并进行解码,提取大地坐标系下的 X,Y 值及航向角(YAW)。为了方便对六履带行走模型的行走轨迹进行控制,还需将 RTK 卫星导航系统中后置定位天线所获得的 X,Y 等数据转变成六履带车辆的质心处坐标,六履带车辆在任意预设轨迹下的运动如图 7.24 所示。

图 7.24 中,SA 为预设轨迹;xCy 为车身坐标系;H 为 RTK 后天线所在位置,用于定位;Q 为 RTK 前天线所在位置,用于定向,且 $HQ=1\text{ m}$;C 为六履带车辆的质心;θ 为航向角偏差。

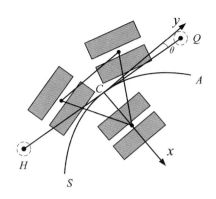

图 7.24　六履带车辆运动示意图

则质心 C 坐标可以通过式(7.10)计算得到:

$$\begin{cases} X_C = X + 0.5\sin\theta \\ Y_C = Y + 0.5\cos\theta \end{cases} \tag{7.10}$$

根据实时读取的 X,Y 值及航向角(YAW)进行坐标变换,并实时读取目标轨迹在新坐标系下的轨迹曲线。设置车辆前方行驶的预瞄点$(0,Y_m)$,在车体坐标系的 Y 轴上过预瞄点作 Y 轴的垂线,与目标轨迹的交点即为目标追踪点(X_z,Y_m)。所以距离偏差即为 X_z,交点与车体坐标系原点连线与 Y 轴的夹角即为航向角偏差。

7.5.2　模糊 PID 控制器

利用 LabView 软件的图形化编程语言建立六履带车辆试验样机的模糊 PID 控制器。PID 模糊控制器需要用到 LabView 软件运动和仿真模块中的独立的 PID 控制器和模糊控制器 VI,在使用中不需要再对 PID 框架和模糊规则进行程序编写,只需要对模糊控制器和 PID 控制器的控制参数进行设置和调试。

模糊控制器基本工作原理是将六履带试验模型的距离偏差和航向角偏差作为输入参数,通过定义的模糊规则输出 PID 控制参数比例增益 KP、比例积分 KI 和比例微分 KD,由 PID 控制器生成控制指令,并通过输出的模拟量控制信号最终控制六履带试验模型直行和转向。

在 RTK 卫星导航系统路径跟随控制过程中,首先设置六履带试验样机质心移动速度为额定速度,为了追踪目标运动轨迹,根据轨迹偏差信息,通过模糊

PID 控制器计算试验样机当前时刻所需的转向角大小。同时,采集试验样机当前时刻各条履带的转向半径与中心转向半径信息,进而基于转向半径之间的关系具体计算得到对应于不同位置各条履带驱动轮的所需转速。最终,根据不同的转速需求,通过独立的控制终端对各个驱动轮转速进行控制。

7.6　试验结果及分析

　　分别对六履带车辆试验样机在直线行驶工况和曲线行驶工况下进行试验,对其质心点与预设导航路径之间的距离偏差、行驶航向角偏差,以及转向角、驱动轮转速进行分析。

7.6.1　直线行驶

　　在直线行驶工况下,试验样机质心点与预设路径之间的初始距离偏差为 -0.4 m 和 -0.95 m,分别进行两组试验。试验样机行驶方向与预设路径之间初始角度为 0°。图 7.25 所示为直线工况示意图。

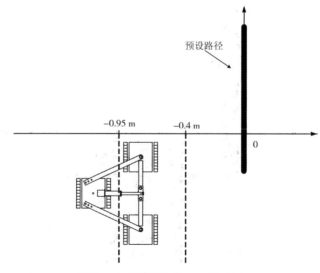

图 7.25　直线行驶工况示意图

试验样机直行工况试验现场如图 7.26 所示。

图 7.26　直行工况现场

六履带试验样机在行驶过程中距离偏差的数据如图 7.27 所示。从试验数据可以看出,在初始时刻,试验样机对行驶姿态迅速做出调整,当距离偏差为 −0.95 m 时,最终稳态行驶时间节点在 175 s 左右,波动范围在 0.1 m 左右;当距离偏差为 −0.4 m 时,最终稳态行驶时间节点在 80 s 左右,波动范围在 0.05 m 范围之内。两组数据中,当试验装置靠近预设路径时,行驶姿态能够迅速回正。控制器对试验样机的控制性能较为理想。

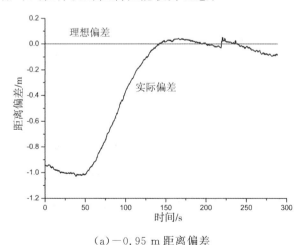

(a)−0.95 m 距离偏差

图 7.27　距离偏差

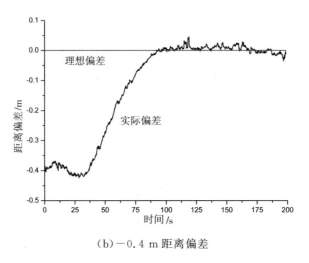

（b）—0.4 m 距离偏差

图 7.27　距离偏差（续）

　　基于 RTK 卫星导航系统的定位数据，试验样机能够迅速对预设路径的航向角偏差进行调节。从图 7.28 航向角偏差的数据中可以看出，在初始阶段，试验样机持续调整行驶姿态向预设路径接近，—0.95 m 航向角偏差的数据中，由于距离预设路径距离较长，最大航向角偏差为 24°，在第 60 s 左右，偏差开始逐渐减小，航向角偏差收敛时间为 170 s 左右；—0.4 m 航向角偏差的数据中，最大航向角偏差为 13°，最大航向角偏差出现在第 40 s 左右，航向角偏差收敛时间在 90 s 左右。

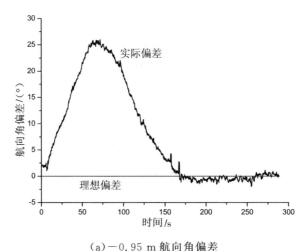

（a）—0.95 m 航向角偏差

图 7.28　航向角偏差

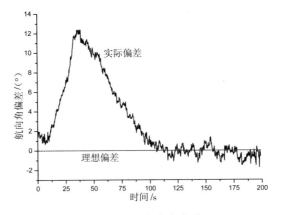

（b）-0.4 m 航向角偏差

图 7.28　航向角偏差（续）

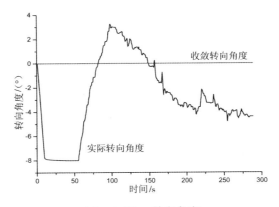

（a）-0.95 m 转向角度

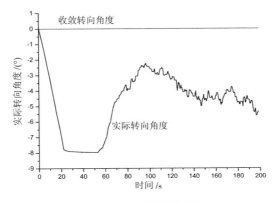

（b）-0.4 m 转向角度

图 7.29　转向角度

　　从图 7.29 转向角度变化曲线可以看出,试验样机转向角度调节的灵敏度较高,能够迅速识别预设路径并做出相应的行驶姿态调整,随着时间的增加,能够贴合预设路径行驶。最大转向角度为 8°,转向调节器满足控制要求。

　　图 7.30 所示为试验样机在不同距离偏差下的各驱动轮转速。六履带行走模型在转向行驶时,驱动轮转速可分为四组:转速 1 为转向组外侧履带驱动轮转速,转速 2 为转向组内侧履带驱动轮转速,转速 3 为非转向组内侧履带驱动轮转速和转速 4 为非转向组外侧履带驱动轮转速。—0.4 m 驱动轮转速的数据中,由于距离预设路径距离较短,试验样机需要迅速调整行驶姿态,驱动轮最大转速为 10.6 rad/s,最终稳态转速在 9.2 rad/s。—0.95 m 驱动轮转速数据中,驱动轮最大转速为 8.4 rad/s,最终稳态转速为 7.2 rad/s。

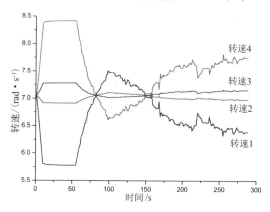

(a)—0.95 m 驱动轮转速

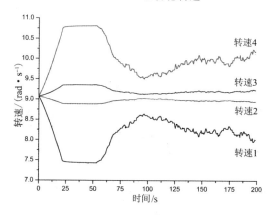

(b)—0.4 m 驱动轮转速

图 7.30　驱动轮转速

图 7.31 所示为试验样机实际行驶过程中所记录的行驶轨迹。

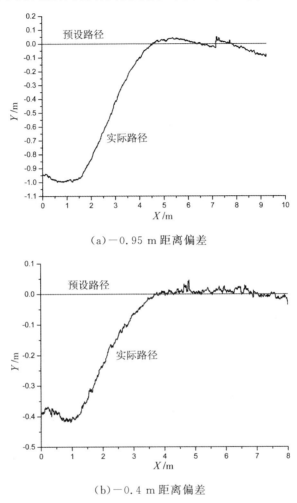

（a）－0.95 m 距离偏差

（b）－0.4 m 距离偏差

图 7.31　行驶轨迹

7.6.2　曲线行驶

曲线行驶工况如图 7.32 所示,曲线行驶工况中的试验初始距离偏差分别为 0.73 m 和－0.27 m,所对应的预设路径圆弧半径分别为 4.0 m 和 5.0 m,初始航向角偏差为 0°,以此验证控制系统的控制效果。

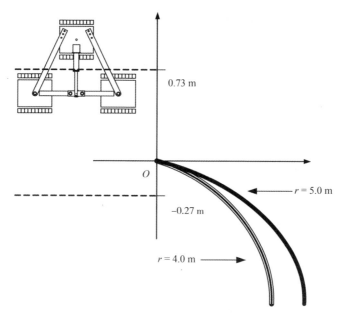

图 7.32 曲线行驶工况示意图

曲线行驶工况现场如图 7.33 所示。

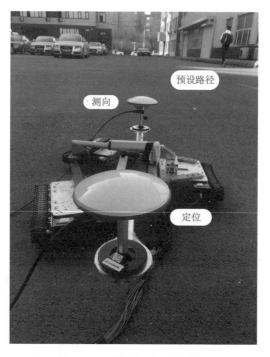

图 7.33 曲线行驶工况现场

试验样机曲线行驶工况下的距离偏差如图 7.34 所示。从图中可以看出试验样机在跟踪曲线预设路径时,跟踪效果理想。试验样机稳态行驶时在预设路径±0.1 m 范围内波动。

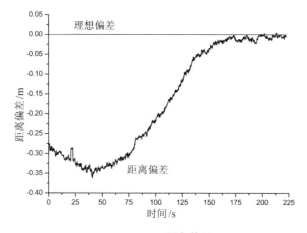

(a)－0.27 m 距离偏差

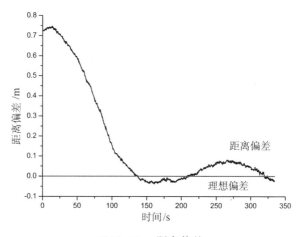

(b)0.73 m 距离偏差

图 7.34　距离偏差

两组试验过程中的航向角波动在起始过程波动较大,随着时间的增加,最终趋于稳定。试验样机在两组试验中,均能将航向角偏差控制在 5°范围之内。

试验样机曲线行驶工况的转向角度变化如图 7.35 所示。由于所设置的曲线路径半径不同,故通过计算得出的试验样机收敛转向角度也有所不同。其中,半径为 4 m 的预设路径曲线,试验样机的收敛转向角度为 3.7°[如图(a)所示〕；半径为 5 m 的预设路径曲线，试验样机的收敛转向角度为 2.9°〔如图（b）所示〕。试验样机在追踪预设路径过程中，通过控制器对行驶姿态的迅速调节，能够将实际转向角度与收敛转向角度之间的偏差控制在 10°范围之内。控制器调节精度较高，转向角度的调节能够满足要求。

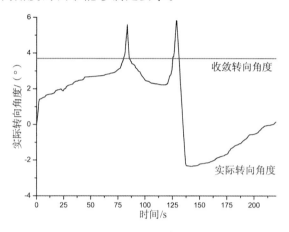

（a）－0.27 m 转向角度

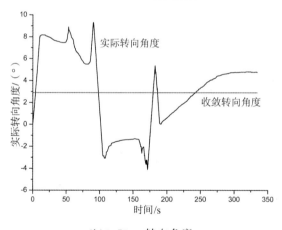

（b）0.73 m 转向角度

图 7.35　转向角度

　　两组试验中试验样机各驱动轮转速如图 7.36 所示。由于试验样机距离预设路径的位置分别为－0.27 m 和 0.73 m，故初始阶段试验样机行驶过程中所测得的四组驱动轮转速大小有所不同。从图 7.36（a）中可以看出，初始阶段试验样机转向组外侧履带（转速 1）转速达到 4.3 rad/s 左右，此时试验样机位于预设路径下方，向右上方靠近预设路径方向行驶。从图（b）中可以看出，试验样机

转向组外侧履带(转速 1)转速在 3.5 rad/s 左右,非转向组外侧履带转速达到
4.6 rad/s 左右,此时试验样机位于预设路径上方,向右下方靠近预设路径方向
行驶。对比两组数据,试验样机初始位置位于圆弧外侧时,追踪路径速度要快
于初始位置位于圆弧内侧。这是因为试验样机在圆弧内侧,由于曲率的存在,
同时受自身极限转弯半径限制导致试验样机需要对行驶姿态做出多次调整。

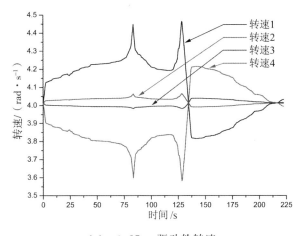

（a）－0.27 m 驱动轮转速

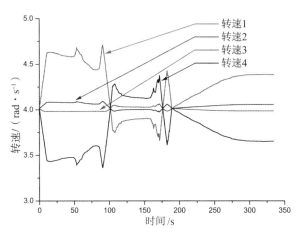

（b）0.73 m 驱动轮转速

图 7.36　驱动轮转速

图 7.37 所示为两组试验中,试验样机的实际行驶轨迹。所设置的不同初
始位置,曲线半径不同的预设路径,试验样机最终都能贴合预设路径行驶,误差
小于 0.1 m。

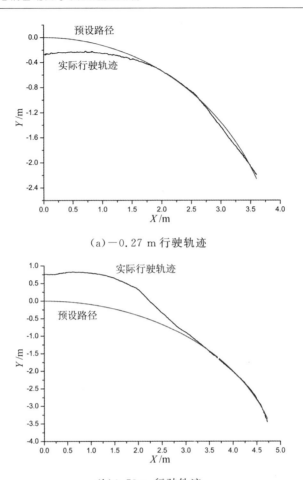

(a)—0.27 m 行驶轨迹

(b)0.73 m 行驶轨迹

图 7.37　行驶轨迹对比

　　本章通过开发基于 RTK 卫星导航系统的六履带车辆试验平台介绍了 RTK 卫星导航系统数据提取方法以及卫星导航数据转换原理,通过建立模糊 PID 控制器对基于 RTK 卫星导航系统的六履带车辆路径跟踪进行控制。对比两种工况、两种初始偏差中试验样机质心点与预设路径之间的距离偏差、航向角偏差、实际行驶轨迹以及试验样机在追踪预设路径过程中驱动轮转速变化和实际转向角度变化,进一步验证了路径跟踪系统的控制效果。试验结果表明,所设计的基于 RTK 卫星导航的六履带车辆控制系统能够准确识别预设路径,同时对行驶姿态的调整十分迅速,进入稳态行驶中的行驶轨迹与预设路径的贴合度较高,控制系统控制效果良好。

参考文献

[1] DURST W,VOGT W. 斗轮挖掘机[M].天津:天津科技翻译出版公司,1992.

[2] BEKKER M. 地面-车辆系统导轮[M].北京:机械工业出版社,1978.

[3] RUBINSTEIN D,GALILI N. Design-oriented simulation program for off-road track vehicle[J]. Journal of Terramechanics,1994,31:329-352.

[4] WONG J. Terramechanics and off-road vehicles:2nd edition[M]. UK: Elsevier Ltd. ,2010.

[5] BODIN A. Development of a tracked vehicle to study the influence of vehicle parameters on tractive performance in soft terrain[J]. Journal of Terramechanics,1999,36:167-181.

[6] ALEXANDR G. Thrust and slip of a track determined by the compression-sliding approach[J]. Journal of Terramechanics,2007,44:451-459.

[7] BRUCE M. A skid steering model with track pad flexibility[J]. Journal of Terramechanics,2007,44:95-110.

[8] YAMAKAWA J,WATANABE K. A spatial motion analysis model of tracked vehicles with torsion bar type suspension[J]. Journal of Terramechanics,2004,41:113-126.

[9] 程军伟,高连华,王红岩,等.履带车辆转向分析[J].兵工学报,2007,28(9): 1110-1115.

[10] LUDWIG R. The Bucket Wheel Excavator [M]. Clausthal-Zellerfeld: Trans Tech Publications,1975.

[11] 王帅.六履带机械机电耦合动力学及导航控制研究[D].长春:吉林大学,2019.

[12] 钟掘,陈先霖.复杂机电系统耦合与解耦设计——现代机电系统设计理论的讨论[J].中国机械工程,1999(9):1051-1054.

[13] SZOLC T, MICHAJKOW M, KONOWROCKI R. On electromechanical dynamic coupling effects in the semi-actively controlled rotating machine drive system driven by the inductionmotor[C]. Proceedings of the 10th Int. Conference on Vibrations in Rotating Machines SIRM 2013.

[14] LEE K H, PARK G J. A global robust optimization using kriging based approximation model [J]. JSME International Journal Series C, 2006, 49 (3):779-788.

[15] TOMASZ S, ANDRZEJ P. Dynamic investigations of electromechanical coupling effects in the mechanism driven by the stepping motor [J]. Journal of Theoretical and Applied Mechanics. 2012, 50:653-673.

[16] 张业宽. 轧机主传动系统冲击扭振及机电耦合振动特性研究[D]. 秦皇岛：燕山大学, 2010.

[17] 牛聪民. 桥式起重机机电系统动力学和控制的统一建模及其在负载升降过程分析中的应用[D]. 大连：大连理工大学, 2012.

[18] 左金玉. 混合动力工程机械动力轴系机电耦合振动研究[D]. 长沙：中南大学, 2013.

[19] 王新文. 弧面分度凸轮机构机电系统动力学模型研究[D]. 济南：山东大学, 2001.

[20] 林利红, 陈小安, 周伟, 缪莹赟. 永磁交流伺服精密驱动系统机电耦合振动特性分析[J]. 振动与冲击, 2010, 29(4):48-53

[21] BACKMAN J, OKSANEN T, VISALA A. Navigation system for agricultural machines:Nonlinear Model Predictive path tracking [J]. Computers & Electronics in Agriculture, 2012, 82(1):32-43

[22] XUAN V, HA C, CHOI H. Path Tracking Control of a Mobile Robot by Using Dual Estimation Algorithm [J]. Advances in Mechanical Engineering, 2013, 17(5):1436-1439.

[23] GAO J. , ZHANG S L. Path tracking control of Micro-Tracked mobile robot [J]. Applied Mechanics & Materials, 2014, 644:265-271.

[24] HAN Q , LIU S. Path Tracking Control of Tracked Vehicle [J]. Interna-

tional Journal of Computer Science Issues，2013，3：2938-2943.

[25] BODUR M，KIANI E. Double look-ahead reference point control for autonomous agricultural vehicles［J］. Biosystems Engineering，2012，113 (2)：173-186.

[26] MATVEEV A，HOY M，KATUPITIYA J，et al. Nonlinear sliding mode control of an unmanned agricultural tractor in the presence of sliding and control saturation［J］. Robotics ＆ Autonomous Systems，2013，61(9)：973-987.

[27] BAYAR G，BERGERMAN M，KOKU A，et al. Localization and control of an autonomous orchard vehicle［J］. Computers ＆ Electronics in Agriculture，2015，115：118-128.

[28] BAYAR G. Long distance autonomous trajectory tracking for an orchard vehicle ［J］. Industrial Robot，2013，40(40)：27-40(14).

[29] GOKHAN BAYAR，MARCEL BERGERMAN，ERHAN I. Konukseven，Ahmet B. Koku. Improving the trajectory tracking performance of autonomous orchard vehicles using wheel slip compensation ［J］. Biosystems Engineering，2016，146：149-164.

[30] 贾雪梅．基于 MT-FR 移动机器人运动规划和控制研究[D]．天津：天津理工大学，2014.

[31] 韩庆珏．深海履带式集矿机打滑及路径跟踪控制问题研究[D]．长沙：中南大学，2014.

[32] 陆州．移动机器人路径规划与路径跟踪研究[D]．广州：华南理工大学，2012.

[33] 周巍．煤矿井下搜救探测机器人的路径规划及轨迹跟踪控制研究[D]．太原：太原理工大学，2011.

[34] 高健．小型履带式移动机器人遥自主导航控制技术研究[D]．北京：北京理工大学，2015.

[35] 翟丽，孙逢春，谷中丽．电子差速履带车辆转向转矩神经网络 PID 控制[J]．农业机械学报，2009，40(2)：1-5.

［36］高洁纯,张军.GPS-RTK测量系统性误差修正方法研究［J］.资源信息与工程,2018,6(32):117-119.

［37］张绍成.基于GPS-GLONASS集成的CORS网络大气建模与RTK算法实现［D］.武汉:武汉大学,2010.

［38］YANG Z,WANG X,WONG P. Single and Simultaneous Fault Diagnosis with Application to a Multistage Gearbox:A Versatile Dual-ELM Network Approach［J］. IEEE Transactions on Industrial Informatics,2018, 14(12):5245-5255.

［39］YANG Z,ZHANG P,CHEN L. RFID-Enabled Indoor Positioning Method for a Real-Time Manufacturing Execution System Using OS-ELM ［J］. Neurocomputing,2016,174:121-133.

［40］YANG Z,ZHOU J,DENG C,SHAO XY. Development of a Design Structure Matrix Partitioning Method Towards Effective Design Collaboration［J］. Int. J. Manufacturing Technology and Management,2012,25(4):177-190.

［41］WANG S,LU Z,LIU X,CAO Y,LI X. Active control of hydro Pneumatic suspension parameters of wheel loaders based on road condition identification ［J］. International journal of advanced robotic systems,2018,15(6):.

［42］WANG S,ZHANG S,MA R,JIN E,LIU X,TIAN H. Remote control system based on the Internet and machine vision for tracked vehicles ［J］. Journal of mechanical science and technology, 2018, 32 (3): 1317-1331.

［43］WANG S,GE H, MA R,CUI D,LIU X,ZANG S. Study on the visual tracking control technology of six-crawler machine［J］,Proceedings of the Institution of Mechanical Engineers-Part C:Journal of Mechanical Engineering Science,2019,233(17):6051-6075.

［44］WANG S,WU Y. Rigid-flexible Coupling Dynamics Analysis on the Crawler Frame of Large-scale Mining Excavators［C］. International Conference on Applied Mechanics and Mechatronics Engineering. 2015,18-23.